合肥工业大学图书出版专项基金资助项目

创新实践与当代
马克思主义哲学创新

周甄武　著

合肥工业大学出版社

目　录

导　论

创新，是人类发展的永恒主题。一部社会发展史就是人类不断创新的历史。创新已成为 21 世纪的时代精神：技术创新、制度创新、知识创新、管理创新等已成为主导话语和现实内容；创新意识、创新精神、创新思维、创新能力已构成区别于前人的最突出的现实本质和品格。中国确立了创新驱动发展战略，树立了以创新为首位的五大发展理念，提出了建成创新型世界强国三步走的战略目标，正在形成"大众创业、万众创新"的局面。与实践创新相互动的理论创新也空前凸显。纵观近年来我国的马克思主义哲学研究，创新已经成为一个响亮的主题。探究马克思主义哲学的当代价值，建构马克思主义哲学的当代形态，促进马克思主义哲学当代中国化，实现马克思主义哲学创新，已然成为马克思主义哲学研究的主旋律。然而，这不仅是一项紧迫而又艰巨的任务，而且也是一个复杂的系统工程。马克思主义哲学创新内在地蕴含着需要我们从理论和实践上加以回答的三大基本问题，这就是"马克思主义哲学何以要创新""何谓马克思主义创新""如何实现马克思主义创新"。

第一节　马克思主义哲学何以要创新

马克思主义哲学何以要创新？回答这个问题之前，我们不妨先看一看哲学史上一种带有规律性的现象：每当哲学理论有一个大的发展的时候，都要经历一次对哲学自身的反思。一般说来，"哲学作为理论形态的人类自我意识，它是以理论的方式表现人类关于自身存在的自我意识，但是，它与实践、与现实生活有着密切联系。它总是面对两个方面的理论困难：一是由理论与经验之间的矛盾所构成的'外部困难'，即理论形态的人类自我意识与人类自身的时代性的生存困境之间的矛盾；二是由理论的'外部困难'所引发的理论的'内部困难'，即表征人类自身的时代性的生存困境的哲学理论自身的逻辑矛盾。"[①] 而哲学理论自身的矛盾，又引起人们对它不满、要求改革，推动人们

---

① 孙正聿. 思想中的时代——当代哲学的理论自觉［M］. 北京：北京师范大学出版社，2013：259.

对已有理论进行反思，通过哲学自身的冲突、斗争，才能实现哲学的发展。不仅哲学的发展是这样，一切理论的发展可以说都是这样。这条规律从原则上说，也应该适用于马克思主义哲学的发展。① 马克思主义哲学正是在不断通过表现这些困境、解决这些困境、塑造和引导新的时代精神中，才不断地获得其当代意义。马克思主义哲学所遭遇到的"外部困难"并由此而造成的"内部困难"，构成了实现其创新和发展的动力机制，据此分析，我们可获得对"马克思主义哲学何以要创新"的深入理解。

一、创新时代要求马克思主义哲学不断创新

哲学与时代精神的关系，在黑格尔和马克思那里都有精辟的阐述。黑格尔把哲学看成是思想中把握的时代。他说："时代精神是一个贯穿着所有各个文化部门的特定的本质或性格，它表现它自身在政治里面以及别的活动方面，把这些方面作为它的不同的成分。"哲学则"是精神的整个形态的概念，它是整个客观环境的自觉和精神本质，它是时代的精神，作为自己正在思维的精神"②。也就是说，哲学作为对时代精神的自觉反思，并不站在它的时代之外，而是它的时代的产物。所以，"每一哲学都是它的时代的哲学，它是精神发展的全部锁链里面的一环。因此，它只能满足那适合于它的时代的要求或兴趣"③。马克思把哲学看成是"文明的活的灵魂"。指出："任何真正的哲学都是自己时代精神的精华。"④ 这表明任何真正的哲学都是社会发展的产物，都是特定时代精神的概括和反映。然而作为"时代精神的精华"不是空洞的抽象论断，而是具有特定的丰富内容的，它"不仅从内部即就其内容来说，而且从外部即就其表现来说，都要和自己时代的现实世界接触并相互作用"⑤。马克思的这一论述表明，我们要判断一种哲学是否具有生命力，就要看它是否保持着作为时代精神精华的地位，而能否做到这一点，关键就在于它能否"和自己时代的现实世界接触并相互作用"，即哲学要推动思想解放和时代发展，其自身也需要改变。

在历史上，哲学理论始终处在变革和发展之中。哲学理论的稳定性是相对的，变化性是绝对的。哲学就是凭借自身理论和观念的不断变革和创新，去反

① 高清海. 找回失去的"哲学自我"：哲学创新的生命本性［M］. 北京：北京师范大学出版社，2004：94.
② ［德］黑格尔. 哲学史讲演录（第1卷）［M］. 北京：商务印书馆，1983：56.
③ ［德］黑格尔. 哲学史讲演录（第1卷）［M］. 北京：商务印书馆，1983：48.
④ 马克思恩格斯全集（第1卷）［M］. 北京：人民出版社，1956：121.
⑤ 马克思恩格斯全集（第1卷）［M］. 北京：人民出版社，1956：121.

映并推动历史和时代的变化，发挥自己特有的批判和引导功能的。① 有人认为，马克思主义哲学是马克思主义理论中最具稳定性的理论，并以此来说明马克思主义哲学在当代仍然具有旺盛的生命力和强大的理论解释能力，已经充分适应时代要求而无需变革了。其实，这是不符合马克思本意的。按照马克思的看法，只有体现与时俱进的理论品质的哲学，才能成为"自己时代精神的精华"。社会是在不断变化和演进的，马克思主义哲学也必然要随着时代的变化而不断地发展。

那么，当今的时代精神是什么呢？虽然人们对当今的时代内涵有不同的概括，但作为其本质特征的时代精神，我们认为，是创新。对此，党的十七大报告首次作出了高度的概括，明确提出要"以改革创新为核心的时代精神"来鼓舞人们的斗志，其后，在党的十八大、十九大、二十大报告中均强调或指出创新正是我们当今时代精神最集中的体现。在当今时代，技术创新、制度创新（包括各种体制改革）、知识创新、管理创新、教育创新等已成为主导话语和现实内容；创新意识、创新精神、创新思维、创新能力已构成区别于前人的最突出的现实本质和品格。当今时代，是各种创新全面增进的时代。

首先，技术创新加快加大，科学技术转化为现实生产力的周期大大缩短，技术创新已成为推动生产持续发展的首要因素。当今时代，新的科技革命正在迅猛发展。与历史上的历次科技革命相比，这次科技革命的特点在于不是在个别或少数几个学科有几项重大发现、发明和创造，而是一系列学科群，层出不穷的发现、发明和创造。据专家们估计，最近 30 年人类在科技方面的新发展、发明和创造，超过了以往 2000 年的总和；而且预计未来 30 年还将再翻一番。不仅如此，而且科学技术转化为现实生产力的周期大大缩短。如果说在 18 世纪，科技发展转化为应用技术，再转化为商品的时间大约需要 100 年，那么，到了 19 世纪则这一过程只需要 50 年；二战前为 20~30 年，战后降为 7 年；1990 年以来，这一过程进一步加快，一般为 2~5 年。

其次，制度创新已经成为推动经济增长和社会发展的重要力量。在广大发展中国家，普遍存在着制度缺陷，技术进步、经济增长和社会发展因此缺乏动力和保障机制。在这种情况下，制度就成为社会进步的"瓶颈"，制度创新就显得尤为重要。在发达国家，科学技术的进步使得传统的经营管理模式发生了根本性的变化，也需要积极进行制度创新，以保证经济增长和社会发展。面临当前国际上日益激烈的综合国力的竞争，对正在实现社会主义现代化的中国来说，创新的意义更为重大。正如江泽民同志所指出的，创新是一个民族进步的

---

① 高清海. 找回失去的"哲学自我"：哲学创新的生命本性 ［M］. 北京：北京师范大学出版社，2004：31.

灵魂，是一个国家兴旺发达的不竭动力，也是一个政党永葆生机的源泉。国家通过制度创新，不仅可以降低生产的交易成本，为经济提供服务，为合作创造条件，提供激励机制、外部利益内部化等功能对技术进步作贡献，从而间接推动经济增长和社会发展，而且还可以直接促进经济增长和社会发展。如1978—1984 年，我国农业生产增长 46.89% 是农业生产组织的制度创新引起的。可见，社会制度、社会生活、社会意识形态的改革、革新、创新已经成为当代社会发展带有普遍性的迫切要求。

再次，知识创新速度加快，而且它对经济增长的贡献率大幅度提高，知识经济时代已悄然来临。早在 100 多年前，恩格斯对科学技术加速发展的趋势就有了深刻的认识："科学的发展从此便大踏步地前进，而且得到了一种力量，这种力量可以说是与从其出发点起的（时间的）距离的平方成正比的。"[1] 美国科技史学家德里克·普赖斯在《巴比伦以来的科学》（中共中央党校出版社，1992 年）一书中，将科学杂志和学术文章作为知识发展的两个重要指标，对知识量的增长率进行了统计：17 世纪的发现和发明为 106 项，18 世纪为756 项，20 世纪前 50 年为 961 项，而后 50 年达到 2000 多项，仅此 50 年的科学的新发现和技术的新发明就比过去 2000 年的总和还要多，由此提出了"科学技术的发展是按指数增长的规律进行的"这一结论。当今时代，知识更替、知识积累的速度更是惊人，用"知识大爆炸"来形容丝毫不为过。在知识的数量急剧增长的同时，知识的质量也在发生着深刻的变化。

近 50 年来，科学技术发展每 10 年就要有一次重大的突破，而每一次突破都使人类越来越能够在总体上把握世界的规律，也越来越在物质的更深层次、更广的空间上认识物质运动的规律。相应地，知识更新的速度也在加快，知识创新对经济增长的作用也日益增大。据测算，发达国家 20 世纪初科技进步对经济增长的贡献率仅为 5%～20%，20 世纪中上升到 50% 左右，80 年代后达到 60%～80%。[2] 知识已成为社会经济发展的推动器，知识对经济增长的速度、发展的规模起着关键性作用，而知识和信息在社会经济发展过程中的广泛应用预示着一种有别于农业经济和工业经济的新型经济形态——知识经济已经来临。

又次，管理创新不断发展，已成为价值创造的重要源泉。管理创新就是实现各种生产要素的新组合，实现知识、技术、资本、信息、人力资源、市场需求的新组合。知识创新和技术创新为价值大幅度地增值提供了可能，但知识创新和技术创新要实现其巨大的价值，还要靠管理创新将其投入生产和推向市

---

① 恩格斯. 自然辩证法 [M]. 北京：人民出版社，1971：8.

② 朱丽兰. 二十一世纪：科学技术突飞猛进的时代 [N]. 光明日报，2000-12-29（C02）.

场。所以，企业家和管理者的创新劳动也越来越重要。

总之，创新（包括发现、发明、创造、革命、改革、变革、革新等这些互相关联、含义基本相同或相似的概念）已成为面临世纪之交的新时代的最强音。① 所以，作为新时代精神的精华，真正的哲学必须自觉反映"创新"这个时代精神的首要的集中的表现。创新的时代必然要求马克思主义哲学不断创新。

二、实践发展要求马克思主义哲学不断创新

马克思指出："哲学家们只是用不同的方式解释世界，而问题在于改变世界。"② 这充分显示出马克思主义哲学特有的内在精神——实践品质。马克思主义哲学是实践的哲学，是在实践基础上产生的，又必须回到实践中去接受检验，通过对实践中不断出现的新问题给予科学的解答，才能获得其自身的丰富和发展。"理论在一个国家实现的程度，总是决定于理论满足这个国家的需要的程度。……理论需要是否会直接成为实践需要呢？光是思想力求成为现实是不够的，现实本身应当力求趋向思想。"③ 这就是说，只有坚持理论与现实相结合的原则和方法，才有可能实现马克思主义哲学的当代发展。在当今时代，无论国内还是国际形势都发生了巨大的变化，不仅人类实践出现了新的特点，而且也遭遇前所未有的问题和困境，能解答这些问题，并继续给予人类实践以指导，这对马克思主义哲学发展来说，不仅是机遇，也是挑战。

具体说来，之所以要实现马克思主义哲学创新，首先是发展实践的需要。当今世界，时代主题已经由战争与革命转变为和平与发展，其中发展成了时代的核心问题。对于发展中国家而言，就是如何振兴本国经济，消除贫困，真正走上自主发展的道路；对于发达国家而言，就是如何解决再发展的问题。发展在中国的表现，就是要建设中国特色的社会主义，实现中华民族的伟大复兴。这是一项前无古人的伟大事业，在马克思主义书本理论里找不到现成的答案。发展的实践需要发展的马克思主义哲学来指导。

其次，之所以要实现马克思主义哲学创新，是摆脱当今人类生存困境的需要。自 20 世纪以来，人类存在方式发生了空前的革命，它表现在人类文明形态、人们社会生活和人的思想观念这三个基本层面的巨大变革④：

人类文明形态的巨大变革，体现为人类已经从工业文明时代迈向后工业文

---

　①　陈志尚．创新——马克思主义哲学的本质、生命力和历史使命［J］．马克思主义研究，2000（6）：33．

　②　马克思恩格斯文集（第 1 卷）［M］．北京：人民出版社，2009：506．

　③　马克思恩格斯选集（第 1 卷）［M］．北京：人民出版社，1995：11．

　④　孙正聿．哲学创新的前提性思考［J］．求是学刊，2001（5）：6．

明时代。马克思社会形态划分理论认为，既可以从生产关系的角度将社会划分为"五种"社会形态（原始社会、奴隶社会、封建社会、资本主义社会和共产主义社会），也可以从人的发展角度将社会划分"三种"形态（"人的依赖性"社会、"物的依赖性"社会和"人的自由全面发展"社会），还可以根据劳动工具的性质和水平将社会划分为不同种的技术社会形态，如"采集渔猎社会""农业社会""工业社会"和"后工业社会"。不同社会人类文明程度特点不同，与之对应，就有了"采集渔猎文明""农业文明""工业文明"和"后工业文明"。而"后工业文明"又常常被表述为产生轰动效应的"信息时代""网络时代""知识经济时代"等等。正是这种以技术革命为基础的"后工业文明"，构成了当代人类的特殊的生存困境。曾有人宣称，"我们在一个虚拟的世界里创造了大家的平等"。然而，"虚拟世界"中的平等是否是现实的平等？人们又是否获得了"虚拟世界"中的平等？信息技术革命一方面改变了人的存在方式；另一方面又造成了当代人类贫与富的差别，知识的多与少的差别（有人形象地称之为"数字鸿沟"），控制与被控制的差别，现实生存与虚拟生存的背离等新的生存困境。人的存在方式的巨大变革，体现在两个方面：一是虚拟生存开始成为人类一种新的生存方式。现在越来越多的人开始虚拟生存，也有一部分人，产生生存错位，把虚拟生存作为自己主要的生存方式，看作比现实生存更为真实的一种生存。虚拟生存方式的出现，对马克思主义哲学提出了要求，如何看待人的虚拟生存？它和现实生存到底是一种什么关系？它对人的发展又意味着什么？二是市场经济中的人的存在方式已构成人主要的现实生存方式。市场经济中的人的存在方式，正如马克思所说的，是一种"以物的依赖性为基础的人的独立性"。由于人的"独立性"以对物的"依赖性"为基础，就造成了当代人类的两大生存困境：一是以技术革命为基础的对自然的攫取所造成的"全球问题"；二是由对物的依赖而造成的人的"物化"问题。当代人类的这两大生存困境，直接地构成了既有的哲学理论与当代的人类存在之间的矛盾：主张"天人合一"的中国马克思主义哲学如何回答"人与自然疏离"的问题？引导"人类大同"的马克思主义哲学如何回答当今社会"人与他人疏离"的问题？不讳言"自我实现"的马克思主义哲学又如何回答当今现实"人与自我疏离"的问题？

上述即为当代哲学所面对的巨大的理论与经验之间的矛盾。深切地感受这种"外部困难"，敏锐地捕捉这种"外部困难"，是当代哲学创新首要的基本前提。

三、当代科学技术发展要求马克思主义哲学不断创新

哲学和科学的关系在哲学史上经历了一个曲折的历程。在古代，哲学成为

各种"知识的总汇"的智慧之学。作为萌芽状态的科学知识被包容在其中，哲学与科学尚未分化，浑然一体，哲学就是科学，科学也就是哲学。"最早的希腊哲学家同时也是自然科学家"①。古代哲学的知识总汇性质，是古代认识不发达的必然产物。人类对自然的认识只能从笼统的直观开始。在这种认识中，知识部门没有分化，意识的内容和形式也处于朦胧的统一状态。到了近代，哲学和科学开始从基督教神学的禁锢中解放出来。在15世纪下半叶，逐渐产生了以实验为基础、对自然进行分门别类研究的近代自然科学。到17—18世纪，许多学科已经取得严密的科学形式，相继从哲学中分化出来，建立了独立的科学部门。科学从哲学中分化出来，是人类认识的重大进步，它既推动了实证科学的深入发展，也为哲学进一步发展提供了坚实的知识基础。

19世纪中期，自然科学获得了进一步发展，哲学变革的条件也业已成熟，马克思主义哲学开始诞生，深刻揭示了人类认识在总体发展中一般认识与个别认识相互作用的规律，第一次把哲学与科学的关系置于科学的认识基础之上。科学和哲学是人类理论思维的两种不同的路径，它们分别集中地表现着人类理论思维的两个基本维度：科学集中地表现着思维和存在高度统一的维度；哲学则集中地表现着反思思维和存在关系的维度；科学和技术的革命必然带来哲学的创新。② 哲学的变革从来不是哲学家苦思冥想的结果，哲学家也要靠自然科学来获得自己的世界观，并在一定世界观的支配下回答时代的问题。马克思主义哲学是在概括19世纪自然科学成就基础上产生的，距今已170多年的历史了，这期间，科学技术发生了日新月异的变化。"随着自然科学领域中每一个划时代的发现，唯物主义也必然要改变自己的形式。"③ 实现马克思主义哲学的创新和发展是当代科学技术发展提出的必然要求。20世纪以来，科学技术日新月异，为我们展现出新的世界图景，马克思主义哲学只有不断改变自己的形式、更新自己的内容，才能继续作为一种科学的哲学指导人们改造客观世界的活动。

四、创新是马克思主义哲学与时俱进理论品质的内在体现

建构马克思主义哲学当代形态，实现马克思主义哲学创新，不仅是来自外部时代的需要、科学技术发展的需要、中国当代社会主义现代化建设实践的需要，而且也是来自马克思主义哲学自身发展的需要。因为马克思主义哲学本身就具有与时俱进的理论品格。与时俱进是马克思主义（哲学）本来就具有的

---

① 马克思恩格斯全集（第20卷）[M]．北京：人民出版社，1971：526.
② 姚萍．马克思主义哲学创新的科学技术维度 [J]．池州师专学报，2004（6）：13.
③ 马克思恩格斯选集（第4卷）[M]．北京：人民出版社，1995：228.

理论品质，然而，当其作为我们党的指导思想（理论基础）容易演变为教条主义时，在我们的社会中，当创新精神受到抑制时，对其强调就十分必要了。党的十六大报告对与时俱进的内涵作出了明确规定："与时俱进，就是党的全部理论和工作要体现时代性，把握规律性，富于创造性。"① 马克思主义哲学与时俱进的理论品质，集中体现在它的实践性以及在其基础上的开放性、批判性、革命性、创新性等方面。

实践性是马克思主义哲学的本质特征。马克思曾把自己的哲学称为"实践的唯物主义"，理论的发展和创新的源泉总是植根于实践之中。马克思主义哲学的生命力，不在于它可以超越历史条件，而在于它总是不断根据实践发展提出的新要求而进行创新。马克思主义的创始人马克思、恩格斯就是以这样的态度对待自己的理论，不断进行理论创新的。他们不止一次地提醒告诫后继者不要用教条主义的态度对待他们的理论。"一切划时代的体系的真正的内容都是由于产生这些体系的那个时期的需要而形成起来的。"② "我们的理论是发展着的理论，而不是必须背得烂熟并机械地加以重复的教条。"③ 正因为如此，从马克思、恩格斯开始，一代又一代的马克思主义者根据自己所处的不同时代、不同民族背景，按照实践发展的要求，不断把马克思主义推向新的发展阶段。

马克思主义哲学的实践性同时又决定其必然是开放性的哲学。在马克思主义哲学诞生之前，以解释世界为己任的旧哲学，如德国古典哲学尤其是黑格尔哲学等，总是以追求某种永恒不变的理念为目的，以所谓适用于一切历史时代的普遍真理的化身而自居，并去力求建立一个标榜为绝对真理的一劳永逸的哲学体系为己任，其结果只能是封闭保守性的体系窒息哲学发展的勃勃生机，体系本身也成为历史上转瞬即逝的学说。马克思主义哲学创始人认识到这种哲学的历史局限，努力批判、超越旧理论的保守性和封闭性，积极吸收具有时代先进性的一切理论成果，将自己的哲学建成一个具有开放性的发展着的哲学。

我们所说的马克思主义哲学具有开放性，主要是指它能始终面向现实开放，关注并回答现实生活中提出的重大问题，把现实问题研究看成是自己的生命之源、立身之本，始终坚持辩证的历史的发展原则，用以审视人类社会和人类思维。认为"每一个时代的理论思维，从而我们时代的理论思维，都是一种历史的产物，它在不同的时代具有完全不同的形式，同时具有完全不同的内

---

① 江泽民文选（第3卷）[M]．北京：人民出版社，2006：537.
② 马克思恩格斯全集（第3卷）[M]．北京：人民出版社，1956：544.
③ 马克思恩格斯选集（第4卷）[M]．北京：人民出版社，1995：681.

容"①。作为认识和理论"不是从人们所说的、所设想的、所想象的东西出发",而是要把"从事实际活动的人"作为出发点,从"现实生活"出发,"不是意识决定生活,而是生活决定意识。"②"在思辨终止的地方,在现实生活面前,正是描述人们实践活动和实际发展过程的真正的实证科学开始的地方。关于意识的空话将终止,它们一定会被真正的知识所代替"③。

马克思主义哲学的实践性也内在蕴含着批判性。马克思主义与时俱进的理论品质,来源于马克思主义哲学的彻底的批判精神,从理论本身看,可以说马克思主义哲学确立、创新和发展都是通过批判来实现的。这种批判具有双重性:一是理论的批判,二是实践的批判。理论的批判既包括对对立面的批判,又包含对自身理论的批判,即反思和发展。马克思主义哲学的理论批判性,不仅大量地表现在对对立面的批判上,而且也表现在对自身的批判上。马克思主义哲学从来不认为有什么绝对不变的真理,经常对自己的哲学观点作自我批判,不断修正自己的观点,清算自己曾经具有的哲学信仰和错误认识,并且反对别人把自己的观点当作标签和套语加以教条化,以及当作完美无缺的绝对真理加以固守。这一点正是马克思主义哲学批判性的独有特征。

相对于理论批判而言,马克思更注重实践的批判。在马克思主义哲学看来,以往的"哲学家们只是用不同的方式解释世界,而问题在于改变世界"④。实践的批判,实际上就是对现实的批判。马克思主义哲学最根本的任务在于通过对现实的批判,揭示时代的发展趋势,从而指导人们有目的有计划地改造现存世界。"对实践的唯物主义者,即共产主义者说来,全部问题都在于使现存世界革命化,实际地反对和改变事物的现状"⑤。只有"对现存的一切进行无情的批判",哲学才能真正体现时代精神。

马克思主义哲学理论与实践两个维度的批判是不可剥离的,理论的批判开拓理论的视野,拓展马克思主义理论的论域,使理论更具现实指向性,使理论更深刻而具有说服力与更具群众基础;实践的批判则是完成合规律性与合目的性的统一,使生活的世界向活生生的人开放。⑥而马克思主义哲学的理论正是通过社会主义运动,实现从理论批判向实践批判的过渡,从而完成双重批判性的扬弃,即通过批判的武器落脚到武器的批判,实现对旧理论的扬弃和对实践的扬弃。

① 马克思恩格斯选集(第4卷)[M].北京:人民出版社,1995:284.
② 马克思恩格斯文集(第1卷)[M].北京:人民出版社,2009:525.
③ 马克思恩格斯选集(第1卷)[M].北京:人民出版社,1995:73.
④ 马克思恩格斯文集(第1卷)[M].北京:人民出版社,2009:506.
⑤ 马克思恩格斯全集(第3卷)[M].北京:人民出版社,1960:48.
⑥ 杨楹.论马克思主义哲学创新之精神[J].教学与研究,2003(3):18.

马克思主义哲学彻底的批判性同时也就是它彻底革命性的表现。在马克思主义创始人那里，他们是以革命为主题来阐述和建构马克思主义哲学的。作为革命的哲学，马克思主义学说完备而严密，"它给人们提供了决不同任何迷信、任何反动势力、任何为资产阶级压迫所做的辩护相妥协的完整的世界观"①。

马克思主义哲学的开放性、批判性、革命性又内在地蕴含着创新的要求。马克思主义哲学与其他哲学派别的最大区别之一，就是自觉地赋予自身以创新的品格。"我们的理论是发展的理论，而不是必须背得烂熟并机械地加以重复的教条。"② 发展的关键是创新，突破教条的关键也是创新，"认为人们可以到马克思的著作中去找一些不变的、现成的、永远适应的定义"是一种"误解"③。无论是马克思主义哲学的产生还是其演进，都是一个不断创新的过程，即一个不断研究新情况、探索新问题、创新原有理论的过程。马克思主义哲学的理论创新是自为的，是主体性得到彰显并不断延续的过程，是人类创新本质的充分展现。创新性是马克思主义哲学的重要特征，其地位是与马克思主义哲学的实践性并列的，它们是马克思主义哲学的开放性、批判性、科学性、革命性和阶级性的基础。

第二节　马克思主义哲学创新之前提性反思

当今，马克思主义哲学的创新、马克思主义哲学当代形态的建构等问题已成为中国哲学界学术研究的热点问题。如何实现马克思主义哲学创新？如何建构马克思主义哲学当代形态？从逻辑上看，首先必须对其进行前提性反思，弄清几个基本的前提问题，以确定要研究的对象和探讨的论域，避免认识上的混乱或歧义。"马克思主义哲学创新"作为一个命题包括"马克思主义哲学"与"创新"两个部分，都需要对它们进行反思和审视。本节主要对这一命题的前一部分即"马克思主义哲学"的概念、名称、形态等问题进行梳理和分析。

一、马克思主义哲学"概念"之反思

什么是马克思主义哲学？这乍看似乎是一个常识问题，但细加考察就会发现，人们对它的理解还是十分含糊的，甚至产生了对它的困惑。这种困惑的产

---

① 列宁选集（第2卷）[M]．北京：人民出版社，1995：309．

② 马克思恩格斯选集（第4卷）[M]．北京：人民出版社，1995：460．

③ 马克思恩格斯全集（第25卷）[M]．北京：人民出版社，1974：17．

生来自对马克思主义哲学概念的内涵和外延的确认和把握的偏差所致。在当今，以马克思名字来命名的学说和理论构成了一个庞大的家族谱系，其中尤以"马克思学""马克思哲学""马克思主义""马克思主义哲学"等概念最易被人们所误解或滥用，因此有必要对它们进行一定的梳理和甄别。

在上述四个概念中，"马克思学"与"马克思主义哲学"里的关系相去甚远，但是，它的提起与关注同国内学界展开的马克思主义哲学研究有关。何谓"马克思学"？这是一个至今都歧义纷争的概念。对此，学界通常认为是由法国学者米里安·吕贝尔（Maximilien Rubel）于20世纪50年代中后期率先提出。不过，也有学者提出新的看法，认为早在20世纪20年代的苏联，在列宁支持下时任马克思恩格斯研究院的首任院长的梁赞诺夫，率先提出了"马克思学"这个概念（应该是俄语）①，其旨在强调要用严格的科学态度研究马克思，研究马克思的文献与思想、理论与实践，使之成为一门特殊的严密的科学。梁赞诺夫不仅率先提出马克思学，而且率先开始创建马克思学的奠基工作。② 这一时期的马克思学后又称之为"苏联马克思学"。

由于种种原因，苏联的马克思学并未真正发展起来，而使马克思学成为一门"显学"，则是由吕贝尔完成的。首先，他为马克思学造出一个法语词"Marxologie"，与之对应的英语词是"Marxology"，从构词法来看就是"Marx（马克思）+ologie（学）"，即研究马克思的学问。其次，他明确用马克思学来命名自己的研究。吕贝尔继承了德国学术期刊《社会主义和工人运动史文库》（1910—1930年）和梁赞诺夫马克思研究的传统，力图不抱意识形态的偏见和学科上的局限性，不受任何意识形态的影响，完全独立地展开研究。他在《马克思学研究》上发表的论文大多以马克思文献学研究为基础，特别强调马克思文本的编辑与考证。但吕贝尔并非只为考证而考证，而是注重在严谨的考证基础上得出新结论。③ 这些新结论，澄清了许多不符合马克思思想而由后来者附加上去的见解，由于有大量文献材料做佐证，论点确实令人信服。④ 当然，我们不能据此就把"马克思学"看成一项纯粹技术性的工作。它实际是一种思想、理论的研究，是一种为探索和说明马克思思想所谓"真相"的研

① 中国人民大学马列主义发展史研究所. 马克思主义史（第3卷）［M］. 北京：人民出版社，1996：329.

② 王东. 为什么要创建"中国马克思学"？——迎接21世纪马克思学的第三次来潮［J］. 马克思主义与现实，2007（3）：48-49.

③ 鲁克俭. 国外马克思学概况及对中国马克思学研究的启示［J］. 马克思主义与现实，2007（1）：95.

④ 聂锦芳. 哲学形态的当代探索［M］. 北京：民族出版社，2002：205.

究。文献考证只是这种研究的辅助手段。① 这一时期的马克思学，后又被称为"西方马克思学"。

从历史上看，苏联马克思学与西方马克思学是属于"马克思学"生成发展的两个不同时期，有着秉承一致的研究传统，但因阶级和意识形态的偏见而互斥。在苏联学者那里，"西方马克思学"已经背离了"马克思学"的研究传统，是一个贬义词，是与马克思主义对立的资产阶级意识形态。

苏联学者对"西方马克思学"的态度在一定程度上影响到了国内学者。从20世纪70年代末到80年代中期，国内学者在没有对西方马克思学学理进行中肯研究的情况下，就将其贴上"意识形态"的标签，予以拒斥和否定，并进一步把"马克思学"等同于"西方马克思学"，视为贬义词，对"马克思学"谈虎色变，避之唯恐不及。到了20世纪90年代，这种状况有所改变。国内学者开始对西方马克思学全面介绍并进行较为系统深入的批判，但总体上对西方马克思学的基本定性未曾改变。21世纪以来，随着对"以苏解马"模式的反思，以及中国社会发展对哲学提出新要求，国内学界开始重新审视西方马克思学，从对其全盘否定转变到可以吸收借鉴。国内马克思主义研究长于总体性方法、拙于实证方法，这就使得研究的总体性方法显得抽象、空洞。西方马克思学以研究文本见长，可以借鉴其所运用的实证方法，用以弥补国内马克思主义研究中总体性方法的不足。有学者发出为"马克思学"正名的呼声，认为马克思学不是西方的专利，倡导超越苏联马克思学和西方马克思学，建构中国马克思学。② 有学者指出，重视国外马克思文献学的工作进展，对西方马克思学的研究成果进行系统的梳理和介绍，是必要的；对国外马克思文献学亦步亦趋，过于迷信和盲从，则是大可不必的。③ 还有学者指出，要谨防跌入西方"马克思学"强调价值中立，凸显学术背后所构建的更为精巧的意识形态陷阱，不能把马克思主义思想史研究变成为一种考古学，而应以现实关怀为旨归。④ 总之，现今国内学界大多能清醒而又辩证地看待马克思学或西方马克思学了。

再来看看"马克思哲学"与"马克思主义哲学"的关系。应当说这两个概念间的关系是明晰的，前者是后者的子集，马克思主义哲学无疑包含作为其原创者的哲学思想即马克思哲学。相较于马克思主义哲学概念而言，马克思哲

① 梁树发. 科学"马克思学"的意义 [J]. 北京联合大学学报（人文社会科学版），2012（3）：18.

② 王东. 为什么要创建"中国马克思学"？——迎接21世纪马克思学的第三次来潮 [J]. 马克思主义与现实，2007（3）：49.

③ 刘国胜. 马克思主义哲学中国化的研究进路 [C] //孙麾，汪信砚. 马克思主义哲学中国化与当代中国哲学建设，北京：社会科学文献出版社，2011：36.

④ 蒋天婵. 国内西方"马克思学"研究述评 [J]. 教学与研究，2007（10）：77-83.

学概念在我国学界并不常用，但在 21 世纪初则一度流行起来。① 其观点认为，马克思主义哲学是一个含糊的概念，为了保证研究的学术严谨性，应该退回到"马克思哲学"概念上来，从而有助于清除后来者的一些附加成分，正本清源。由此出现了许多论者或是从研究对象的界定或是从自己秉持的立场，均宁肯用"马克思哲学"而不用"马克思主义哲学"，即使在行文中使用"马克思主义哲学"，也意味着这是直接承接着马克思的马克思主义哲学，而与恩格斯、列宁等继承者的理解不同甚至有时还可能相反。

中国马克思主义哲学研究中的这种倾向，显然是受到"马克思学"的影响。这种影响在于"马克思学"以其独特的理论外观对国内马克思主义哲学研究产生了一定的学术吸引力②：首先，是其标榜的去意识形态"纯学术"性迎合了 20 世纪 90 年代以来学界对苏联哲学教科书体系所持的批判性立场；其次，文本（献）研究的确可以在它那里获得某些有益的启发，同时，斯大林主义在马克思文本编辑研究中的粗暴态度从反面强化了它的"正面形象"；再次，"马克思学"学者从不同于传统苏联理解模式的角度提出了不少新颖且具有一定理论价值的观点，客观上增加了这一学术思潮的吸引力。当然，这种倾向也引起了国内一些学者的疑虑和担忧。在马俊峰教授看来，"马克思哲学"概念是一种受西方马克思学的"学院化"或"学院派"研究思路影响的产物，是为了与其对话或接轨的方便而提出的，滥觞于西方马克思学制造的所谓马克思和恩格斯对立的观念。如此任其下去，不仅会消解了恩格斯、列宁的"经典作家"地位，封闭马克思哲学发展之路，而且也会背离马克思主义的总体精神，违背马克思将哲学从哲学家的书斋中解放出来变成人民群众手中的武器的主旨。因之，要辩证地看待和使用"马克思哲学"这个概念。一方面，不决然反对，可在特定的语境下和相当有限的范围内使用它；另一方面，又不能将之使用普遍化，作为一个试图代替"马克思主义哲学"的概念，更要防止把马克思主义哲学研究导向"学院化"的学风和文风。③

在对"马克思主义"与"马克思主义哲学"这两个概念关系的理解上，我们通常是把马克思主义哲学看成是马克思主义内容的重要组成部分和理论基础。这种理解是基于这样一个前提，即"马克思主义"是原本意义的马克思主义。实际上马克思主义自从产生之后，就一直处于发展之中，于是，人们除了从原本意义上或狭义上去理解马克思主义外，又从引申意义上或广义上去理解"马克思主义"。原本意义上的马克思主义（也称为狭义的马克思主义），

---

① 马俊峰. 马克思主义哲学新形态探索 ［M］. 北京：中国人民大学出版社，2019：22.
② 周嘉昕. "马克思学"与中国化马克思主义哲学新形态建设 ［J］. 哲学研究 . 2007（8）：13.
③ 马俊峰. 马克思主义哲学新形态探索 ［M］. 北京：中国人民大学出版社，2019：22.

指的是马克思本人（包括恩格斯）的理论。这种提法首先见于列宁。他说"马克思主义是马克思的观点和学说的体系"①，毛泽东也曾在这种理解上使用过这一概念，他在《反对本本主义》一文中说："我们说马克思主义是对的，决不是因为马克思这个人是什么'先哲'，而是因为他的理论，在我们的实践中，在我们的斗争中，证明了是对的。"② 这里把马克思主义说成是"他的理论"，那马克思主义的含义也就是"马克思的理论"。此外，在我们党的文献中也常常出现从这种理解上来使用马克思主义概念。如在 2017 年 10 月 24 日通过的《中国共产党章程》中有这样一段话："中国共产党以马克思列宁主义、毛泽东思想、邓小平理论、'三个代表'重要思想、科学发展观、习近平新时代中国特色社会主义思想作为自己的行动指南。"③ 这里提到的马克思列宁主义即是对马克思主义和列宁主义的简称，其中的马克思主义指的就是马克思的理论，即原本意义上的马克思主义。当然，说原本意义的马克思主义指的是马克思的理论，这并不意味着没有恩格斯的贡献，事实上，恩格斯对这一理论的创立和完善也起了重要作用。马克思、恩格斯都是马克思主义的创始人，这一点是人们所公认的。对于这一理论之所以用马克思的名字命名，恩格斯曾做过这样的说明："我不能否认，我和马克思共同工作 40 年，在这以前和这个期间，我在一定程度上独立地参加了这一理论的创立，特别是对这一理论的阐发。但是，绝大部分基本指导思想（特别是经济和历史领域内），尤其是对这些指导思想的最后的明确的表述，都是属于马克思的。我所提供的，马克思没有我也能够做到，至多有几个专门的领域除外。至于马克思所做到的，我却做不到。马克思比我们大家都站得高些，看得远些，观察得多些和快些。马克思是天才，我们至多是能手。没有马克思，我们的理论远不会是现在这个样子。所以，这个理论用他的名字命名是理所当然的。"④

广义上理解的马克思主义，指的是除了原本意义的马克思主义内容之外还包括其后继者们在此基础上，又在不同历史时期和不同国家提出来的新的思想理论。这种从广义上来使用马克思主义概念始见于斯大林，他在谈到列宁主义时有这样一段名言："列宁主义是帝国主义和无产阶级革命时代的马克思主义。"⑤ 很明显，斯大林这里说的马克思主义指的不是马克思和恩格斯的理论，而是列宁的理论。列宁主义为什么被称为帝国主义和无产阶级革命时代的马克

① 列宁选集（第2卷）[M]．北京：人民出版社，1995：418.
② 毛泽东选集（第1卷）[M]．北京：人民出版社，1991：111.
③ 中国共产党章程 [M]．北京：人民出版社，2017：1.
④ 马克思恩格斯选集（第4卷）[M]．北京：人民出版社，1995：242.
⑤ 斯大林选集（上卷）[M]．北京：人民出版社，1979：395.

思主义呢？这是因为它一方面与原本意义的马克思主义存在继承关系；另一方面又提出了很多在原本意义的马克思主义中找不到的新理论，如社会主义革命可以在帝国主义链条上最薄弱环节、一国或数国率先获得胜利的理论等，列宁主义是属于发展了的马克思主义。正因为如此，斯大林在谈到列宁主义的特征时强调指出："叙述列宁主义就是叙述列宁在他的著作中所加进马克思主义总宝库的、因而自然和列宁的名字分不开的那些特别的和新的贡献。"① 对马克思主义概念作广义理解的用法在我党的文献中也经常出现，如江泽民同志在中国共产党第十五次全国代表大会上所做的报告中提出"邓小平理论是当代中国的马克思主义"。邓小平理论之所以被称为当代中国的马克思主义，也是因为它一方面继承了原本意义的马克思主义；另一方面又提出了很多新内容，如社会主义初级阶段理论、社会主义市场经济理论等等，也是属于发展了的马克思主义。同理，习近平新时代中国特色社会主义思想之所以被称为当代的马克思主义、21 世纪的马克思主义，是因为它一方面继承了马克思列宁主义、毛泽东思想、邓小平理论、'三个代表'重要思想、科学发展观；另一方面又顺应时代发展，从理论和实践结合上系统回答了新时代坚持和发展什么样的中国特色社会主义、怎样坚持和发展中国特色社会主义这个重大时代课题。

对马克思主义作广义和狭义的理解，同样也体现在对马克思主义哲学的理解上。不同的是，狭义理解的马克思主义哲学是否可以称作"马克思哲学"，这在学界还有不同的看法。问题的关键不是在于可以不可以这样称作，而在于对"马克思哲学"如何理解：马克思哲学是指马克思一个人的哲学还是指他和恩格斯共同创立的哲学？更进一步，马克思哲学是指马克思所有时期的哲学思想还是仅指成熟期以来的哲学思想？对于前一个问题，学界倾向于前者，即马克思哲学专指马克思的哲学。对于后一个问题，学界认同后者，但在实际研究中，又往往不加区分，典型的就是在论证马克思成熟期的某个理论观点时，却去从马克思早期不成熟的著作中寻找引文做论据。其实，对于上述问题的回答又涉及对这样一些问题的理解，即如何看待恩格斯在马克思哲学中的地位？恩格斯哲学思想与马克思哲学思想是完全一致，还是在基本一致的基础上有所差别？又如何看待西方马克思主义所制造的所谓马克思和恩格斯之间、早年的马克思和晚年的马克思之间在理论上的"两个对立"？透过上述问题的歧义纷争，依稀可以看到西方马克思学对我国学界马克思主义哲学研究的影响。

广义的马克思主义哲学除了包括马克思和恩格斯创立的原生形态的哲学理论外，还包括其后继者在此基础上的创新和发展。这些后继者除了同马克思亲

---

① 斯大林选集（上卷）[M]．北京：人民出版社，1979：184.

密合作的恩格斯外，还有同马克思和恩格斯同时代的战友和学生，有后来在实践中继承和发展了马克思主义哲学的一代又一代无产阶级的革命领袖列宁、斯大林以及以毛泽东、邓小平、江泽民、胡锦涛、习近平等为主要代表的中国共产党人，也有以研究、传播和建设马克思主义哲学为己任的大批专业哲学工作者。当然，如何评价其中一些哲学著作、哲学思想及其与马克思的哲学思想的关系，它们是否体现了马克思主义哲学的立场、观点、方法，是否偏离了马克思主义哲学的精神，是否属于马克思主义哲学的范畴等这些问题，是需要探讨的。暂且撇开这些问题不谈，单从"马克思主义哲学"这个概念本身上来看，我们对它的界定就是基于这种广义理解。本书所论及的"马克思主义哲学"概念在没有特别说明的情况下，就是从其广义角度界定的。

二、马克思主义哲学"称谓"之反思

如何称谓马克思主义哲学，从表面上看好像只是一个表述方式问题，但实际上它体现着对马克思主义哲学变革的实质的不同理解，体现着对马克思主义哲学的本质精神的不同看法。这个问题在学界争论得也比较激烈，其中有这样几种最具代表性的看法，即以"辩证唯物主义"来指称马克思主义哲学、以"历史唯物主义"来指称马克思主义哲学和以"实践唯物主义"来指称马克思主义哲学。

以"辩证唯物主义"来指称马克思主义哲学，认为马克思主义哲学就是辩证唯物主义，这主要是以北京大学黄楠森教授为代表的部分学者的看法。其理由是：一是辩证唯物主义内在地包含唯物辩证的社会历史观，它是唯物辩证的自然观与历史观的统一，是马克思主义完整的世界观，因而是马克思主义哲学的总称；为了强调历史唯物主义在其中的主要地位，我们可以在马克思主义哲学名称中将它凸现出来，称之为"辩证唯物主义历史唯物主义"。辩证唯物主义并不是马克思主义哲学中与历史唯物主义平行的一个部分，而是它的整体。"辩证唯物主义"与"辩证唯物主义历史唯物主义"作为马克思主义哲学名称，指称的是同一个对象，即马克思主义哲学的完整体系。二是辩证唯物主义这一名称较好地概括了马克思主义哲学的内容，较鲜明地体现了唯物主义与辩证法的高度统一这一马克思主义哲学的基本性质。三是中国共产党人反复运用并检验过的正是这一被称为辩证唯物主义的哲学思想，这是他们之所以坚持马克思主义哲学是辩证唯物主义最深刻的根据。因为中国共产党在把马列主义同中国实际相结合的过程中，产生了毛泽东思想和邓小平理论等一系列理论成果。无论是毛泽东思想还是邓小平理论等，作为其中重要组成部分的哲学思想，都是辩证唯物主义。然而这种观点却遭到来自坚持马克思主义哲学为"实践唯物主义"者的反对。根据之一就是马克思没有把自己的哲学称为辩证唯物主义（最先使用辩证唯物主义一词的不是马克思，也不是恩格斯，而是狄慈根和普列汉诺夫，后来有列宁和斯大林，此后传入中国，沿用至今）。

以"历史唯物主义"来指称马克思主义哲学，主张马克思主义哲学就是历史唯物主义，这主要是以复旦大学俞吾金教授为代表的部分学者的看法。俞吾金教授所主张的历史唯物主义是广义的，与狭义的历史唯物主义有所不同。后者在哲学界曾有两种比较流行的见解：一种是"推广论"，即认为马克思主义哲学就是辩证唯物主义与历史唯物主义，历史唯物主义是把辩证唯物主义推广到社会历史领域的结果；一种叫"基础和核心论"或"逆向推广论"，即认为历史唯物主义是马克思哲学的基础和核心，把历史唯物主义作为基础理论应用到自然界，从而推广出辩证唯物主义。上述两种见解的共同点是：把哲学的世界整体图景抽象地分割为自然、社会、思维三大块，辩证唯物主义对应的是"自然"部分，历史唯物主义对应的则是"社会"部分，这就把马克思哲学的总体性破坏了。① 在俞吾金教授看来，马克思哲学是"广义的历史唯物主义概念"，这一概念对应于广义的社会或社会生活，即在人的生存实践活动中展现出来的整体世界。只有进入"广义的历史唯物主义概念"的视野，才能明了马克思哲学的基本立场并完整地领悟其一系列哲学概念之间的内在联系，才能彻底地澄清以往理论研究中出现的种种思想混乱以及对马克思哲学的根深蒂固的误解，只有这样，马克思哲学的总体性和本真精神才能得到恢复。

何谓"广义的历史唯物主义概念"呢？第一，它不仅适合于传统意义上的社会历史领域，而且同时适合于其他一切领域，是我们研究一切领域的前提性理论。第二，它不仅是马克思哲学的"基础和核心"，而且是全部马克思哲学，它本身就蕴含着自己的认识论、方法论和范畴论。第三，它也可以被称为辩证唯物主义以此来凸显其辩证性。第四，它也可以被称为实践唯物主义以此来凸显其实践性。"实践性""历史性""辩证性"都具有同样的始原性，它们相互之间是不能分离的，不能说其中哪个概念是另外两个概念的基础，它们指称的都是马克思哲学，不过是从不同的侧面加以指称罢了。②

以"实践唯物主义"来指称马克思主义哲学，主张马克思主义哲学就是实践唯物主义，这主要是以中国人民大学肖前教授为代表的绝大多数学者的看法，这种看法在学界基本上得到公认（当然其内部仍存在着分歧），成为主流看法，其理由是：第一，"实践唯物主义"是马克思、恩格斯通过表达自己哲学的本质特征以区别其他一切形态的哲学所使用的概念，离开了实践就没有办法说明马克思主义哲学的科学性与革命性，甚至没有办法说明马克思主义哲学

---

① 俞吾金. 论两种不同的历史唯物主义概念［J］. 中国社会科学，1995（6）：97.

② 俞吾金. 论两种不同的历史唯物主义概念［J］. 中国社会科学，1995（6）：105.

是如何适应时代的需要而产生的。第二，"实践唯物主义"既突出了主体的能动作用，又反对将其无限扩大化。实践是以人为主体的变革现实世界的能动的、自觉的活动，也是人区别于其他一切动物的根本标志。第三，"实践唯物主义"彰显马克思主义哲学的根本任务就是研究实践活动的最一般的客观规律，推动实践活动的发展，达到改造世界的目的，最终实现工人阶级和人类的解放。马克思主义哲学作为工人阶级和人类解放的精神武器，它在实践中产生，又为实践服务，并在实践中发展。离开实践的哲学是烦琐的哲学，对于工人阶级和人类解放事业是毫无意义的。第四，"实践唯物主义"突出了马克思主义哲学形成的历史的逻辑起点，按照历史和逻辑相一致的原则，马克思主义哲学体系的阐述也就应当以科学实践观的阐述为逻辑起点，并且以历史观带动认识论和自然观，逐渐形成完整严密的逻辑体系。

当然，持马克思主义哲学为"实践唯物主义"观点也遭到反对者的诘难：一是历史上，马克思、恩格斯从来没有直接把自己的哲学概括为"实践唯物主义"。二是实践只是唯物主义的特征之一，用"实践唯物主义"命名，只能标明马克思主义哲学的一个特征，不足以反映马克思主义哲学的全部特征如革命性、科学性、辩证性等等。三是如果把实践理解为马克思主义的对象，那么它构成的将是唯物主义的实践论，它只能构成马克思主义哲学的一个组成部分，不能以部分取代整体，否则世界观、历史观都将可能被取消。

由此观之，上述对马克思主义哲学的三种称谓都各自有其自身的道理，它们是从不同的角度揭示了马克思主义哲学的本质："辩证唯物主义"称谓主要是从其方法上强调，"历史唯物主义"主要从其对象上强调，"实践唯物主义"主要是从其逻辑起点和功能上强调。不应把它们看成是三种哲学，而应该把它们看成是同一个马克思主义哲学的三种不同称谓、同一世界观的三种不同角度表述。我们不能因为马克思、恩格斯没有把自己的哲学直接表达为实践唯物主义，也不能因为在传统观念中人们已经接受"辩证唯物主义和历史唯物主义"的提法而简单地否定把马克思主义哲学概括为"实践唯物主义"的可行性和科学性；同时也不要试图以"实践唯物主义"来推翻或取代"辩证唯物主义和历史唯物主义"或"历史唯物主义"的提法。不要把三者相互否定，而是应注意把它们统一起来，只有这样方能既突出马克思主义哲学科学的实践性，又充分反映出马克思主义哲学内容的完整性、严密性。①

---

① 宋振美，刘翠娥. 实践范畴在马克思主义哲学总体特征中的争论［J］. 绥化师专学报，2001（2）：13.

三、马克思主义哲学"形态"之反思

在当今马克思主义哲学创新研究中，研究者大多把建构马克思主义哲学当代形态视为主要目标。但这里有几个前提性的问题需要澄清：马克思主义哲学是否有其存在的形态？如果有，那么它是以单数形态存在还是以复数形态存在？前一个问题涉及对哲学形态问题的理解，后一个问题涉及对马克思主义哲学存在形式的理解。

1. 哲学形态与马克思主义哲学形态的含义

什么是哲学的形态呢？欧阳康教授认为，哲学形态是哲学的形式和内容在社会实践基础上的具体的历史的和动态的统一。哲学形态从其外延方面看有多方面性、多层次性的规定：有作为社会系统之内在要素的哲学形态，也有哲学发展过程中的不同形态，还有某种哲学流派的不同历史形态以及某一历史时期不同哲学派别的不同形态。① 陈忠把"哲学形态"看成是"哲学之形"与"哲学之态"的统一，认为"哲学之形"，即哲学的形式，主要是指一种哲学的具体形式与外在结构；"哲学之态"，即哲学态度，主要是指一种哲学的价值取向与精神内涵。② 柳增认为，哲学形态是指哲学在不同条件下表现出来的不同形态。哲学之所以表现为此种形态而不表现为彼种形态的条件是由哲学本性所决定的，可从其实际运动角度看，它包括既相互区别又相互联系的三种形态：知识形态、工具形态和能力形态。③ 王干才把哲学形态看成是由不同内容决定的既包含内容又包含形式在内的总体状态，它在不同的时空条件下呈现为不同的形态。④ 吴元梁认为，哲学形态则是哲学问题借以解决、哲学思想借以实现的不同层次的形式和方法的总和，是哲学内容和哲学形式的有机统一。⑤

上述表述虽有差异，但都共同地把哲学形态看成是有其内容和形式的具体的历史的统一、多样性和变动性的统一。据此，我们可以把马克思主义哲学形态理解为由马克思主义哲学本质决定的内容和形式在实践基础上的具体的历史的统一。

2. 马克思主义哲学形态的单数复数问题

马克思主义哲学形态存在是单数还是复数？人们对这个问题的理解，经历了一个从单数认识到复数认识的转变过程。曾经很长时期，马克思主义哲学形

① 欧阳康. 哲学研究方法论［M］. 武汉：武汉大学出版社，1998：47-48.
② 陈忠. 在马克思本人那里有几种形态的马克思哲学——对马克思哲学"原生形态"研究的一点思考［J］. 河北学刊，2005（5）：12.
③ 柳增. 简论哲学的形态［J］. 浙江师范大学学报（社会科学版），1999（3）：65.
④ 王干才. 实践思维［M］. 北京：中国社会科学出版社，2006：1.
⑤ 吴元梁. 论马克思主义哲学形态史研究［J］. 马克思主义哲学论丛，2014（4）：19.

态一直被人们视为单数存在。例如，西方马克思主义哲学创始人卢卡奇不仅认为马克思主义哲学的存在形态为单数，而且还进一步把它视为方法。他曾说："正统的马克思主义并不意味着无批判地接受马克思研究的结果。它不是对这个或那个论点的'信仰'，也不是对某本'圣'书的注解。恰恰相反，马克思主义问题中的正统仅仅是指方法。它是这样一种信念，即辩证的马克思主义是正确的研究方法，这种方法只能按其创始人奠定的方向发展、扩大和深化。"①卢卡奇等西方马克思主义者之所以竭力论证正统的马克思主义是方法，主要是针对列宁所领导的俄国革命实践和因此而产生的苏联的马克思主义哲学。他们把自己看成是马克思主义哲学的正统继承人，认为苏联哲学不仅背叛了马克思的思想，而且在意识形态领域实行专政，因此，否定以列宁为代表的东方马克思主义者是对马克思主义哲学的继承和发展。与此针锋相对，以列宁等人为代表的东方马克思主义者对西方马克思主义者也采取了拒斥的态度。但是，在互不承认对方，因而只把马克思主义哲学看成单数的存在这方面，双方的态度却表现出惊人的一致。如列宁特别强调哲学的党性原则，对与自己哲学见解不一致的哲学思想及其持有者不仅在自己的理论著述的文本中用令人印象深刻的战斗的语句加以痛斥，而且在组织上采取驱除出境的办法加以解决。以列宁为代表的东方马克思主义者对西方马克思主义者及其思想的态度，曾一度对中国的理论界也产生了较严重的影响。②

然而这种认识状况今天正在改变。马克思主义哲学作为复数的存在，已成为绝大多数人的共识。这种共识是基于对马克思主义哲学的特点和品质深入认识的结果。因为马克思主义哲学不是纯粹书斋式的学院哲学、思辨哲学和解释世界的哲学，而是面向现实生活的实践哲学，它始终以现实生活作为思考的对象、改变的对象，而现实生活总是处在不停的变动之中，因此，马克思主义哲学必定会随着时代、实践和科学的发展而不断更新形成不同的理论形态。正如恩格斯所指出的，"在从笛卡尔到黑格尔和从霍布斯到费尔巴哈这一长时期内，推动哲学家前进的，决不像他们所想象的那样，只是纯粹思想的力量。恰恰相反，真正推动他们前进的，主要是自然科学和工业的强大而日益迅猛的进步"③。作为一种世界观理论体系，马克思主义哲学也必然随着社会实践的重大变革不断创新着自己的内容和形式，形成不同的理论形态。也正是在这一意义上，我们说与时俱进是马克思主义哲学的理论品格。

---

① [匈牙利]卢卡奇. 历史与阶级意识 [M]. 北京：商务印书馆，1992：47-48.
② 陈世珍. 马克思主义哲学的四种形态及其相互关系 [J]. 淮阴师范学院学报（哲学社会科学版），2006（2）：159-160.
③ 马克思恩格斯选集（第4卷）[M]. 北京：人民出版社，1995：226.

承认马克思主义哲学形态可以以复数形式存在是创新马克思主义哲学、建构马克思主义哲学新形态的前提。正是基于这一共识，自 20 世纪末，我国马克思主义哲学研究界就一直在努力探索，积极建构马克思主义哲学当代形态。如在 1997 年，黄楠森、韩庆祥和欧阳康等学者就开始在《光明日报》上发表文章，围绕"建构马克思主义哲学当代形态"这一主题进行探讨。2001 年第一届"马克思哲学论坛"大会召开，与会者对马克思主义哲学的当代价值及当代形态展开了热烈讨论。2004 年 8 月由中国社会科学院主办的中国哲学大会召开，全国各地 1000 多位哲学工作者参加，大会最为关注的课题就是"如何在当代历史条件下坚持、运用、发展和创新马克思主义哲学"，并围绕构建马克思主义哲学当代形态相关问题展开讨论。同年 10 月由北京师范大学主办的"马克思主义哲学的当代价值及其体系创新"学术研讨会，会议明确提出了建构 21 世纪马克思主义哲学新形态的任务。2005 年 4 月由中央党校哲学部与中共重庆市委党校主办的"全国党校系统哲学年会暨马克思主义哲学当代形态理论研讨会"，来自全国党校系统的 60 多位专家学者出席会议，会议紧紧围绕构建马克思主义哲学当代形态这个主题进行了广泛深入的探讨。2006 年 7 月，中央党校哲学部又在中央党校举办了"马克思主义哲学当代形态"理论研讨会，与会的在京的一些从事马克思主义哲学研究的知名学者就马克思主义哲学与时代发展、马克思主义哲学当代形态的研究方法、马克思主义哲学的当代形态建构、马克思主义哲学学科发展等问题进行了研讨……以上足见我国哲学界对马克思主义哲学新形态的探讨和研究可谓热烈、火爆，其共同主张就是在马克思主义哲学原生形态的基础上，与时俱进，建构马克思主义哲学当代形态。

3. 马克思主义哲学形态历时性呈现

马克思主义哲学在形成、传播、发展过程中，呈现出不同的样态，根据其创立或发展主体、时空方位等条件不同，学界分别以"原生形态"的马克思主义哲学、"次生形态"的马克思主义哲学、"再生形态"的马克思主义哲学和"当代形态"的马克思主义哲学相称。原生形态、次生形态、再生形态的提法最早是由中山大学高齐云先生提出来的。① 在他看来，"原生形态"的马克思主义哲学，是指马克思的马克思主义哲学，是由马克思、恩格斯作为其共同创始人于 19 世纪中叶西方资本主义矛盾开始充分暴露，适应无产阶级解放斗争的需要以及解决资本主义向何处去这一时代课题而创立的思想理论；次生形态的马克思主义哲学包括以列宁主义和斯大林思想为代表的苏联的马克思主

---

① 高齐云. 马克思主义哲学体系的原生、次生、再生形态 [M]. 广州：中山大学出版社，1990：1.

义哲学和由卢卡奇、葛兰西等人开创的西方马克思主义的马克思主义哲学。前者既继承了原生形态马克思主义哲学的精髓，又将其发展到新阶段，属于帝国主义时代的马克思主义哲学；后者是在西方资本主义度过激烈的社会危机时期而实现了较为平稳发展，马克思和恩格斯当年所期待的革命形势已经基本消失的条件下，关于无产阶级自由和解放的方式和道路的理论。

中国马克思主义哲学可从两个时期来看，20 世纪 80 年代及其以前，主要是沿袭苏联的作为次生形态的马克思主义哲学，体现为传统的"教科书体系"哲学，具有与国家政权相结合、与社会主义建设实践直接结合的特点，因此，从总体上它还属于苏联的"次生形态"马克思主义哲学，也可以看作是中国再生形态的马克思主义哲学。20 世纪 80 年代以来，我们对沿用苏联的教科书体系的哲学开始进行反思；进入 90 年代，中国哲学界已经走出教科书模式，开始提出建构当代形态的马克思主义哲学；进入 21 世纪以来，创新马克思主义哲学，建构马克思主义哲学的当代形态已成为哲学研究的主题，不仅是理论探讨，而且也开始付诸行动。

那么马克思主义哲学当代形态（或叫 21 世纪马克思主义哲学新形态、马克思主义哲学现代新形态、马克思主义哲学 21 世纪的中国版本等）的内涵又是什么呢？有学者认为，是马克思主义哲学本性的动态表现，是马克思主义哲学的基本价值、时代精神、现代成果和中国表述的有机结合；有学者提出了马克思主义哲学当代形态的"回答新问题、进行新对话、开掘新源头、创造新方法、丰富新内容、建构新体系、倡导新价值"七条标准和"解读原典化、内容现代化、风格中国化、表述系统化"四大特征；有学者认为，马克思主义哲学当代形态是以时代实践和马克思主义哲学文本为基础的，体现马克思主义哲学本质大创新的中国化、现代化和系统化的马克思主义哲学；还有学者认为，建构当代中国马克思主义哲学新形态是一项复杂的系统工程，必须从多方面综合进行：既要根据新的实践需要重新认真研究马克思主义经典著作，把握其思想方法和精神实质，又要深入研究当代实践中的新情况、新问题、新经验，并进行新的理论概括；既要坚持马克思主义哲学的指导地位，又要充分汲取和消化利用中国传统哲学和西方哲学中的合理思想资源；既要具备哲学思维必需的高度和深度，又要对当代科学包括自然科学和人文社会科学的具体成果进行哲学升华和提炼。只有通过上述各方面的综合努力，才能真正建构起既具有当代特征又具有中国风格和气派的马克思主义哲学新形态。①

---

① 杨学功．深入开展马克思主义哲学形态研究［J］．理论视野，2008（4）：19．

　　尽管上述构想表述各异，但有一点可以肯定，那就是新建构出来的马克思主义哲学应该是在马克思主义哲学形态演变史中最新的最具有综合性的和现实资源最丰富因而最有前途的形态。

　　当承认存在上述四种形态的马克思主义哲学的时候，事实上，我们也就承认这四种形态的马克思主义哲学有共同视界和结合点，这就是它们都以特殊的形式表现了马克思主义哲学的理论特质即以唯物史观为内容，以指导无产阶级革命和建设实践为现实使命，以实现全人类包括每个个人的自由和解放为价值追求。① 马克思主义哲学"原生形态"与"次生形态""再生形态""当代形态"（正在建构中）的关系，是源与流、"单数"与"复数"的关系。

第三节　马克思主义哲学"创新"之反思

　　马克思主义哲学"创新"之前提性反思内含这样几个问题：马克思主义哲学"创新"的理论前提是什么？马克思主义哲学创新的形式是什么？如何理解马克思主义哲学创新与坚持关系？本节主要对它们进行分析和阐述。

一、马克思主义哲学创新的理论前提

　　如前分析，马克思主义创新是时代的要求、实践的要求、科学技术发展的要求，也是马克思主义哲学自身品质的体现。但马克思主义哲学的创新不是随意进行的，它有它的理论前提，这就是必须坚持马克思主义哲学。任何一个历史时期形成的理论都是在已有理论基础上的发展与创新，都是其先驱者传给它的特定的思想成果。没有前人传下来的思想成果，任何天才的思想家也不能凭空去创造自己的理论。马克思主义哲学作为理论创新的结果，继承了人类历史上的一切优秀思想文化成果，对德国古典哲学采取了批判吸收和"扬弃"的科学态度，给予客观公正的评价，从而为马克思主义哲学的产生提供了丰富的思想资料和科学基础，体现了理论的继承性特点。② "马克思的全部天才正是在于他回答了人类先进思想已经提出的种种问题，他的学说的产生正是哲学、政治经济学和社会主义的极伟大代表人物的学说的直接继续。"③ 马克思和恩格斯是如此，列宁是如此，毛泽东、邓小平、江泽民、胡锦涛、习近平等也是

　　① 陈世珍. 马克思主义哲学的四种形态及其相互关系［J］. 淮阴师范学院学报（哲学社会科学版），2006（2）：158.

　　② 赵小华. 试论马克思主义哲学的批判和创新品格［J］. 理论界，2000（6）：36-37.

　　③ 列宁选集（第2卷）［M］. 北京：人民出版社，1995：309.

如此。唯其如此，才能形成一部鸿篇巨制的马克思主义发展史。今天，我们也应如此，只有坚持马克思主义哲学，才能去进一步创新和发展马克思主义哲学。

我们不仅要坚持马克思主义哲学，而且要进一步追问，我们坚持马克思主义哲学什么？对此许多学者表达了自己的看法。他们共同认为马克思主义学说作为一个完整的理论体系，有不同的层次。有人将其分为内核和外围两层，主张坚守内核、随条件的变化而放宽外围；也有人将其分为方法、原理与个别结论三层，主张坚持方法，必要时可修正原理、放弃个别结论；还有人提出四个方面的"分清"，即分清哪些是必须长期坚持的马克思主义基本原理，哪些是需要结合新的实际加以丰富发展的理论判断，哪些是必须破除的对马克思主义的教条式的理解，哪些是必须澄清的附加在马克思主义名下的错误观点等。①

上述表述虽不相同，但思路方法相同，那就是不能笼统地坚持马克思主义哲学，需分层次区别对待，都强调要坚持马克思主义哲学基本精神、原则、立场和方法。用邓小平的话说就是"老祖宗不能丢"。

二、马克思主义哲学创新的主要形式

马克思主义哲学创新何以体现？目前学界观点各异，归纳起来有这样几种：一是"综合创新"。认为马克思主义哲学创新不是个别原理、个别范畴、个别提法的枝节变化，而需要作出富于时代精神的大发展、大创新，面向新世纪，创造新智慧，实现马克思主义哲学中国化、现代化、系统化。二是"多维创新"。认为马克思主义哲学创新是多方面的创新。它既可以是新的理论体系的创立，也可以是在原有理论体系的框架内发现新的原理、提出新的观点；既可以是运用原有理论创造性地研究新情况、解决新问题，也可以是在运用原有理论过程中提出新的论断、得出新的结论。三是"方法创新"。强调的是马克思主义哲学原则、方法的创新。认为马克思主义哲学创新决不意味着简单提出一种具有更大解释功能的新学说、新理论，而是面对新的时代，遵循马克思哲学的理论创新原则，对时代的新问题进行反思与批判，从而建构出新的解决问题的原则、方法。四是"形态创新"。认为马克思主义哲学创新，主要是建构出马克思主义哲学的当代形态。五是"原创性创新"。这是在深刻把握事物发展规律和人的思维规律、有效探索社会实践新领域的基础上独辟蹊径，创立新的原理、新的理论体系或新的学派；或在遵循某种哲学的内在逻辑的前提下，着眼于前人未涉及的领域或层面，将其完善和发展，也就是将某种哲学的

① 肖贵清，周明海. 研究马克思主义基本原理的创新之作：评《马克思主义基本原理的中国化与中国化的马克思主义基本原理》[J]. 思想理论教育导刊，2013（3）：142.

内在可能性加以展开。六是"批判式创新"或"否定颠覆式创新"。马克思主义的创立就是从对德国古典哲学、英国古典政治经济学和法国空想社会主义的否定—批判开始的。当然其中也有肯定和继承的成分，但都是以批判为前提和基础的；或颠覆旧的哲学体系，打开一个更为广阔的哲学视野，并在这一基础上建构新的理论。①

本书认为上述观点都能体现出马克思主义哲学创新，只是在创新广度和深度上有所差别。无论哪一种形式的创新，都是推动和促进马克思主义哲学创新向前发展所做出的努力，都值得肯定。

三、对待马克思主义哲学做到"坚持"与"创新"的统一

1. 坚持马克思主义哲学与创新马克思主义哲学是辩证统一的关系

一方面，坚持是创新的前提和基础。实现马克思主义哲学的创新，必须坚持将马克思主义哲学基本精神、原则、立场、观点和方法作为前提，否则就背弃了马克思主义哲学。建构马克思主义哲学的当代形态，说到底是以马克思主义哲学的基本精神为指导而对现代社会实践的新认识、新总结。另一方面，唯有创新和发展才能谈得上是真正的坚持。创新是在原有的基础上的推进与发展，是一个辩证否定的过程。它内在地包含着批判与继承的统一、解构与建构的统一、坚持与发展的统一。马克思主义哲学之所以具有持久的旺盛的生命力，就在于在坚持它的基本精神、原则、立场、观点和方法的基础上，又不断地随着时代的变化、科学技术的进步、实践的发展而与时俱进。坚持马克思主义哲学，就是要保持马克思主义哲学的精髓在不同的发展阶段能够一以贯之、一脉相承；创新马克思主义哲学，就是要保持马克思主义哲学始终能与时俱进。不坚持马克思主义哲学，马克思主义哲学创新就背离了方向；不创新马克思主义哲学，马克思主义哲学就变成了僵死的教条。

2. 在实践中做到坚持与创新马克思主义哲学的统一

抽象地谈论"坚持"与"创新"二者的辩证关系，便很容易落入俗套。我们应在实践基础上把坚持马克思主义哲学与创新马克思主义哲学统一起来。什么是在实践中坚持和发展马克思主义哲学？对此，江泽民同志在十五大报告中就作出了精辟回答："马克思列宁主义、毛泽东思想一定不能丢，丢了就丧失根本。同时一定要以我国改革开放和现代化建设的实际问题、以我们正在做的事情为中心，着眼于马克思主义理论的运用，着眼于对实际问题的理论思考，着眼于新的实践和新的发展。离开本国实际和时代发展来谈马克思主义，

---

① 黄枬森. 马克思主义哲学也要创新［N］. 人民日报，2001-8-25（6）.

没有意义。静止地孤立地研究马克思主义，把马克思主义同它在现实生活中的生动发展割裂开来、对立起来，没有出路。"① 习近平进一步强调提出："要根据时代变化和实践发展，不断深化认识，不断总结经验，不断推进实践基础上的理论创新，坚持理论指导和实践探索辩证统一，实现理论创新和实践创新良性互动。"② 由于实践创新永无止境，因而也就必然推动马克思主义哲学创新永无止境。

在坚持和创新马克思主义哲学问题上，我们既要反对那种拘泥于马克思主义哲学的书本，抱着其中某些过时的观点或结论不放的教条主义、本本主义的态度和做法，也要反对那种借马克思主义哲学中个别结论因时代条件变化需要修正从而全面否定马克思主义哲学的"过时论""取代论"的态度和做法。

第四节　当代中国马克思主义哲学创新路径之检视

建构马克思主义哲学当代形态，实现马克思主义哲学的创新和发展是当代中国马克思主义哲学界共同关注的焦点。那么，如何来推进马克思主义哲学的创新与发展，建构马克思主义哲学当代形态呢？对此，学者们发表了各自的看法，归纳起来主要有三种致思理路，姑且分别称之为"文本解读"创新路径、"中西马对话"创新路径和"现实结合"创新路径，下面分别对其进行评述。

一、对"文本解读"创新路径的检视

主张这种理路的主要是以南京大学孙伯鍨、张一兵等为代表的一批学者。这种理路认为，要创新马克思主义哲学，就得首先弄清其出发点即什么是真正的马克思主义。他们认为传统解释框架下的马克思主义哲学曾背离了马克思的真实意义，并且在对文本解读的时候出现了严重误释。为了彻底打破种种教条主义解读模式对马克思主义哲学的肢解，消除传统形成的非反思性解释框架对马克思哲学文本的统摄，消除笼罩在马克思主义哲学头上的种种遮蔽和误区，强调马克思主义哲学创新要有经典文本的根据，要坚持马克思主义哲学的基本精神，必须"回到马克思"，重新对马克思的文本进行厘定、匡清、衔接、解释，力求做到忠于原作者和原著的本义。③ 为了"开新"必须"返本"，"文

① 江泽民文选（第2卷）[M].北京：人民出版社，2006：12.
② 中共中央文献研究室.习近平关于社会主义文化建设论述摘编[M].北京：中央文献出版社，2017：65.
③ 金民卿.国内马克思哲学研究的几种理论范式[J].理论前沿，2000（1）：26.

本解读"的实质是要追根溯源、正本清源。通过对马克思第一手文献的真实解读，与马克思直接面对，实现与马克思的历史语境交融，实现从传统哲学解释框架向马克思真实哲学视界的历史回归，只有这样，才能为马克思主义哲学的创新奠定全新的思考起点。① 然而这一理路，也遭到一些学者的批评和诘难：

1. 这一理路存在前提预设的"幻象"

在陈忠看来，"文本解读"派怀有原点论情结和目的论情结。因为他们认为在马克思本人的文本那里，存在着一个等待人们去发现和揭示的统一或唯一的哲学形态，认为"回到马克思"就是把马克思那里的这种真正马克思哲学还原出来。认为在马克思本人那里，存在着一个哲学思想不断走向成熟和完善的预设终点与固定的变迁逻辑，认为"回到马克思"就是把这个导向成熟的马克思哲学的必然逻辑进程揭示出来。这实际上是自觉或不自觉地将马克思本人神圣化，将马克思哲学凝固化和神圣化，认为不揭示作为神圣、本真、原生形态的马克思本人的马克思哲学，当代马克思哲学研究就不能发展和进步。其实根本不存在这样的预设前提，这只是一种"幻象"而已。

2. 疑窦丛生的"回到马克思"口号

"文本解读"派提出"回到马克思"，意在于返本溯源，为马克思主义哲学清理地基，才能开新，这个提法在当时历史条件下有一定合理意义：一是在马克思主义"教条论""过时论""死亡论"风行一时的时候，反对抛弃马克思哲学，要求坚持马克思哲学。二是有助于通过深入发掘马克思哲学的深刻内涵，超越 20 世纪 30—50 年代形成的苏联模式哲学教科书体系。但这个提法不宜作为马克思定义哲学发展的中心口号、主要目标、理论旗帜，因为它有带根本性的历史局限和思想缺憾，是一个充满疑窦的口号。

第一，这个口号是重提西方马克思主义曾提出过的，晚年卢卡奇在其最后之作《社会存在本体论》中就提到"回到马克思"这个口号。其意是指后来的苏联、中国的理论和实践都离开了马克思，甚至认为恩格斯的思想也离开了马克思，所以他们要求回到马克思。第二，这个口号中的马克思，是哪一个马克思？从马克思思想的发展过程看，有不成熟时期的青年马克思，也有成熟时期的马克思，我们是回到哪一个马克思呢？而西方马克思主义在当年提出这个口号主要是回到不成熟的青年马克思。从马克思主义内容来看，有"文本"层面的马克思，也有"精神"层面的马克思，还有"传统"层面的马克思。我们回到的又是哪一个马克思呢？第三，我们是否能回到马克思？"回到马克

---

① 韩庆祥. 当代中国马克思主义哲学创新的三种路径及其回应 [J]. 哲学动态, 2004 (7)：17-20.

思"主张者在逻辑上试图抽掉自己理解的前结构，即悬置阅读者的主观性，抛弃自己在当今世界的"世界经验"，漠视自己的历史意识和马克思哲学在当今世界中的现实意义，致力于客观考读马克思的文本，试图"回到"未受认识"污染"的纯粹的马克思，按照解释学的理论，这是不可能的，结果回到的只能是他们自己所理解的马克思。① 第四，我们是否只能"回到马克思"呢？"文本解读"派似乎忘记了150年来马克思主义哲学史，本质上是一部发展史，而不是蜕化史。即使是对一定历史条件下思想高度有所降低的苏联模式哲学教科书体系，也要作出历史主义的具体分析，要辩证扬弃而不是简单抛弃，如果对苏联模式哲学教科书体系持全盘否定的态度，在理论上就必然走向马克思与恩格斯在哲学思想上的对立论，而马克思主义哲学史方面的研究表明，马克思、恩格斯的思想虽有差异，但在基本的哲学观点上是一致的。② 更何况我们还有当代中国发展了的马克思主义——毛泽东思想和中国特色的社会主义理论体系呢？最后，难道"回到马克思"就足够了吗？"回到马克思"没有突出当代马克思主义哲学面临的最重大的时代课题，仅仅"回到马克思"是不够的。实现马克思主义哲学创新，既要"回到马克思"，又要"走出马克思""发展马克思"；既要"不丢老祖宗"，更要"发展老祖宗"，必须面对新时代、新国情、新体制、新思潮的新挑战，创造性地发展马克思主义，实现马克思主义哲学创新。

由此可见，"回到马克思"，只能在很有限的视域内体现其作为马克思主义哲学创新前提的初衷。

二、对"中西马对话"创新路径的检视

马克思主义哲学创新与发展，从横向的关系来看，不可避免地要面临着如何处理同西方现代哲学和中国传统哲学的关系，于是，许多学者主张通过"中西马对话"方式促进马克思主义哲学创新。

何谓"对话式"创新？任平认为，就是通过与西方当代哲学（特别是开当代视野之先河的后现代哲学）、当代中国哲学及各有关学科的对话，激活马克思主义固有的精神，从而弘扬马克思哲学精神的当代价值。③

在"对话"派看来，通过"中西马对话"方式来促进马克思主义哲学创新是十分必要的。列宁曾指出，马克思主义哲学不是离开世界文明发展大道而

---

① 雷鸣. 回到生活世界，回到人本身——马克思主义哲学创新的基本方向 [J]. 湖南社会科学，2003（2）：16.
② 李涛. 回到马克思：一个可疑的口号 [J]. 哲学研究，2000（4）：37.
③ 任平. 新全球化历史语境与马克思主义哲学三大创新路径 [J]. 江海学刊，2003（1）：47.

产生的故步自封、僵化不变的学说。历史地看，马克思主义哲学作为批判的、开放的理论，其诞生之时起就不是孤立的思想花朵，它是在与形形色色的思潮的论战中开辟成长之路的。在这一过程中，马克思主义哲学不仅没有被削弱，反而愈发显示其不可超越的特有品格。① 而今，作为时代精神精华的马克思主义哲学，也不能无视现代西方哲学所张扬的科学实证精神、人文主体精神，不能无视科学精神与人文精神在日常生活实践中进行整合的努力，否则就谈不上创新与发展。② 长期以来，传统哲学教科书遮蔽了马克思主义哲学与西方哲学之间的总体性关系，严重地影响了对马克思主义哲学本质及其当代意义的深刻理解。只有将马克思主义哲学与西方现代哲学进行比较研究，实现两者话语之间的"视界融合"，才能真正把握马克思主义哲学的实质并彰显马克思主义哲学的当代意义，从而实现马克思主义哲学的理论创新。而且一花独放的现象也窒息了马克思主义哲学的生命力，因此，马克思主义哲学研究必须走出自话自说的状况，同其他学科和哲学流派进行对话。③ 尤其在当今新全球化时代，差异化、多元化的思想相互碰撞和对话，已经成为思想的全球景观，"引领"思想撞击、开展有效对话已经成为打磨当代马克思主义哲学之锋的砥石、创新思维的基本路径。④ 在"对话"派看来，这种对话不仅是必要的，而且也是可能的。因为无论是从历史、理论渊源上看还是从中国传统哲学、后现代哲学看，这种交流都有着深厚的思想基础。"比较对话"路径的主旨是通过"中西马对话"方式来汲取有助于实现马克思主义哲学创新的思想资源和表达方式，体现了马克思主义哲学本身所具有的批判精神和开放胸襟。但这种创新路径同样存在一些问题。学界流传着这样一种论调："打破中西马，吹破古今牛，中西马风马牛。"这种讥讽和悲观的论调本身就表明"比较对话"方式在当今中国所面临的困境和问题：

1. 对话有可能成为各自独白式的观点宣介或立场表达

长期以来在中国，中西马是作为三门不同的二级学科，彼此之间处于壁垒森严之态。而多年的学科分化造成中、西、马相互隔离的局面恐怕一时还难以突破，而且在各自的内部也在不断分化、形成间隔，致使在推动学科研究和拓展的同时，也使自己的路越走越窄。由于各自研究主体视野的偏狭，因而对话等同于论争和自我辩护，或把对话局限于观点陈述和各自独白式的观点宣介和

① 雷鸣. 回到生活世界，回到人本身——马克思主义哲学创新的基本方向［J］. 湖南社会科学，2003（2）：16.

② 徐国松. 构建马克思主义哲学创新发展的"张力网"［J］. 西南师范大学学报（人文社会科学版），2003（6）：5.

③ 衡彩霞. 坚持和发展中国特色的马克思主义哲学［J］. 哲学研究，2004（8）：93-94.

④ 任平. 新全球化历史语境与马克思主义哲学三大创新路径［J］. 江海学刊，2003（1）：41-42.

立场表达。因此，恐怕一时还很难以开展起真正有效的对话，遑论通过对话，实现创新呢？

2. 在对话中容易迷失应持的原则和所处的地位

对话应该讲求平等（不是讲中西马地位三元并列，马克思主义哲学在中国处于理论指导地位），互促互动，但在实践中会走向唯我独尊或盲目崇拜。曾经一度表现为马克思主义哲学一枝独秀，马克思主义哲学研究表现为一种排斥性的独白，此后又走向另一个极端，对现代西方哲学马首是瞻，以西方哲学的概念或理论来解读或阐释马克思主义哲学、依据西方哲学的观点来评判马克思主义哲学、以与现代西方哲学的同质性来论说马克思主义哲学。[①] 致使对话、交流变成只流不交、单向流动。这种态度也体现在对中国哲学身上。20世纪80年代，曾出现过以西方文化否定中国传统文化、主张全盘西化的思潮；90年代出现过复兴儒学的文化保守主义思潮。这种忽高忽低的态度对待中国传统哲学，也不利于其与马克思主义哲学和西方哲学展开对话、交流。

3. 有可能产生场景认同的幻象

主张"对话"派，只看到马克思主义哲学与现代西方哲学在某些方面的同质性一面（同属现代哲学、同拒斥近代形而上学），没有看到更主要的是两者的异质性的一面。

由此看来，"比较对话"途径，实际上只是一种努力的方向，理论上的可行性大于实际上的可行性。

三、对"现实结合"创新路径的检视

这里有必要对"现实"概念作一定的说明。"现实"作为一个哲学范畴，不同的哲学有不同的理解。唯心主义的"现实"概念用来指称精神主体及精神主体的活动及其创造物，唯物主义的"现实"概念用来指称不依赖于意识的客观实在。在旧唯物主义那里，"现实"是一种自然存在；在"西方马克思主义"那里是把"现实"理解为物质因素和精神因素的统一，或者把思维也看作一种现实，把思维看作实践的内在因素；而在马克思的实践唯物主义或历史唯物主义中，作为意识真实基础的现实被理解为人们的存在、社会存在，马克思的新唯物主义就是从现实生活、从实践出发来解释观念的东西的哲学。本书所指"现实"即为此意。"结合现实"的提法是笔者对那些主张从时代出发或从现实问题出发或从实践出发来实现马克思主义哲学创新的各种理路的统称，"结合现实"派虽然都主张从现实出发，但是，由于他们对现实内容某个

---

① 汪信砚，陈立新. 反对教条主义与推进马克思主义哲学中国化［J］. 武汉大学学报（哲学社会科学版），2005（2）：147.

方面的侧重，又有三种不同的具体路径：

1. 强调哲学要与时代结合，反映时代精神

黑格尔说过哲学是思想中把握的时代，马克思也曾指出"任何真正的哲学都是自己时代精神的精华"①，作为时代精神的哲学"不仅从内部即就其内容来说，而且从外部即就其表现来说，都要和自己时代的现实世界接触并相互作用"②。黑格尔、马克思关于哲学与时代关系的论述，主张与时代结合，是实现马克思主义哲学创新的主要理论依据。所以有理由认为，我们要判断一种哲学是否具有生命力，就要看它是否保持着作为时代精神精华的地位。哲学要推动思想解放和实现自身发展，就不能不体现时代精神，反映时代主题。然而，在坚持这一共同的前提下，"时代结合"派，则对什么是时代精神，马克思时代和我们当今时代，时代精神是变还是没变等方面认识不一。

叶险明认为，"时代"是人们认识社会发展的时空坐标系。人类自20世纪初以来所处的历史时代是资本主义向社会主义过渡、但资本主义生产方式还占统治和支配地位的历史时代，这个时代的多种特征都是由这个时代的根本性质所直接或间接规定的。③ 汪信砚则主张从"大时代"与"小时代""时代精神"与"时代主题"的关系角度来看马克思主义哲学与现时代精神的关系。他认为，无产阶级反对资产阶级、社会主义逐步代替资本主义仍然是现时代精神；从人与世界关系的基本内容来看，大科学、大实践也是现时代精神，它们的形成和出现既深刻地证实了马克思主义哲学，又内在地推动着马克思主义哲学的发展，催生着马克思主义哲学的当代形态。④

刘敬鲁认为，对我们所说的时代还必须进一步追问，指的是谁的时代即谁是时代的具体承担者或主体？答案是民族主体与人类主体的间性时代，以及民族主体与民族主体的间性时代。这种新的时代主体状况应是马克思主义哲学创新乃至全部哲学创新的重要时代根据之一。⑤

2. 强调哲学要以问题为中心，突出问题意识

有学者认为，之所以要强调马克思主义哲学创新必须面向现实，其旨在突出问题意识，解决现实中出现的问题。正如马克思所言："一个时代所提出的问题和任何在内容上是正当的因而也是合理的问题，有着共同的命运：主要的困难不是答案，而是问题。……问题就是公开的、无畏的、左右一切个人的时

① 马克思恩格斯全集（第1卷）[M]．北京：人民出版社，1956：121.
② 马克思恩格斯全集（第1卷）[M]．北京：人民出版社，1995：121.
③ 叶险明．马克思的"时代观"与知识经济 [J]．马克思主义研究，2003（2）：32.
④ 汪信砚．现时代精神与马克思主义哲学 [J]．江汉论坛，2001（12）：5.
⑤ 刘敬鲁．时代的具体性与马克思主义哲学创新 [J]．山东科技大学学报（社会科学版），2004（4）：31.

代的声音。问题就是时代的口号，是它表现自己精神状态的最实际的呼声。"①马克思主义哲学在理论上的发展，马克思主义哲学的强大生命力，从根本上说，决定于把握、理解和解决时代重大课题的程度与水平。我们今天实现马克思主义哲学创新，不是为了标新立异，而是为了解决问题和应对挑战。就问题而言，从性质上看，无非是这样两类：一是哲学史上的悬而未决的重大理论问题；二是现代社会历史发展中提出的重大现实问题。在现实面前，特别是在重大现实问题面前，马克思主义哲学不应该是"失语"的，否则这种创新就会大打折扣。

要解决问题，就要善于发现问题、引出问题。有学者提出要从社会主义市场经济提出的问题和矛盾中引出马克思主义哲学要解决的新课题；要从经济全球化、文化多元化、社会发展形态多样化的趋势中来引出马克思主义哲学，乃至马克思主义理论更加普遍化的新问题；要从当代建设中国特色社会主义的现实需要中引出新问题。当然，还有必要强调马克思主义哲学要注重解决现实问题，并不是那些经验层面的具体问题，而是现实中对人类生存和发展带有根本性质的问题，同时这种问题的解决，主要是从理论上提供方法论指导。

3. 强调哲学要与实践相结合，随实践的发展而发展

科学实践观的产生，是马克思主义哲学同以往的一切旧哲学的分水岭，马克思主义哲学是实践的哲学，实践的观点是马克思主义哲学首要的基本的观点。它是在实践中产生、也是在不断地接受实践检验，并随着实践的发展而发展着的理论。强调创新马克思主义哲学面向实践，与实践相结合，随实践发展而发展，根本方向无疑是正确的，但问题是立足于什么样的实践，是立足于当今中国的实践？还是当今人类的整体实践？抑或兼而有之？这则需要进一步明确，否则就大大局限了我们的创新的视野。

在"结合现实"内，上述三者的不同，不是本质的不同，其根本方向是一致的，也是正确的。这种不同只是对现实理解的侧重点不同。面向实践，确定了面向现实的基点；面向时代，则具体化了面向现实的内容；面向问题，则聚焦了面向现实的中心点。马克思主义哲学面向现实的过程，实际上就是在实践中反映时代精神，解决时代重大课题，促进其创新的过程。

如何看待我国哲学界上述关于马克思主义哲学创新的三种创新理路呢？我们认为，首先，应看到上述三者各有自己的角度和特点，属于不同的创新理路，彼此之间有着质的不同，因而对马克思主义哲学创新所起的作用也不同。文本解读旨在追根溯源、正本清源，"比较对话"旨在相互阐释、开放创新，"结合现实"旨在把握现实、与时俱进。对它们强调的不同，直接关涉能不能

---

① 马克思恩格斯全集（第40卷）[M]．北京：人民出版社，1982：289-290．

保持马克思主义哲学具有永久的生命力。其次，上述三种理路虽然有所区别，但又殊途同归。三者都在反思传统哲学教科书的基础上，通过阐明马克思主义哲学的本质精神来揭示马克思主义哲学的当代性意义及其创新的趋势，这对于马克思主义哲学的理论创新无疑都具有积极意义。它们之间是内在相关、互相补充的，我们不能孤立地强调其中的哪一种，而忽视另外两种。再次，从马克思主义哲学创新的最终意义上看，其出发点和最终目的是要回到现实、实践中去，接受实践检验，服务于实践，生活的公式远远高于书本的公式。所以我们认为，"结合现实"的理路才是代表着马克思主义哲学创新的基本方向和趋势。最后，现实地看，上述三种理路在经过一段时间的讨论或争论之后，各派已不再僵直地固守己见，都表现出向对方观点的靠近的趋势。于是，一种以"现实结合"创新为体，以"文本解读"和"比较对话"创新为两翼的马克思主义哲学"综合创新"模式已然呈现出来。

第五节　实践是马克思主义哲学创新最深厚的根基和逻辑基点

在前一节里，我们就当代学界关于马克思主义哲学创新的几种理路，进行了一番审视，认为这三种理路对于发现、发挥马克思主义哲学的当代价值都是必要的，但"结合现实，面向实践"的理路更具根本性，实践才是马克思主义哲学创新最深厚的根基，只有它才是真正代表着马克思主义哲学创新的基本方向和趋势。实践是马克思主义哲学形成和发展的深厚根基和逻辑基点，是马克思主义哲学保持自己的科学性、革命性，从而能够不断自我更新、自我发展的根本动力。

一、实践是马克思主义哲学创新最深厚的根基

哲学创新是人的特殊的理论创造活动，是作为实践主体的人在长期的、反复的理论与实践的辩证运动的基础上，在观念、理论特别是在实践的创造性活动及其结果上产生的飞跃。[①] 但这种创新并不是一种单纯的构想，而是破除与客观事实不相符合的旧观念、旧理论，发现客观事物的新联系、新属性、新规律，形成新观点、新认识，回答新问题，并以此实际地改造客观世界的实践活动。然而，回答新问题、形成新观点，并不是哲学创新的根本目的，哲学创新

---

① 刘建新. 实践：马克思主义哲学创新的最深厚根基 [J]. 社会主义研究，2005（5）：11-14.

的根本目的在于指导新的实践。马克思主义哲学正是从社会实践的角度来考察和思考问题，从实践的观点来说明社会本质及其发展规律，并以之指导人们认识和改造世界。这表明实践不仅是马克思主义哲学创新的发生之源，而且也是发展之源和回归之源。

1. 实践是马克思主义哲学创新之源

马克思主义哲学的产生之所以是人类哲学史上一次革命，就在于它与旧哲学有着根本的不同，这种根本的不同就在于马克思主义哲学是立足于实践的哲学，实践性是它的本质特征，认为全部"社会生活在本质上是实践的"①。19世纪40年代是无产阶级解放运动高歌猛进的狂飙时代。马克思、恩格斯自从登上历史舞台，就表现出对人类命运的极大关注，激发着他们不断地从事着思想的探索与实践的改造，在实践的基础上逐渐形成了马克思主义哲学。没有19世纪欧洲无产阶级运动蓬勃发展的实践需要，就不会有马克思主义哲学的创新，也不会有马克思主义诞生。以往的旧哲学家，脱离实际，远离实践，将自己关闭在书斋里醉心于建构能解释一切的绝对真理的体系，根本不懂得革命的、实践批判的意义。马克思指出："从前的一切唯物主义（包括费尔巴哈的唯物主义）的主要缺点是：对对象、现实、感性，只是从客体的或者直观的形式去理解，而不是把它们当作感性的人的活动，当作实践去理解，不是从主体方面去理解。因此，和唯物主义相反，能动的方面却被唯心主义抽象地发展了。"② 马克思进一步指出："哲学家们只是用不同的方式解释世界，问题在于改变世界。"与这种"解释世界"的哲学不同，马克思主义哲学的关注点是在"阐释旧世界"的过程中通过实践而"改变世界"。马克思也正是从人的实践活动及其历史发展出发，去批判全部旧哲学和开拓现代意义哲学的，并把自己的哲学作为工人阶级和劳动人民认识世界、改造世界的伟大工具，当作他们解构旧世界、建构新世界的锐利武器。当马克思主义哲学把无产阶级当作自己的物质武器时，同样地，无产阶级也就把马克思主义哲学当作自己的精神武器。从根本上说，马克思主义哲学是为无产阶级解放而生的，"这个解放的头脑是哲学，它的心脏是无产阶级。哲学不消灭无产阶级，就不能成为现实；无产阶级不把哲学变成现实，就不可能消灭自己"③。由此可见，19世纪无产阶级改变现存世界的伟大实践促成了马克思主义哲学的产生，实现了一次石破天惊的真正意义上的哲学主题转换，这是一种哲学由理论到理论向着由理论到实践的革命性跃迁，是哲学由解释世界向改变世界、由理论框架向实践框架的根本性

---

① 马克思恩格斯文集（第1卷）[M]．北京：人民出版社，2009：55.
② 马克思恩格斯选集（第1卷）[M]．北京：人民出版社，1995：54.
③ 马克思恩格斯选集（第1卷）[M]．北京：人民出版社，1995：16.

转换，是两千多年哲学史上最伟大的理论创新。①

2. 实践是马克思主义哲学创新发展之源

旧唯物主义终结的地方，便是现代唯物主义或"实践唯物主义"开启的地方，而终结与开启的关节之点便是实践。实践，不仅是马克思主义哲学创新产生之源，而且也是发展之源。马克思主义哲学诞生之后便开始同形形色色的非马克思主义思想进行斗争，其影响力不断增强，开始在世界范围内传播，逐渐成为世界性的哲学。20世纪以来，马克思主义哲学开始与一些国家的无产阶级革命实践相结合，产生了"一体两翼"式的马克思主义哲学的次生形态。一体是指马克思主义哲学的俄国化，是主潮；两翼指的是马克思主义哲学中国化和西方新马克思主义。② 列宁正是根据帝国主义时代无产阶级革命的实践，揭示资本主义经济政治发展不平衡的规律，指出社会主义可以在一个或几个国家首先获得成功，实现了马克思主义的理论创新，从而把马克思主义推进到列宁主义阶段。

社会主义实践是推动马克思主义哲学创新的根本动力。毛泽东正是根据中国革命的具体实践，提出了新民主主义理论和社会主义理论，创立了中国的马克思主义——毛泽东（哲学）思想，从而创新了马克思主义哲学。邓小平正是立足于当代中国和世界的新实践，总结国内外社会主义建设的经验教训，创立了以"建设与发展"为主题的发展哲学。习近平立足于新时代，在继承马克思主义哲学基本原理和方法的基础上，又创造性地将之运用于中国特色社会主义实践当中，从而进一步丰富和发展了马克思主义哲学。可以说马克思主义哲学的发展史就是一部创新史，既一脉相承，又与时俱进。之所以能与时俱进，乃是因为它在不同阶段，都是以当时的社会实践为原动力的。可以确认，随着社会主义实践的不断发展，马克思主义哲学必定随着时代、实践和科学的发展而不断创新。

3. 实践是马克思主义哲学创新的回归之源

哲学源自实践、社会生活，最后还有要回归生活、回到实践，这体现了马克思主义哲学的根本特征。马克思主义哲学不是为哲学而研究哲学，而是用来指导无产阶级进行革命斗争、实现人类解放的思想武器，体现了对无产阶级生活境遇的终极关怀和终极解决。无疑这就需要把马克思主义哲学诉诸社会主义实践批判。离开实践，马克思主义哲学创新只是在诠释学意义上的创新。我们之所以要不断促进马克思主义哲学创新，其目的也在于通过马克思主义哲学的不断创新来推动我国社会主义实践不断向前发展。因此，马克思主义哲学创新

① 王福民．实践：马克思主义哲学创新之源 [J]．教学与研究，2003（3）：19-20.
② 黄楠森，王东．邓小平理论与当代中国哲学 [M]．北京：北京大学出版社，2005：181.

的根本立足点，应该是时代的发展、实践的发展和科学技术的发展。这既是一个用时代、实践和科学技术的发展所提供的新材料、新经验、新成果推动马克思主义哲学创新，使马克思主义哲学不断从时代、实践和科学技术的新发展中获取新活力、新生命的过程；又是一个马克思主义哲学创新研究和解决时代、实践和科学技术的发展提出的新矛盾、新问题，从而推动社会主义实践不断创新的过程，是两个过程的互动和统一。①

马克思主义哲学在从当代人的实践中发现哲学问题、吸收哲学营养的同时，又发挥其彻底的批判精神，展开思想与实践的双重批判：在展开思想批判时，既以批判的眼光审视其他的哲学，辩证地看待其他的哲学；也以批判的眼光审视自己，辩证地看待自己的哲学。在展开实践批判时，既自觉地对当代人类实践进行合理性反思与批判，在批判中寻求马克思主义的新发展；又在各种特定的具体历史条件下，看到人类的实践活动并不都是完全有效和合理的，其中包含着各种负效应的实践。通过双重批判，一方面，使哲学必须根据变化着的实践来反思和修正现存的思想范畴和理论体系；另一方面，使人们的实践和社会历史运动自觉地朝着人类文明发展与进步的基本方向行进。马克思主义哲学是"批判的武器"和"武器的批判"的统一。

总之，把实践作为马克思主义哲学创新之源，把理论创新转化为实践创新，从而推动社会主义实践向前发展，这是马克思主义哲学创新的根本道路。

二、实践概念是马克思主义哲学创新的逻辑基点

构成马克思主义哲学与其他一切哲学的分水岭就在于实践。历史地看，马克思主义哲学不仅是在实践中产生的，而且也是在实践中发展的，同时又是用不断发展着的理论去指导实践，推动社会实践向前发展的。历史和逻辑是一致的。历史从哪里开始，理论也将从哪里开始。从理论上看，马克思主义哲学是以实践概念为其逻辑基点而创立的，是以理论的逻辑在思维中再现历史的逻辑。

1. 实践概念是马克思主义哲学产生的逻辑基点

从哲学史上看，马克思主义哲学的产生、实现与旧哲学的彻底决裂，就在于其确立了科学的实践观，把自己的哲学定性为改造世界的实践哲学，把实践作为自己"新唯物主义"的理论之点。毋庸置疑，德国古典哲学是马克思主义哲学的直接理论来源，其中对马克思影响最大的是黑格尔和费尔巴哈。从马克思早年受其影响，继而又批判超越了他们，最终创立了新世界观的整个过程

---

① 王福民．实践：马克思主义哲学创新之源［J］．教学与研究，2003（3）：19-20.

看，如何理解实践问题是贯穿其中的基本线索。在黑格尔那里，绝对精神既是实体又是主体，它自我设定、自我异化、自我综合，扮演着历史创造者的角色。这样，实践便成为绝对精神自我演绎的逻辑过程。在费尔巴哈那里，由于他不了解实践的革命批判活动的意义，只把事物、现实、感性当作直观的对象来理解，而不是把它们当作人的感性活动即实践的对象来理解，也不是从主体所加于客体的作用以及两者的辩证转化来理解，致使他把实践看成是消费的实践（他常援引这种实践来证明感性客体的存在），或者是一种卑污的商贩式的活动。对这两类思想倾向，马克思在《关于费尔巴哈的提纲》中给予了批判，并阐述了自己新实践观的基本思想。什么是实践？马克思把它称为客观的物质活动或人的感性活动。然而，马克思并没有仅仅停留在这种对实践的抽象理解上，认为要真正把握实践，必须具体地研究社会历史进程。因为作为实践的主体——人的本质，只有纳入具体的社会历史关系中才能真正地得到说明；而作为实践其本身也只有纳入生产和发展的历史过程中才能获得具体的内容。旧哲学的共同局限就在于不能真正地理解实践，因而也就不能科学地说明社会历史的发生发展过程，从而导致历史观上的唯心主义。可见，马克思所说的实践，不是那种抽象的主体活动，而是作为现实历史承担者的、一定社会中的现实个人自我再生产的活动。如果把《关于费尔巴哈的提纲》看作马克思主义历史观的骨架，那么实践概念就是这整个骨架的支点。因此，要准确地把握马克思的实践概念，就既不能把它当作普遍名词那样做实证性的理解，也不能和形形色色的非马克思主义哲学的实践概念不加区别地作含混、抽象的理解。①

2. 实践概念也是马克思主义哲学创新的基点

如前所说，哲学创新有多种表现方式，颠覆旧的哲学体系，打开一个更为广阔的哲学视野，并在这一基础上建构新的理论，这是创新；在遵循某种哲学的内在逻辑的前提下，着眼于前人未涉及的领域或层面，将其完善和发展，即将某种哲学的内在可能性加以展开，这也是创新。前者主要是针对已经丧失生命力的僵化体系，后者针对的则是仍具有生命力的开放性的理论。上述两种情况对于我们当下所从事的马克思主义哲学创新而言，都应视为题中应有之义，因为我们必须同时面对马克思本人的思想和教科书这一思想的解释体系。20世纪80年代以来，苏联教科书体系对马克思哲学解释的"前马克思"性质已经被普遍地意识到，我国哲学界开始突破这种从"客体性原则"出发的马克思主义哲学的解读模式，转向从"主体性原则"出发去解读马克思主义哲学的模式，开始凸显了人在马克思主义哲学中的地位，把过去仅仅从认识论的角

①　孙伯鍨，张一兵.走进马克思［M］.南京：江苏人民出版社，2008：115.

度理解实践转向为从人的存在方式、从社会生活本质去理解实践。这种对不能很好地反映马克思主义哲学本真精神的旧体系的突破,实现哲学范式的转换,无疑是一种创新(当然,这对马克思本人而言,其中很大一部分还只是力图恢复马克思本人已经表明了的哲学原则,恢复实践概念在马克思那里的核心地位和最基本的意义,还不能算作是创新)。另一方面,我们又要看到,马克思本人的哲学思想对我们的时代仍是开放的,马克思哲学的逻辑仍在进展之中,因此我们必须立足于现时代的发展,对马克思的思想文本进行重新解释和发掘。若要实现这一方面的创新,无疑也需要基于我们对实践概念的适当理解。对马克思主义哲学创新而言,无论是突破旧体系,还是将其内蕴逻辑地展开,这两个方面实质上乃属于同一个过程。如果说马克思的实践概念曾使他的哲学超越古代和近代哲学,使这种哲学成为一种"新"的哲学的基点,那么它也是我们今天在此基础上进行哲学创新的新基点。

总之,反观20世纪后20年我国马克思主义哲学的探索过程,总体上可以理解为"走出"教科书的过程和对马克思实践概念进行重新理解和定位的过程。这充分说明,实践概念在马克思主义哲学创新过程中的重要意义。

进入21世纪,随着生活世界话语在我国马克思主义哲学界的兴起,实践作为现实的感性活动的意义逐渐被意识到。如今,回到"现实的生活世界"已经成为一句响亮的口号。尽管这在很多论者那里还仅仅是个"口号",但其意义非同寻常。"它意味着马克思最重要的哲学创新即将被重新发现。这就是超越理论哲学,走向现代实践哲学。"①

三、本书研究的基本思路

如前所述,实践是马克思主义哲学产生最深厚的根基,也是实现马克思主义哲学创新的主要动力。实践概念不仅是马克思主义哲学的逻辑基点,同时也是我们今天在马克思主义哲学基础上进行哲学创新的基点。基于这样一种认识,本书按照历史与逻辑相一致的原则,对实践作了历史的和逻辑的延展,从而构成本书的基本思路:一是能动性的逻辑演进:夸大或无视—实践的统摄—创新实践的凸现;二是与上述相对应构成的哲学形态逻辑演进:旧哲学(旧唯物主义和唯心主义)—实践唯物主义—创新实践唯物主义。

历史地看,马克思主义哲学和旧哲学包括旧唯物主义和唯心主义的分野在于对实践的理解,实际上是如何看待人的能动性。对此,马克思在《关于费尔巴哈的提纲》中直截了当地指出:旧唯物主义没有注意到人的主观能动性,

---

① 王南湜,谢永康.实践概念与马克思主义哲学的创新[J].吉林大学社会科学学报,2004(5):38.

而这种能动性却被唯心主义片面地发展了。究其原因在于没能正确地理解实践。[1] 在马克思看来，实践是主体与客体相统一的过程，单从"客体"的角度去理解如费尔巴哈，或单从"主体"的角度去理解如黑格尔，都失之片面。马克思引入实践概念，从实践的角度去看待人的能动性，从而超越了旧哲学，创立了新唯物主义——实践唯物主义，由此，意识的能动性演进到实践的能动性。然而，自20世纪90年代以来，随着知识经济的兴起，创新开始作为一种潮流在全球范围内展开，并且成为当今社会实践的主导形式。创新充分体现了实践主体的能动性，也促进了实践从内部开始分化，创新实践开始凸现出来。创新实践的凸现，又促发人们对作为马克思主义哲学核心概念的实践进一步反思。尽管在马克思主义哲学原初语境中有不少是对创新实践的精辟阐述，但还是被掩隐在作为整体的实践概念话语之下，并不彰显。因此，展开对创新实践的研究，实现马克思主义哲学范式由实践向创新实践深入，体现了马克思主义哲学实践概念演进的内在逻辑。随着实践范式的深入，必将推动马克思主义哲学走向新的形态——创新实践唯物主义。

创新实践唯物主义是立足于创新实践对实践唯物主义进行的深化与中国化，是从创新实践视域对马克思主义哲学的重新审视，是将其内在意蕴合乎逻辑地展开和澄明，是当代中国特色的社会主义建设的创新实践理论化的结晶，是立足于实践唯物主义基础上的马克思主义哲学形态的当代建构。

---

① 马克思恩格斯选集（第1卷）[M]．北京：人民出版社，1995：58.

第一章 马克思主义科学实践观的确立

实践的观点是马克思主义哲学首要的基本的观点。实践概念是马克思主义哲学中最基本的概念。科学实践观的确立，实践唯物主义的诞生，都是基于对实践概念的正确理解。实践是主客体之间双向对象化的活动，是主体与客体、主观与客观相统一的过程，能动性是其主要特征之一，但在唯心主义、旧唯物主义那里不是夸大它就是无视它，马克思克服了旧哲学的这种局限，科学地揭示了实践的本质，第一次将自己的哲学奠定在科学的实践观基础上，从而实现了一场在人类哲学史上真正意义的革命。由此，对能动性认识的历史考察，揭示其内在演进的逻辑，构成本章的主要内容。

第一节 能动性与近代西方哲学的逻辑进路

一、能动性为人类所特有

对于"人是什么"这一千古斯芬克斯之谜，人们从没有停止对其谜底的揭示。亚里士多德认为"人是政治动物"，近代西方哲学家认为"人是理性的动物"，富兰克林认为"人是会制造工具的动物"，卡西尔认为"人是制造符号的动物"，等等。应该说，这些看法都是在一定程度上对人不同于动物一些特征的揭示。但这种理解方式有一种致命的缺陷，这就是都把人看成先天具有某一种而且是一成不变的内容，可以通过一定的思维抽象把它从中揭示出来。这是一种先定论、预成论、单极论和不变论的思维方式。① 用这种思维方式去寻求谜底，不能从根本上找到。真正将其谜底给予科学揭示的是马克思和恩格斯。他们之所以能对其谜底给予科学的揭示，就在于把劳动（实践）引入其中，用实践的思维方式取代了"先定论、预成论、单极论和不变论"的思维方式，实现了提问方式由"人是什么"到"人何以生成"的转换，从而为我

---

① 周甄武. 论人的虚拟性 [J]. 东岳论丛，2007 (5)：141.

们开启了对人性和人的本质认识的新视域。

在马克思、恩格斯看来，劳动（实践）及其发展是理解全部社会历史奥秘的锁钥。劳动创造了人，实践是人的根本存在方式，社会生活的本质是实践的，社会关系是在实践中生成的，人的本质和人性问题只能由社会关系来说明。因此，人没有固定的本质，是生成开放的存在物，是能动性的存在物。

所谓能动性的存在物，就是自为、自主、自觉的创造性存在物。恩格斯说："人同其他动物的最后的本质的区别"，就在于："一句话，动物仅仅利用外部自然界，单纯地以自己的存在来使自然界改变；而人则通过他所作出的改变来使自然界为自己的目的服务，来支配自然界"[1]。"如果说动物不断地影响它周围的环境，那末，这是无意地发生的，而且对于动物本身来说是偶然的事情。但是人离开动物愈远，他们对自然界的作用就愈带有经过思考的、有计划的、向着一定的和事先知道的目标前进的特征。"[2] 这种经过思考的、有计划的、有目的的认识现实世界和支配现实世界的特征，就是人的能动性。[3] 它是实践主体自身具有的一种认识世界和改造世界的积极主动的属性。

目前在学界，人们对能动性的理解还存在着分歧，主要体现在两个方面：一是能动性的归属问题，能动性究竟是属人类所特有还是一切事物都具有？二是能动性称谓上的混乱，能动性与主观能动性、自觉能动性、意识能动性这几个概念是指称同一对象还是有所区别？对这两个问题的看法不同实际上都源自对能动性作何种理解。对于前一个问题，应该说在我们的教科书里已经得到解决。例如，哲学教科书在论述物质和意识、社会存在和社会意识的关系时，总是讲物质对意识具有决定作用，意识对物质具有能动作用；社会存在对社会意识具有决定作用，社会意识对社会存在具有能动的反作用，而教科书从未讲过"物质对意识的能动作用、社会存在对社会意识的能动作用"。这表明在通常的情况下，人们是把能动性同人或人的意识联系在一起的，并没有把它同物联系起来。[4]

然而，也有部分学者则不认为能动性专为人所具有，如李达认为，能动性"指的是引起事物发展的原动力那样一种性质。辩证唯物主义认为它是一切事物都具有的普遍性质"；何祚榕认为，"能动性即主动积极地起作用的活动性能；辩证唯物主义既承认物的能动性，也承认精神的相对能动性"[5]；陈晏清

---

① 马克思恩格斯全集（第23卷）[M]．北京：人民出版社，1972：158.
② 马克思恩格斯全集（第20卷）[M]．北京：人民出版社，1971：517.
③ 顾乃忠．主观能动性研究 [M]．南京：江苏人民出版社，1991：1.
④ 顾乃忠．主观能动性研究 [M]．南京：江苏人民出版社，1991：24.
⑤ 何祚榕．论能动性 [J]．中国社会科学，1981（2）：167.

认为，"辩证唯物主义哲学讲人的能动性的时候，总是在'能动性'之前冠以'主观'二字，这并不是多余的。如果只是笼统地说能动性，那就不仅为人所具有，而且也是为动物以至一切物质的东西所具有的"①；等等。

之所以持上述大相径庭的看法，其主要原因之一在于他们是从事物的自身运动角度来界定能动性的。的确，运动是物质存在的方式，是物质的根本属性，宇宙间万事万物不仅都在运动，而且都在"自己运动"，都在其内部矛盾的作用下自我变化、自我发展。如果把物质的这种自动性，都视作能动性，那就等于取消了"能动性"与"物质运动"这两个概念之间的区别，因此，也就没有存在的必要了。将能动性泛化为自动性去理解，还容易造成认识上的混乱。

人们之所以认为万物皆有能动性，还在于对能动性理解为事物运动的源泉、动力。如上述"能动性即主动积极地起作用的活动性能"就是这样认为的。按照辩证唯物主义观点，任何事物运动的源泉、动力都是事物内部矛盾双方相互斗争的结果，既然能动性是运动的源泉和动力，那么它就是事物的整个活动亦即事物矛盾双方相互作用的总体属性或功能。其实，能动性并不是活动的动力或源泉，而是活动自身表现出来的一种性能，它并不属于引起活动的矛盾的双方而只属于引起活动的矛盾的一方，是参与互相作用的某一方面所具有的性能。② 正因为如此，在谈到能动性时总是指其有所属，如讲思维对存在的能动性、主体对客体的能动性等等。当我们说"实践的能动性""认识的能动性"时，实际上是指实践和认识的主体——人对客体的能动性属性。

能动性，是人所专有的积极主动的活动性能。这种性能体现在人认识世界和改造世界的活动当中，从而就有了意识的能动性和实践的能动性。能动性是意识的本质属性。明确能动性的含义有助于我们进一步对主观能动性、自觉能动性概念的界定。辩证唯物主义认为，能动性、主观能动性、自觉能动性并不是三个不同的概念，也不是像有些论者所说的是什么相互交叉的关系，其实它们三者都是指称对象即人所专有的积极主动的活动性能。在通常情况下，我们用"能动性"概念专指称"意识的能动性"。由于这种能动性是人的意识所专有的，而人的意识是主观的，故我们又称能动性为主观能动性。由于这种能动性是人的意识所专有的（实践的能动性可看作意识能动性的外化和对象化），并且人的意识是一种能够把自己同周围世界区别开来的自觉意识，所以我们又把能动性称为自觉能动性。辩证唯物主义哲学在使用能动性概念时，常常在其前面加上"主观"或"自觉"二词，其意在强调能动性的主观性和自觉性，

① 陈晏清. 论自觉的能动性 [M]. 上海：上海人民出版社，1983：52.
② 赵又春. 释能动性 [J]. 湖南师范大学社会科学学报 [J]. 1987（1）：37.

但这并不意味着与"主观能动性"相对应，还有一个"客观能动性"存在，与"自觉能动性"相对应还有一个"未觉能动性"存在。

能动性（意识能动性）一般具有这样一些基本特征：其一是自觉性。所谓自觉性即有意识性，是指人能够觉察到或意识到自己同周围世界相区别的意识发展状况。马克思说："动物和它的生命活动是直接同一的。动物不把自己同自己的生命活动区别开来。它就是这种生命活动。人则使自己的生命活动本身变成自己的意志和意识的对象。他的生命活动是有意识的。这不是人与活动直接融为一体的那种规定性。有意识的生命活动把人同动物的生命活动直接区别开来。""人的类特性恰恰就是自由的自觉的活动。"① 动物是没有自觉性的，尽管"动物通过它们的活动也改变外部自然"②，有些高等动物甚至能表现出类似人的某些行动，如猿猴能把树枝"加工"成简单的"工具"。但是，动物没有自我意识，没有"主观世界"，它属于自然史的内容。动物和它生活的环境都是自然界的一部分，都只是受着自然规律的支配。因此，对动物来说，没有什么主观和客观的关系问题，"它对他物的关系不是作为关系存在的"③。人则不同，"人是有意识的存在物"，他有稳定的主观世界和明确的自我意识，他能把自己的生命活动变成自己意识的对象，能够意识到自己同周围世界的关系，而且"凡是有某种关系存在的地方，这种关系都是为我而存在的"④。人正是因为具有这种自觉的自我意识，才使自己同自然界对立起来使主观同客观对立起来，从而使自己成为人。是否有意识，是否有自觉性，是人与动物的首要区别。其二是目的性。人在活动之前，先在自己的头脑中把将要活动的过程及其结果预先建构了。因此人的能动性活动不仅具有把自己同周围世界区别开来的自觉性，而且具有根据自己的需要和想象进行活动的目的性，这一点是动物所不具备的。对此，马克思曾有精辟的阐述："蜘蛛的活动与织工的活动相似，蜜蜂建筑蜂房的本领使人间的许多建筑师感到惭愧。但是，最蹩脚的建筑师从一开始就比最灵巧的蜜蜂高明的地方，是他在用蜂蜡建筑蜂房以前，已经在自己的头脑中把它建成了。劳动过程结束时得到的结果，在这个过程开始时就已经在劳动者的表象中存在着，即已经观念地存在着。他不仅使自然物发生形式变化，同时他还在自然物中实现自己的目的，这个目的是他所知道的，是作为规律决定着他的活动的方式和方法的，他必须使他的意志服从这个目

---

① 马克思恩格斯全集（第42卷）[M]．北京：人民出版社，1979：96.
② 马克思恩格斯全集（第20卷）[M]．北京：人民出版社，1971：517.
③ 马克思恩格斯选集（第1卷）[M]．北京：人民出版社，1995：81.
④ 马克思恩格斯选集（第1卷）[M]．北京：人民出版社，1995：81.

的。"① 其三是创造性。创造性不仅是能动性的要素，而且也是其最集中最突出的体现。对此，马克思主义经典作家都给予了充分肯定。马克思指出："创造是一个很难从人民意识中排除的观念"②，人类"通过实践创造对象世界，即改造无机界，证明了人是有意识的类存在物"③。列宁也曾指出："人的意识不仅反映客观世界，并且创造客观世界"，"世界不会满足人，人决心用自己的行动来改变世界"④。事实也完全证明了马克思主义经典作家的这些论断的正确性。一部人类社会发展史，就是一部人类创造史。

总之，能动性是人区别于物的本质特征，这一特征是从物的一般反应特性和一般动物心理演化而来的。当"人"的这种活动性能具有了自觉性、目的性和创造性等特征时，人的能动性也就产生了；在能动性产生的过程中，劳动（实践）起了决定性作用。实践的能动性是意识能动性的外化和对象化，尤其是创造性，它是人的能动性最集中最突出的表现。

二、能动性与哲学基本问题

西方哲学到了近代，实现了一次由古代的本体论向近代认识论的转向，哲学基本问题被明显地提了出来。对哲学基本问题的回顾和梳理，发现能动性问题与哲学基本问题有着内在的关联，能动性问题是逻辑地构成哲学基本问题内容的一个重要方面。

1. 思维和存在关系问题逻辑蕴含着意识能动性问题

在西方哲学史上，将哲学的基本问题概括为思维和存在的关系问题，这是恩格斯在其著作《路德维希·费尔巴哈和德国古典哲学的终结》中首次明确地提出来的。恩格斯还对其内容从两方面作了阐述。长期以来，我们对哲学基本问题的理解主要就是根据恩格斯的阐述，并从这两方面来表述的，即思维和存在何者为第一性的问题为其第一方面内容，思维和存在是否具有同一性的问题为其第二方面内容。人们又通常把第一方面问题理解为本体论问题，把第二方面问题理解为认识论的基本问题。但我们认为，这还不是马克思主义哲学对哲学基本问题的完整回答，实际上思维和存在的关系问题逻辑地蕴含着相互有机联系的四个方面的内容：一是世界是否具有统一性问题，是承认"一"还是否定"一"（或承认"多"）？对这一问题的不同回答，是划分一元论和二元论的标准。二是世界统一于什么的问题。如果承认是"一"，那么是哪个

---

① 马克思恩格斯全集（第23卷）[M]．北京：人民出版社，1972：202．
② 马克思恩格斯全集（第42卷）[M]．北京：人民出版社，1979：129．
③ 马克思恩格斯全集（第42卷）[M]．北京：人民出版社，1979：96．
④ 列宁全集（第38卷）[M]．北京：人民出版社，1986：228-229．

"一"，是思维还是存在？对这一问题的不同回答，是划分唯物主义和唯心主义的标准。三是思维和存在是否具有同一性问题。对这一问题的不同回答，是划分可知论和不可知论的标准。四是思维对存在是否具有反作用也即意识的能动作用问题。对这一问题的不同回答是划分辩证唯物主义和旧唯物主义的标准。① 上述问题的第一方面，是任何哲学家、哲学派别都必须回答的问题。只有坚持了一元论哲学，才能进一步追问，坚持什么样的一元论，才能去回答上述问题的第二方面，即世界统一于什么的问题。马克思主义哲学首先坚持一元论，对二元论进行了批判。二元论哲学家、哲学派别在哲学史上虽属极少数，但毕竟存在，如笛卡尔的哲学思想就体现了这点。当然这种二元论不可能坚持到底。其次，马克思主义哲学坚持的是物质一元论。认为物质第一性，意识第二性，世界的统一性在于物质性。第二方面、第三方面就是我们对哲学基本问题的传统表述。从第四方面来看，马克思、恩格斯创立了"新唯物主义"，实现了人类哲学史上真正的革命性变革，成为唯一科学的哲学体系。究其原因主要在于他们把实践引入哲学，确定了自己的研究对象，把唯物主义与辩证法、辩证的自然观与辩证的历史观统一起来，科学地阐明了物质和意识、社会存在和社会意识的辩证关系。主张在承认物质决定意识、社会存在决定社会意识的前提下，肯定了意识对物质、社会意识对社会存在的反作用即意识的能动性，使自己的哲学既区别于唯心主义又区别于旧唯物主义特别是机械唯物主义，进而坚持能动的反映论，彻底驳斥了不可知论。可见，马克思主义哲学从以上四个方面全面回答了哲学的基本问题，做到了唯物主义一元论和能动的可知论的内在统一，为解决其他一些哲学问题、建立自己的哲学体系确定了前提和基础。肯定意识能动性，是马克思主义哲学回答哲学基本问题的重要方面。

2. 恩格斯对哲学基本问题的论述实际蕴含能动性问题

在《费尔巴哈论》里，恩格斯对哲学基本问题两个方面做了论述。通常把第一方面问题理解为本体论问题，把第二方面问题理解为认识论的基本问题。实际上，恩格斯关于哲学基本问题第二方面的论述，比我们现在一般的理解要更为广泛和深刻。不妨把恩格斯的原话引用过来："思维和存在的关系问题还有另一个方面：我们关于我们周围世界的思想对这个世界本身的关系是怎样的？我们的思维能不能认识现实世界？我们能不能在我们关于现实世界的表象和概念中正确地反映现实？用哲学的语言来说，这个问题叫作思维和存在的同一性问题。"② 恩格斯这段话里一共提出了三个问题，先看后两个问题：第二个问题是我们的思维能否认识世界，也就是说这种认识有无可能，能否发生

---

① 杨寂. 对意识能动性的再认识 [J]. 湖南广播电视大学学报，2000（4）：1-2.

② 马克思恩格斯选集（第4卷）[M]. 北京：人民出版社，1995：221.

的问题；第三个问题是我们的思维能否正确认识世界的问题。如果认识能够发生，但不能正确反映世界，那么这种认识也是没有意义的。这两个问题本质上是一个问题即我们能否认识世界的问题。然而第一个问题却并不是简单地阐述世界是否可知的问题。恩格斯的第一问是：我们关于世界的认识，同这个世界本身的关系是怎样的？这个问题的实质是：我们关于物质世界的正确认识形成以后，它同它所反映的物质世界的关系是怎样的？显然，这不是问我们的正确认识能否获得以及怎样获得的问题，而是在问这种正确认识获得以后，对物质世界会有什么作用的问题即意识的能动性问题。如果我们只讲物质决定意识，不讲意识对物质的反作用；只讲社会存在决定社会意识，不讲社会意识对社会存在的能动作用，这是不符合马克思主义哲学的辩证本性的，而且更重要的是，它未能把马克思主义哲学革命性意义体现出来。马克思说："哲学家们只是用不同的方式解释世界，问题在于改变世界。"① "全部问题都在于使现存世界革命化，实际地反对并改变现存的事物。"② 认识世界是为了利用、控制、改造和创造世界，否则认识便失去了它的意义。可见，人的创造活动是"实践—认识—实践"的持续发展过程，是"物质—精神—物质"的不断转化过程。认识转化为新的实践、精神转化为新的物质形态，是意义更加伟大的转化。③ 对于这样重要的问题却被遮蔽在我们的视野之外，未能得到澄清，实在有悖于马克思主义哲学的本真精神。

总之，肯定意识能动性问题也是哲学基本问题内容的重要方面，可为我们研究意识能动性指明了方向，有助于避免否认或夸大意识能动性的错误倾向。

三、旧唯物主义对能动性的忽视

人对自身能动性的关注，可以追溯到远古的"童年"时代。当人类能把自己和周围的事物区分开来，开始思考自身的时候，这意味着人的自我意识开始产生，开始涉及能动性问题。在人类思维发展的早期，无论意识还是自我意识都很朦胧、肤浅，主观能动性的问题不可能作为一个相对独立的哲学问题被提出来。④

在漫长的封建社会，整个欧洲的中世纪都由神学占据着统治地位，哲学沦为神学的奴婢，人服从于"神圣神像"的统治，因而也就谈不上去对人的问题包括人的主观能动性问题关注和研究。

---

① 马克思恩格斯选集（第1卷）[M]. 北京：人民出版社，1995：57.
② 马克思恩格斯选集（第1卷）[M]. 北京：人民出版社，1995：75.
③ 林德宏. 哲学基本问题应包括三个方面 [J]. 南京社会科学，2002 (6)：10.
④ 陈晏清. 论自觉的能动性 [M]. 上海：上海人民出版社，1983：5.

对主观能动性问题作比较系统的研究是始于近代。近代以来，由于生产力水平和科学技术发展，人们改造自然的能力明显增强，科学技术对社会发展的推动作用开始显现。文艺复兴重新发现了"人"，而处于上升时期的资产阶级，更是一个朝气蓬勃的阶级，它要充分显示自己改造世界的力量。正是在这种社会背景下，主观能动性问题作为一个专门的哲学问题被逐渐明确地提了出来。然而综观近代哲学，对能动性问题的认识和研究可谓纷繁杂陈，但从整体上看，其内在线索又依然可见。这就是在近代唯物主义哲学那里，总体上是被贬抑和忽视；在唯心主义那里虽得到充分发展，但又走上无限夸大的极端。上述两派的极端，只有到了马克思主义科学实践的确立，历史唯物主义的创立，才得到有效克服。

近代唯物主义或旧唯物主义主要是对 17 世纪英国唯物主义、18 世纪法国唯物主义和 19 世纪德国唯物主义（费尔巴哈人本学唯物主义）的统称。它们在主观能动性问题上都表现出十分复杂而相互矛盾的观点。一方面，它们在一定程度上都看到了人的主观能动作用；但另一方面，又对人的主观能动作用严重估计不足。

真正从哲学上提出了人的主观能动性问题的是 17 世纪的英国的唯物主义哲学家弗兰西斯·培根。作为新兴资产阶级的代言人，他的"知识就是力量"这句彪炳于世界哲学史和科学史的名言，表达了新兴资产阶级重视知识并要求运用知识的力量去改变世界的创造精神和时代特征。这是他作为近代唯物主义的"第一个创始人"在哲学史上的重要贡献——以唯物主义的方式提出了主观能动性问题。

马克思和恩格斯在《神圣家族》中曾指出："唯物主义在它的第一个创始人培根那里，还在朴素的形式下包含着全面发展的萌芽。"然而，"唯物主义在以后的发展中变得片面了。"继培根之后的霍布斯，在把培根的唯物主义系统化了的同时，又把它片面化了。本来在培根那里，"物质带着诗意的感性光辉对人的全身心发出微笑"，而在霍布斯那里，"感性失去了它的鲜明的色彩而变成了几何学家的抽象的感性"[1]，即物质失去了质的多样性而被归结为抽象的量的规定；在培根那里，强调人的作用，重视人的创造精神，而在霍布斯那里，"唯物主义变得敌视人了"[2]，他把人看作是一架按照力学原理运转的机器。这种机械论在当时法国的笛卡尔身上也体现出来，而在 18 世纪的法国唯物论那里，获得了更进一步的发展。"正如在笛卡尔看来动物是机器一样，在

---

[1] 马克思恩格斯全集（第 2 卷）[M]. 北京：人民出版社，1957：163.
[2] 马克思恩格斯全集（第 2 卷）[M]. 北京：人民出版社，1957：164.

18 世纪的唯物主义者看来，人是机器。"① 拉美特利曾以《人是机器》为题著述，把人看成是许多机器的集合体。对于人的精神现象，他们也企图用纯粹机械运动的观点去解释，认为"肉体的需要是精神的尺度"②，不懂得人和人的精神生活的真正本质。旧唯物主义的机械决定论倾向，必然导致他们对能动性的贬抑、低估，甚至是一定程度上的漠视、否定。这种倾向在霍尔巴赫那里表现得尤为突出。他说："我们所作的和想的，以及我们的现在和将来，只不过是无所不包的自然在我们身上做的事情所产生的结果，我们的一切观念、意志、活动，都是这个自然赋予我们的本质和特性的必然产物，也是自然用来强迫我们前进、强迫我们改变的那些环境的必然结果。"③ 在霍尔巴赫看来，无论是物理世界还是人的精神世界都受一种必然性支配，"人在生存的每一个瞬间都是处在必然性掌握之中的一个被动的工具"④。整个宇宙和人生的一切，也早都被这铁一般的因果关系的链条规定好了，"永远健行不息的自然向人指出了他应当画出的线上的每一个点"⑤。人在这种必然性面前，没有任何努力的余地。

机械唯物主义坚持唯物论，坚持用客观世界本身的必然性和因果联系去说明各种现象，反对唯心主义神学目的论，反对唯心主义的自由意志等，这些无疑具有进步意义，但对唯物主义的决定论原则所作的机械的解释，又走向了宿命论。

在认识论上，旧唯物主义虽然对认识的能动性有一定程度的认识或肯定，如提出了感觉的主动性和由感性认识上升到理性认识的思想，把实践作为认识的基础和真理的标准以及在一定程度上看到了精神对物质、思维对存在的反作用等，但总体上存在对能动性估计不足或者不自觉地贬低的倾向。由于受机械决定论的影响，旧唯物主义中的很多人在认识论上都采取直观唯物主义感觉论的立场。如洛克的"白板说"认为，人的心灵如同一块洁净的白板，人对自然的认识就是自然在这块白板上所刻画的印迹，就像"物体在镜中产生的映

---

① 马克思恩格斯选集（第 4 卷）[M]. 北京：人民出版社，1995：228.

② 北京大学哲学系外国哲学史教研室. 十八世纪法国哲学 [M]. 北京：商务印书馆，1963：286.

③ 北京大学哲学系外国哲学史教研室. 十八世纪法国哲学 [M]. 北京：商务印书馆，1963：570.

④ 北京大学哲学系外国哲学史教研室. 十八世纪法国哲学 [M]. 北京：商务印书馆，1963：612.

⑤ 北京大学哲学系外国哲学史教研室. 十八世纪法国哲学 [M]. 北京：商务印书馆，1963：512.

象或观念一样"①。狄德罗、拉美特利的"钢琴说"则把人喻为一架钢琴，说只有用周围的自然弹击人，人才能发音即产生认识。费尔巴哈干脆说"意识是一面镜子"②，人的认识过程就像照相机摄影、镜子映物一样，只能消极、被动、直观地反映客观世界。

旧唯物主义者从感觉出发，肯定一切认识活动离不开感觉，并且肯定客观物质世界是感觉的唯一源泉，坚持了唯物主义反映论。但他们把一切认识活动都归结于感觉，认为理性也只是感觉的简单组合，否认了理性认识和感性认识有质的区别，也不懂得人的意识具有不同于动物心理的特殊本质，不理解人的认识由感性向理性发展的这种能动性质，这样贬低人的认识能力，当然就不能理解人的认识为何能够去指导实践，人的实践为何能够具有创造性，因而也就不能理解人的全部活动的能动性。

在历史观上，18世纪法国唯物主义提出了"人是环境的产物"，但最终又走向"意见支配世界"，陷入"二律背反"的矛盾境地。他们从直观的感觉出发，认为人初生之时，是没有任何倾向的，也无所谓善恶的。"人是一部为肉体的感受性所发动的机器，人生下来时具有同样的感觉能力，这是人的'自然权力'。"③ 而人们在智力上或道德上的差异主要是后天造成的，即由环境造成的。霍尔巴赫认为："他之变成或者对自己、或者对他的同胞们有益或有害，乃是由于环境把他引得向善或者向恶，也就是说，乃是由于人们给他的教育……"④ 于是，他们提出了"人是环境和教育的产物"这一著名的观点。既然人是环境的产物，那么要改变人，改变人的观念，就要改变环境。而他们说的环境，主要不是指社会经济关系和阶级关系，而是指法律和执行法律的政治制度。所谓"环境决定一切"，主要就是"法律造成一切"。他们所说的"人是教育的产物"，实际上就是"教育万能"。那么，这些完善的政治法律制度从何而来呢？他们认为，"高明的法律必然是经验和一种开明理性的作品"⑤，是天才立法者的主观理性意志的产物。至于良好的教育又从何而来呢？他们认为，良好教育的实现，既靠好的政治法律制度所造成的理想的环境条件，又靠有理性头脑的天才来充当教育者。这就是法国唯物主义者以及后来受到他们影

---

① 北京大学哲学系外国哲学史教研室. 十六—十八世纪西欧各国哲学［M］. 北京：商务印书馆，1975：368.

② ［德］费尔巴哈哲学著作选集（上卷）［M］. 北京：商务印书馆，1984：264.

③ 北京大学哲学系外国哲学史教研室. 西方哲学原著选读（下卷）［M］. 北京：商务印书馆，1982：180-181.

④ 北京大学哲学系外国哲学史教研室. 十八世纪法国哲学［M］. 北京：商务印书馆，1963：645.

⑤ 北京大学哲学系外国哲学史教研室. 十八世纪法国哲学［M］. 北京：商务印书馆，1963：549.

响的空想社会主义者所宣扬的教育万能论和英雄史观。

环境改变人，人也在改变环境，这对于 18 世纪唯物主义者来说，却是一个无法解决的"二律背反"。由于他们找不到社会实践这个既决定环境的改变又决定人的改变的因素，从而不能理解环境的改变和人的改变的一致，致使他们在这个矛盾面前走向两个极端：在承认环境改变人时，是走向唯物论；当承认人改变环境时，则是走向唯心论，成为半截子唯物主义。正如马克思所说的：这种唯物主义学说，"认为人是环境和教育的产物，因而认为改变了的人是另一种环境和改变了的教育的产物，——这种学说忘记了：环境正是由人来改变的，而教育者本人一定是受教育的。因此，这种学说必然会把社会分成两部分，其中一部分高出于社会之上……"① 18 世纪唯物主义由于不了解人的主观能动性、不了解实践而终于在历史领域掉进唯心主义泥坑，这是逻辑的必然结果。

19 世纪德国唯物主义主要是指费尔巴哈的"人本学"唯物主义，尽管它在许多方面都超出了 18 世纪的法国机械唯物主义，而且对人的能动性问题也提出过很多有见地的思想，但他的主客体理论是以人本学为其理论原则的，致使他在关于人的主观能动性问题方面的观点，从总体上看仍然没有超出 18 世纪的法国机械唯物主义。费尔巴哈对人的理解，虽然不再像法国唯物论那样把人看作机器，也不像黑格尔那样把人看作理念的形式或工具，而承认人是"感性的对象"，是活生生的人，但他所理解的人始终是作为自然界的一部分的生物学意义上的人，并不是进行历史活动的社会主体。因此，他讲的自然，当然也就不是人们感性活动的对象即实践的对象。因此，在费尔巴哈那里，人和自然的关系，只是反映和被反映的关系，不存在改造和被改造的关系；只是自然界处处制约着人，而谈不上人的主观能动性对自然的发挥。在感性和理性的关系上，他不懂得认识的辩证法，看不到感性认识要向理性认识能动地发展。这种唯物论哲学坚持了客观决定主观的反映论，是值得肯定的，但只是消极被动的反映论。由此可见，费尔巴哈关于人的主观能动性问题的基本观点仍然没有超出旧唯物主义的局限，由于未能把唯物主义的认识路线坚持到底，因而同其他旧唯物主义一样，形成"下半截"（自然观）的唯物主义和"上半截"（社会历史观）的唯心主义。

四、唯心主义对能动性的抽象发展

主体性、能动性在近代西方哲学得以彰显和发展，始于笛卡尔哲学的一个

---

① 马克思恩格斯选集（第 1 卷）［M］．北京：人民出版社，1995：55．

著名的命题——"我思故我在"。笛卡尔以此作为他所研究的哲学的第一条原理，从而确定了理性的最高存在，赋予了主体在认识中的优先地位，宣布了近代西方哲学主体性的确立。这标志着哲学的重心从本体论转向了认识论，开启了哲学的新时代。笛卡尔的主体性思想影响了整个近代西方哲学发展的总体倾向。在以后的德国古典哲学中，主体性得到了进一步的张扬。

与近代唯物主义在认识论领域忽视人的自觉能动性不同，德国古典唯心论十分重视主体的能动作用，却是抽象地发展了它。

康德是德国古典哲学的创始人，他首先在认识论领域中发动了一场被称为"哥白尼式的革命"，彰显了主体在认识中的能动性。但康德的哲学是调和、折中的二元论哲学：一方面他承认自在之物在我们之外存在，另一方面又认为自在之物的属性"没有单独目的存在性"；一方面他承认经验、感觉是我们知识的唯一源泉，另一方面又承认空间、时间、因果性等等是先验的；一方面认为自在之物是不可认识的，另一方面又宣称人的认识能力是天赋的，"人是自然的立法者"，自然是理性的一部分和产物。① 因此，他对能动性、主体性思想的论述也体现出相互矛盾的倾向。

康德在其关于"自我意识"的论述中认为，"自我"有一种能动的综合作用，即人类思维具有一种把感性材料加以综合的功能。正是由于这种功能，人的理性才能把范畴运用于感性的东西，才使感性对象具有规律性。康德认为，人的目的高于手段，要求"始终把人当目的，总不把他只当作工具"②。自由高于必然，"自由乃是一切有理性的存在者的属性"③。自由的本原意义保证了人自己制定自律法则并自己遵守，因此，人应是自己的主人。以上都表明在康德的哲学思想中，彰显了人的主体性、能动性。但另一方面，康德又认为人只能认识现象界，无法达到物自体。于是我们看到，当康德宣称自在之物（或物自体）是不可知的时候，他否认了人的认识能力的至上性和能动性；当他宣称人的认识能力是先天所赋，"人把规律给予自然界"，人是自然界的立法者，自然界是理性的一部分和产物的时候，他又把人的能动性、主体性绝对化了。

费希特原是康德的追随者，但他不满意康德调和、折中、妥协的二元论哲学。他认为康德不彻底的地方就在于承认"物自体"的客观实在性，他说"物自体成了彻头彻尾的虚构物"。与此不同，费希特特别强调主体"自我"的能动作用。他认为，能动的"自我"是创造性的主体，是世界一切实在的

---

① 列宁选集（第2卷）[M]．北京：人民出版社，1995：200．
② [德]康德．道德形上学探本[M]．北京：商务印书馆，1957：43．
③ [加]约翰·华特生．康德哲学原著选读[M]．北京：商务印书馆，1963：215．

源泉，"自我"在不停顿地进行着从"自我"出发又回复到"自我"的能动运动。这个能动过程体现为他提出的三条基本命题："自我设定自身"，"自我设定非我"和"自我设定自身和非我"。"自我设定自身"是说自我是最高实在，自我本身具有自我肯定、自我运动的能力；"自我设定非我"是说世界外物（非我）是自我活动的作品，自我创造了世界；"自我设定自身和非我"是说自我与非我、主体与客体、思维与存在经过自我意识，在自我中达到了统一，这种统一充分表明了"自我"的绝对能动性。但费希特的"自我"不是指现实的生命个体的"自我"，也不是现实的整个人类，而是"形而上学地改了装的、脱离自然的精神"①。这种精神本体既包含一切自然，又超出一切自然；既凌驾于世界之上，又创造着世界万物。费希特对"自我"的这种理解，意在克服18世纪唯物主义忽视人的能动作用的缺点，摆脱主观唯心论不能自圆其说的困境，但他却走向了另一极端，把主体的能动性夸大为本原的东西，结果却动摇了他整个学说的基石，从而为谢林和黑格尔客观唯心论做了过渡性的思想准备。

谢林一方面对费希特用"自我"统一了康德哲学中"物自体"和"现象界"二元对立持肯定态度；另一方面又对他的"自我"与"非我"互相规定、互相制约的说法感到不满，因为这样会使"自我"失去了能动的、独立的、自由的本性，主张"自我"与"非我"应当作为矛盾的对立面而构成一个更高的精神实体——"绝对"或者"宇宙精神"。"绝对"在自我运动中造成主体与客体、自我与非我、精神与自然的矛盾运动，这些矛盾又是由于"绝对"的自我意识而得到解决，在"绝对"中实现无差别的、直接的同一。"绝对"的能动性表现在它的创造性的自我运动和通过自我意识而实现同一的复归。

黑格尔是德国古典唯心主义哲学的集大成者，主观能动性理论在他那里也得到了较为系统的发展。他不满意康德、费希特哲学唯心论的不彻底性，也不满意充斥着诸多矛盾的谢林的学说。他把费希特的"自我意识"、斯宾诺莎的"实体"一并吸收过来，创造了一个新的哲学范畴，即"绝对精神"。黑格尔认为，"绝对精神"是世界的本源。它既是世界最高的真实存在，同时又具有创造性活动的能动本性，因此，它不断地进行着产生其自身、发展其自身并且又返回其自身的自我运动。"绝对精神"自我能动运动的外化就表现为客观现实世界，具体的自然界、现实的人、国家、法、道德等，都是绝对精神外化的形式。在这里，思维的能动性不再只是认识事物的能动性，而且是创造事物的

---

① 马克思恩格斯全集（第2卷）[M]．北京：人民出版社，1957：177.

能动性。① 黑格尔认为，意识具有"能动性方面的威力"，具有"能动的此岸的态度"②，即意识具有认识事物本质，变"彼岸性"为"此岸性"的能动性。主体是精神、意识；客体、自然界也是意识，因此主体和客体的对立，人和自然之间的对立，是自我意识和意识的对立，即在思维领域内的对立和在思维领域内的辩证发展运动。黑格尔的这种把人的精神、意识变成神秘的绝对精神，以及他认为绝对精神创造一切的哲学体系，被马克思称为"思辨的创造说"③。这种创造说，在本体论上完全颠倒了思维和存在、精神和物质的关系，是完全错误的。但在认识论上，又有其合理的辩证法思想，特别是认为思维可以转化为存在的观点是十分深刻的，是在唯心主义基础上对能动性思想的发展。

黑格尔的能动性思想突出地表现在他对康德的不可知论的批判上。黑格尔认为，康德在"物自体"与"现象"之间挖了一条不可逾越的鸿沟，把认识局限在现象界，把自在之物推到不可知的彼岸中去，这是形而上学的理论。他说，本质表现于现象之中，现象是本质的显现，透过现象能够认识自在之物的内在本质。因此，黑格尔批驳不可知论，肯定主体认识能力的能动至上性。主体只有在客体中思维自己，才能认识自身的本质，只有穷尽客体，才能最终完成自我认识而复归于自身。主体创制客体、统摄客体、认识客体、扬弃客体，这是主体能动作用之表现。④

黑格尔还从认识论方面论述了理论与实践的相互关系：首先，理论与实践有着区别。理论的任务是认识世界"是如此"，而实践的任务是使得世界"应如此"；理论活动的目的是认识真理，而实践活动的目的是实现真理；理论活动的倾向是指向自身，而实践活动则具有外部现实性；实践比认识高级，"因为它不仅具有普遍的资格，而且具有绝对现实的资格。"⑤ 实践具有消除主观与客观、主体与客体的对立从而使之达到统一功能，理论是无法完成的。其次，理论与实践有着内在联系。黑格尔认为，理论本应是实践的一个环节或要素，"理论的东西本质上包含于实践的东西之中"⑥。另一方面它又要以实践为其发展的基础，"没有陶冶事物的劳动……意识就得不到提高和发展"⑦。黑格尔高度重视劳动对人的自我肯定、自我生成的能动的积极作用，强调实践活动高于理论活动。尽管黑格尔所说的"实践"是精神范围之内的活动，是"想

①　顾乃忠. 主观能动性研究［M］. 南京：江苏人民出版社，1991：18.
②　［德］黑格尔. 精神现象学（上卷）［M］. 北京：商务印书馆，1979：147-148.
③　马克思思格斯全集（第30卷）［M］. 北京：人民出版社，1975：30.
④　陈晏清. 论自觉的能动性［M］. 上海：上海人民出版社，1983：200.
⑤　［德］黑格尔. 逻辑学（下卷）［M］. 北京：商务印书馆，1981：523.
⑥　［德］黑格尔. 法哲学原理［M］. 北京：商务印书馆，1979：13.
⑦　［德］黑格尔. 精神现象学（上卷）［M］. 北京：商务印书馆，1979：131.

象的主体的想象的活动"，但是，列宁还是给予了较高的评价。他说："卓越的地方是：黑格尔通过人的实践的、合目的性的活动接近于作为概念和客体的一致的'观念'，接近于作为真理的观念。极其接近于下述这点：人以自己的实践证明自己的观念、概念、知识、科学的客观正确性。"①

总之，通过对近代唯心论尤其是德国古典唯心论发展的简单考察，我们可以看到，强调主体的能动性，并且对主体能动运动的过程、方式、效果、特征作出某种程度的描写，成为他们的共同的特点。他们的能动性思想都是建立在唯心主义基础上的，因此都是对能动性的抽象发展。

第二节　从意识的能动性到实践的能动性

通过对西方近代哲学的考察，我们发现，在对待人的能动性问题上，旧唯物主义者和唯心主义者表现出截然相反的态度：前者是贬抑乃至否定，后者则是充分张扬乃至绝对化。对此，马克思在《关于费尔巴哈的提纲》里给予了深刻揭示，并分析其错误的原因在于不了解实践活动的意义，确立了科学实践观，并将其作为自己"新唯物主义"哲学基础，实现了哲学任务由"认识世界"到"改造世界"的转换，实现了由意识的能动性向实践能动性的跃迁，成为人类哲学史上一次真正意义上的革命。

一、从对能动性夸大或贬抑的两极到对能动性的实践统摄

旧唯物主义为什么贬低或否定人的自觉能动性呢，马克思在《关于费尔巴哈的提纲》中精辟地指出其原因，他说："从前的一切唯物主义——包括费尔巴哈的唯物主义——的主要缺点是：对事物、现实、感性，只是从客体的或者直观的形式去理解，而不是把它们当作人的感性活动，当作实践去理解，不是从主体方面去理解。"② 那么，何谓只是从客体的或者直观的形式去理解呢？这里有必要了解一下"直观"的含义。所谓直观，通常有这样两层理解③：一是作名词用，是指"感性认识"。如列宁说"从生动的直观到抽象的思维，并从抽象的思维到实践，这是认识真理的辩证过程"，这里的"直观"就是这层意思。二是作动词用，指"认识过程"。人不经过任何中介环节直接接触客体，直接观察客体，直接反映和摹写客体。这个过程就是"直观"。对于前一

①　列宁全集（第38卷）[M]. 北京：人民出版社，1963：203-204.
②　马克思恩格斯选集（第1卷）[M]. 北京：人民出版社，1995：58.
③　宋锦添. 自觉能动性研究 [M]. 北京：中国人民大学出版社，1986：171.

种理解，如果拘泥于感性经验，强调直观而忽视抽象理性思维，那就会割裂认识过程的辩证法。恩格斯早已说过，在英国占统治地位的、由备受称颂的弗兰西斯·培根创立的哲学学派强调单凭经验，非常蔑视思维，实际上走到了极端缺乏思想的地步。[1] 对于后一种理解，其一，人对客体的认识是以实践作中介、作基础的，直观的方法忽视了实践活动对认识的决定作用；其二，客观事物的本质和规律是单靠肉体感官直观所不能洞悉了然的东西，只有用抽象思维才能把握。[2] 因此，我们虽然不能否认在实践活动中直观的作用，但是，只要在认识论中把它强调到不适当的程度，加以片面化和绝对化，就必然违背认识论的辩证法。

近代旧唯物主义之所以具有直观性，是因为它们为了反对荒诞而抽象的宗教神学和经院哲学"不得不诉诸感性的直观"，以及由它们所处的那个时代的自然科学发展的状况决定的。恩格斯说，对自然科学进行分门别类的解剖和研究，"这种做法也给我们留下一种习惯：把自然界的事物和过程孤立起来，撇开广泛的总的联系去进行考察，因此，就不是把它们看作运动的东西，而是看作静止的东西；不是看作本质上变化着的东西，而是看作永恒不变的东西；不是看作活的东西，而是看作死的东西。这种考察事物的方法被培根和洛克从自然科学中移到哲学中以后，就造成了最近几个世纪所特有的局限性，即形而上学的思维方式。"[3] 直观性是一种孤立地、静止地、片面地、表面地看问题的思维方法即形而上学的思维方法。

近代唯物主义的直观性导致他们对一系列问题看法的错误。表现在人与自然的关系问题上，不能科学地处理人与自然既对立又统一的辩证关系，是见物不见人，自然是纯自然，不是人化的自然；人是纯生理的人，不是改造自然的人。表现在感性与理性的关系问题上，不理解感性与理性的辩证法。只强调感性经验，蔑视抽象思维的作用，认为感性与理性只有量的差异，而无质的区别，否认感性向理性的发展是质的飞跃。表现在对人的认识上，或者把人看作和动物一样，是纯生物、纯生理性质的一部机器，或者把理性（思想、文化、道德、宗教等）看作是人区别于动物的本质特征。表现在社会历史领域，看到了人的一切活动都受着理性的支配，人的意志、激情在社会活动中所起的作用，但没有看到隐藏在这些精神动力背后的动因，于是得出理性至上、意见支配世界的结论。表现在对实践的认识上，没有把人的感性活动理解为人的实践活动，只把实践看成是纯粹的精神活动，或把实践看成是饮食起居日常生活活

① 马克思恩格斯全集（第20卷）[M].北京：人民出版社，1971：389.
② 宋锦添.自觉能动性研究[M].北京：中国人民大学出版社，1986：192.
③ 马克思恩格斯选集（第3卷）[M].北京：人民出版社，1995：60-61.

动，不懂得人的实践是主动性与受动性相统一的过程。

在《关于费尔巴哈的提纲》第一条中，马克思在揭露旧唯物主义否认主观的能动作用后，指出："和唯物主义相反，能动的方面却被唯心主义发展了，但只是抽象地发展了，因为唯心主义当然是不知道真正现实的、感性的活动的。"① 如何理解唯心论"只是抽象地发展了"能动的方面呢？对此，有必要先搞清楚"抽象"是什么意思。

哲学中的"抽象"概念一般有两种用法：一是作动词使用，是指对感性材料进行加工制作的思维过程，这种抽象过程如果是郑重的、谨慎的、科学的，它就会概括出反映客观对象本质和规律的理性认识，即科学的概念、范畴；二是作名词使用，与"具体"相对，是指思维中对客观对象某种规律和本质所作的规定。抽象与具体的关系犹之于一般与个别的关系。"一般"包括"个别"、存在于"个别"之中，但又不等于"个别"；抽象源于具体，但又远离具体，单靠感性不能认识它，只有理性才能把握它。抽象的手段是思维，是思维中的抽象，抽象把握事物的"一般"。从感性具体上升到思维抽象，从思维抽象上升到思维具体，再到实践，这是认识真理的辩证途径。唯心论在"抽象"问题上的谬误在于：一方面否认思维抽象来源于对客观事物的感性具体，抽象成为想象中的空洞抽象；另一方面又把这种空洞的抽象从认识的系统过程中片面地割裂出来，神化为独立的绝对，夸大为世界的创造者和最终本原。②

之所以说唯心主义对能动性的发展是抽象的，与人的自觉能动性有质的不同。这主要是说：第一，这种能动性的主体是抽象的。马克思说："绝对的唯心主义者要想成为绝对的唯心主义者，就必须经常地完成一种诡辩的过程，就是说，他先要把他身外的世界变成幻觉，变成自己头脑的单纯的突发之念，然后再宣布这种幻影是真正的幻影——是纯粹的幻想，而最后便宣告它是唯一的、至高无上的、甚至不再为外部世界的假象所限制的存在。"③ 例如，费希特的"自我"、谢林的"绝对"、黑格尔的"绝对精神"、施特劳斯的"实体"、鲍威尔的"自我意识"以及施蒂纳的"唯一者"等，都是这种高悬于幻影中的唯一的、至高无上的存在，这种存在是人的感官所不能体验的抽象物，是纯思维、纯精神的绝对物。而德国古典唯心论所说的万能的主体就是这种绝对的、抽象的精神，整个世界仅是这种抽象精神的外化表现而已。

第二，这种能动过程是抽象的。德国古典唯心论所描述的能动过程，一般是指主体设置、创造客体和主体克服、扬弃客体的运动过程。由于他们推崇的

① 马克思恩格斯选集（第1卷）[M]．北京：人民出版社，1995：16.
② 宋锦添．自觉能动性研究[M]．北京：中国人民大学出版社，1986：208.
③ 马克思恩格斯全集（第2卷）[M]．北京：人民出版社，1957：178–179.

主体是一种臆想的、抽象的、纯精神的东西，这样的主体为什么能够无中生有地产生有限的现实客体，以及如何产生有限的现实客体，这个问题就成为德国古典唯心论没有解决，也不能合理解决的难题。在他们看来，这是无法言状的神秘的活动过程。同时，德国古典唯心论又认为，有限的现实客体是虚假的东西，它是精神主体在自我运动中投影、外化的表现形式，主体对客体的认识，不是对外部客观事物的认识而是透过客体去认识蕴藏于客体内部的精神主体，是主体的自我意识。主体对客体的克服和扬弃，也不是对外部客观事物的改造，而是客体在主体自我意识中的消失，主体自我意识的完结就是对客体的最终克服和扬弃，也是全部能动运动的结束。因此，德国古典唯心论所说的能动过程是脱离现实客观事物的纯精神运动，运动的出发点和终结点都是精神，是从精神出发又返回到精神的思辨运动。尽管德国古典唯心论在描述这个思辨过程时表露出某种程度的辩证方法，提出很多合理的观点，比如"黑格尔常常在思辨的叙述中作出把握事物本身的、真实的叙述"①，但从整个哲学体系来看，德国古典唯心论所说的主体的能动过程，始终是一种超越客观实在、超越自然和人的、虚幻而抽象的能动过程。

第三，这种能动性的效用是抽象的。马克思、恩格斯说："思想根本不能实现什么东西。为了实现思想，就要有使用实践力量的人。"② 德国古典唯心论不懂得实践活动对思维与存在的中介作用，认为作为主体的精神既能实现一切，又是一切的实现。客观现实的物质世界从何而来呢，他们说这是精神能动地创造的产物，精神是客观物质世界形成的最终本原。如何改变客观事物现实状况呢？德国古典唯心论又认为现实的客观事物仅是主体自我运动中的一些"范畴"和"观点"，只要在思维中改变这些"范畴"和"观点"，使这些"范畴"和"观点"消融于主体的自我意识之中，随着意识的改变，客观事物的现状也就会发生变化。③ 马克思、恩格斯针对这种理论写道：德国古典唯心论者"想不到，当我只是扬弃了这个世界的想象存在，即它作为范畴或观点的存在的时候也就是当我改变了我自己的主观意识而并没有用真正实物的方式改变实物的现实，即并没有改变我自己的实物现实和别人的实物现实的时候，这个世界居然还像往昔一样继续存在"④。"抽象本身离开了现实的历史就没有任何价值"⑤。超现实的抽象的能动性在人类实际社会生活中同样也没有任何

①　马克思恩格斯全集（第2卷）［M］．北京：人民出版社，1957：76.
②　马克思恩格斯全集（第2卷）［M］．北京：人民出版社，1957：152.
③　宋锦添．自觉能动性研究［M］．北京：中国人民大学出版社，1986：221.
④　马克思恩格斯全集（第2卷）［M］．北京：人民出版社，1957：245.
⑤　马克思恩格斯全集（第3卷）［M］．北京：人民出版社，1960：31.

价值。

旧唯物主义和唯心主义在能动性问题上，表现出截然相反的两种态度，但从认识根源上，可谓同出一辙：前者的主要缺点是"对事物、现实、感性，只是从客体的或者直观的形式去理解，而不是把它们当作人的感性活动，当作实践去理解，不是从主体方面去理解"①。后者是因为"不知道真正现实的、感性的活动本身"，这种"真正视实的、感性的活动"就是人认识世界和改造世界的实践活动。

如果说不理解实践是导致旧唯物主义和唯心主义在能动性问题上，出现贬低、否定或抽象地发展着两种截然相反的态度的根本原因，那么马克思由于引入了实践概念，并对其做科学阐明，把能动性问题置于实践基础上来理解，从而克服了旧唯物主义和唯心主义的各自局限，实现了从意识的能动性向实践能动性的演进。

二、马克思主义科学实践观的确立

在西方近代哲学中，唯心主义从抽象的思维出发，旧唯物主义则从感性的直观出发，它们都不是从社会实践出发，因而各执一端，不能正确地理解主观和客观的统一，不能正确地理解人的主观能动性。这样，正确地解决人的主观能动性的任务，只能历史地由马克思、恩格斯来完成。况且，19世纪中叶，无产阶级作为独立的政治力量登上了历史舞台，这一充分显示人的主观能动性的伟大举动使科学地解决人的主观能动性问题显得更加迫切；而当时在社会化大生产基础上出现的生产规模的日益扩大和阶级斗争的日益深入，也为马克思主义科学地解决人的主观能动性问题提供了客观条件。② 马克思和恩格斯正是总结了社会实践的经验和科学发展的成果，借鉴了近代哲学史上机械唯物论和唯心论从两个极端所提供的深刻教训，牢牢地立足于社会实践，于1845年春至1846年夏，在其写出的《关于费尔巴哈的提纲》和《德意志意识形态》两部著作中阐明了科学的实践观，从而为科学地解决人的主观能动性问题提供了理论前提。

在马克思主义看来，所谓实践，本质上是一种物质活动，即人类改造客观外部世界的现实的感性物质活动。马克思主义实践观认为，并不是人的一切有目的的活动都称为实践，只有那些对客观外部世界有改造作用的活动才能被确认为马克思主义的实践范畴，这就划清了同庸俗唯物论、机械唯物论的实践观的界限。另一方面，它又强调了实践的客观性和物质性，不把主观的精神、意

---

① 马克思恩格斯选集（第1卷）[M]. 北京：人民出版社，1995：58.
② 顾乃忠. 主观能动性研究 [M]. 南京：江苏人民出版社，1991：18.

识的因素纳入实践的范畴，认为只有那种现实的、可感触的客观物质活动，才算马克思主义的实践范畴。这样，它就划清了同各种唯心主义的实践观的界限。马克思主义正是在批评了旧唯物主义的直观性特别是费尔巴哈的自然主义和唯心主义的抽象性特别是黑格尔的神秘主义的基础上，科学地建立了主体、客体及其相互关系的理论，从而为科学地解决人的主观能动性问题提供了理论前提。①

在马克思主义看来，实践是主体、客体既对立又统一的基础。对主体、客体生成和变化只能从实践角度去把握。主体既不是旧唯物论的那种消极直观的主体，也不是唯心论的那种只是思维着的主体，而是社会历史实践着的主体，是社会地改变着自己周围世界的人。作为主体，不仅是"自然的、肉体的、感性的、对象性的存在物"②，而且是社会的存在物。任何人都不是孤立地站在自然面前的人，他总是生活在一定的社会形式中。人只有首先成为社会实践的主体，然后才能够成为认识的主体。人作为主体所具有的一切属性（如意识性、社会性、能动性等），都是在人的社会实践中获得的，都是社会实践赋予的，而且它们也不是一成不变的，而是历史地发展着的。人在改变自然的过程中也改变了自身的自然，并将外在于人的客观规律转化为人的经验技能、系统化知识和科学理论，因此，"不管是人们的'内在本性'，或者是人们对这种本性的'意识'，'即'他们的'理性'，向来都是历史的产物。"③如果没有社会实践首先是生产劳动，就不会有人作为主体同自然界的分化，就没有所谓主体。因此，离开实践就不可能对于主体有任何科学的理解。

在马克思主义那里，客体不再是旧唯物论所谓的"感性的对象"，也不再是唯心论所谓由"自我"所创造或由"绝对观念"所外化了的东西，而是现实的人们在实践中改造着的对象。客观事物正因为实践从而成为人们实践的对象、认识的对象。人们认识事物就是在变革事物的过程中反映事物。

主体与客体，既相互规定，又相互作用，而联系的中介就是实践。一方面，客体决定主体。认识是主体对客体的反映，主体只有按照客体的本性去改造客体才能得到预想的结果。另一方面说，主体又能动地反作用于客体。客体是主体加以变革的对象、主体对客体的反映是在变革客体的过程实现的。主体和客体间的这种相互作用促使双方历史地变化着。

主体和客体在社会实践中相互作用表明，认识的主体不像在旧唯物论那里是消极被动的，而是积极能动的；但是，主体的这种能动性又不像在唯心论那

---

① 顾乃忠．主观能动性研究［M］．南京：江苏人民出版社，1991：19.
② 马克思恩格斯全集（第42卷）［M］．北京：人民出版社，1979：167.
③ 马克思恩格斯全集（第3卷）［M］．北京：人民出版社，1960：567.

里是绝对的、抽象的，而是受着社会实践这种客观的物质的历史的活动所制约的，因而是具体的历史的。这样，就既充分肯定了人的主观能动性，又防止了抽象地夸大人的主观能动性。以前的唯物主义哲学所根本无法克服的矛盾，在马克思主义哲学中都得到了完全合理的解决。"人创造环境，同样，环境也创造人。"① 这并不是什么"二律背反"，而是活生生的历史辩证法。这里，所谓"人创造环境"，并不是随心所欲地创造，并不像法国唯物论者所认为的那样是按照人性或单纯的人的愿望去改变环境，而是在既定的环境的制约下去改变环境。人们改变环境的活动是历史的实践的活动，它必然是受着客观的历史条件制约的。而所谓"环境创造人"，也不像法国唯物论者所认为的那样，人们只是消极地接受环境的"决定"。所谓环境就是人生活于其中的社会。社会生活在本质上是实践的，社会就是人的社会实践活动。因此，所谓环境决定人，也就是人的活动决定人。人们通过自己的社会实践活动，一方面改变环境，一方面又改变人自身。这就是人和环境、主观和客观在社会实践基础上的具体的历史的统一。

不仅如此，实践的观点也是科学地解答认识论中、社会历史领域中一系列重要问题的理论依据。例如，对认识的真理问题，马克思说，"人的思维是否具有客观的真理性，这并不是一个理论的问题，而是一个实践的问题。人应该在实践中证明自己思维的真理性，即自己思维的现实性和力量，亦即自己思维的此岸性。"②

又如对未来社会之发展，马克思认为："共产主义对我们说来不是应当确立的状况，不是现实应当与之相适应的理想，我们所称为共产主义的是那种消灭现存状况的现实的运动。这个运动的条件是由现有的前提产生的。"③ 把共产主义归结为从现行经济前提产生的现实的运动，就消除了以往的共产主义学说加于它的那种空想的或思辨的性质。在马克思看来，以往的"哲学家们只是用不同的方式解释世界，而问题在于改变世界"④，"改变世界"，是马克思主义哲学与一切旧哲学的根本区别之所在，也是人类主观能动性的真正之所在。因此，一切对于主观能动性问题的科学的理论说明，都要归结到"改变世界"的观点上来，归结到实践的观点上来。实践的观点是马克思主义的主观能动性学说的基石，马克思主义科学实践观的确立，为人们对主观能动性问题研究奠定了科学的理论基础。

---

① 马克思恩格斯选集（第1卷）[M].北京：人民出版社，1995：92.
② 马克思恩格斯选集（第1卷）[M].北京：人民出版社，1995：16.
③ 马克思恩格斯全集（第3卷）[M].北京：人民出版社，1960：40.
④ 马克思恩格斯选集（第1卷）[M].北京：人民出版社，1995：16.

三、实践唯物主义的创立

在哲学界，几乎没有人否认马克思完成了划时代的哲学革命变革，并创立了一种新唯物主义哲学。马克思在《关于费尔巴哈的提纲》中也明确地推出了"新唯物主义"概念，指出："旧唯物主义的立脚点是'市民'社会；新唯物主义的立脚点则是人类社会或社会化了的人类。"然而这种"新唯物主义"到底怎样来称谓？这可谓见仁见智，众说纷纭。① 从表层上看，这是对马克思主义哲学如何"称谓"问题的争论，但从实质上看，则是对马克思主义哲学的"定位"问题，即究竟如何理解马克思主义哲学的问题。20 世纪 80 年代中国哲学界经过近十年的哲学论争，学界大多数人倾向于用实践唯物主义来指称马克思主义哲学（当然也不排除还有其他的称谓，即使认同这个"称谓"，但在其名下也存在多方面的甚至是原则性的分歧），认为这样更能准确反映马克思主义哲学本质特征和根本性变革。实际上，我们可以依据马克思自己的表述认定，他终生一贯坚持的就是实践唯物主义。

"实践唯物主义"的形成经历了一个过程。一般认为，它萌生于《1844 年经济学哲学手稿》，发展于《神圣家族》，形成于《关于费尔巴哈的提纲》和《德意志意识形态》。为什么说马克思主义哲学是实践唯物主义呢？中国人民大学已故肖前教授作了这样的概括：我们之所以说马克思主义哲学是实践唯物主义，是因为马克思主义哲学是以实践为首要和基本观点的唯物主义；是为了付诸实践、指导实践、变革世界的唯物主义；是倾听实践呼声、接受实践的检验和修正、在实践中不断发展和超越自身的唯物主义。② 具体说来，表现在以下方面：第一，实践是马克思主义哲学的出发点；第二，实现了哲学主题的根本转换即把哲学的聚焦点从整个世界转向现存世界，从宇宙本体转向人类世界；第三，在世界观上，强调从人的"实践"出发去理解人与世界、思维与存在的关系；第四，在认识论上，强调从"主体"出发去理解主体对客体的实践关系和认识关系；第五，在辩证法上，强调从人的存在方式和发展方式——实践出发，去揭示人与世界、思维与存在、主体与客体、主观与客观的矛盾；第六，在历史观上，把实践作为主客体联系的桥梁，既构成认识世界的基础，也成为改造世界的基础，并且人也在改造客观世界的同时全面发展了自己。③ 可见，只有把马克思的新唯物主义称为实践唯物主义，才是对马克思哲学革命变革实质的正确揭示。

---

① 参见本书导论"对马克思主义哲学称谓的反思"内容，此处不再赘述。
② 肖前．实践唯物主义研究［M］．北京：中国人民大学出版社，1996：41.
③ 肖前．实践唯物主义研究［M］．北京：中国人民大学出版社，1996：41.

第二章 从实践走向创新实践

人不仅是自然存在物，更是能动性的存在物。这种能动性不仅体现在人的思想意识当中，而且更体现在人的实践活动当中。实践是人的能动性实现的现实基础。意识能动性的外化和对象化，就是实践的能动性。其中创造性或创新性则是其最为突出、最为典型的表现。从历时态看，人类的任何一项实践活动起初都是创新，但相对于后来出现的实践而言，它可能就沦为常规实践或重复性实践。从共时态看，任何一个社会都存在进行着重复性活动和创新性活动。从总体上看，一部人类发展史，就是一部不断扬弃重复实践而走向创新实践的历史。本章首先对人类不同的历史时期的创新以及人类对创新认识、创新思想进行考察，然后从哲学的角度对创新进行审视，以期对其深刻地把握。

第一节 人类创新实践的历史演进

人类历史可根据不同的标准进行分期，如从生产关系的性质、人的发展状况、技术发展的水平等来划分，就分别有了经济社会形态（"五形态"说、"三形态"说）、技术社会形态。当然，我们也可从经济产业结构的角度来把整个人类历史分为采集渔猎时代、农业经济时代、工业经济时代和知识经济时代。不同经济时代的生产力状况、经济关系形式、社会制度与文化等条件的差异，必然导致人类创新活动的历史性特征，表现为创新主体、创新客体、创新周期、创新自觉程度、创新能力（创新认识能力和创新实践能力）、创新标志等方面都有所不同。对不同时期人类创新活动状况的考察，有助于我们对创新活动规律的揭示。

一、采集渔猎时代的创新

人类从动物界分化出来以后，经历了几百万年的原始社会。早期的原始社会，人类还处于旧石器时代，只能使用一些天然的石块、棍棒等作为谋取食物的工具，还不能有意识地把自身从自然界中分离出来，仍然把自身与自然物看作混沌不分的统一体。① 此时创新思维还没有萌芽，还谈不上有任何创新。原始社会中期，出现了对石块、树枝、骨头等的有意识的加工制造而成的各种有用的工具。这些工具虽然从外形看好像只是一点小小的改变，但对整个人类来说却意义重大，它宣告一个新的时代——新石器时代的来临，意味着人们开始不满足于天然事物原来的现状（不适合自身的需要），决计以行动使其沿着合乎人的目的、意志的方向来改变它。新石器时代，人类创新活动开始萌芽。这一时期的陶器、弓箭的发明和制作、火的取法和利用，可以看成是人类所从事的最早的技术创新活动，是人类技术史上最初的技术革命。恩格斯曾说："摩擦生火第一次使人支配了一种自然力，从而最终把人同动物界分开。"② 尽管它们经过了人类几百万年的努力，并且还不可避免地带有原始的特征。

在原始社会中，采集和渔猎是主要的经济活动或生存活动，这些活动都是直接利用自然物作为人的生活资料。采集是向自然索取现成的植物性食物，主要运用自身的四肢和感官；渔猎则是向自然索取现成的动物性食物，这种活动比采集更为困难复杂，单靠人体自身的器官难以胜任，必须更多地制造和运用体外工具（首先是作为运动器官延伸的体外工具）。

原始人的精神生产能力也十分低下，没有文字，也没有用文字记载的历史，他们主要的精神活动是原始宗教活动。慑于自然的威力，对自然现象和梦的不解，原始社会末期产生了原始宗教，其表现形式为万物有灵论、巫术、图腾崇拜等，并在此基础上产生了对自然神灵的崇拜。恩格斯曾指出："在原始人看来，自然力是某种异己的、神秘的、超越一切的东西。在所有文明民族所经历的一定阶段上，他们用人格化的方法来同化自然力。正是这种人格化的欲望，到处创造了许多神。"③

他们不得不依赖自然界直接提供的食物和其他简单的生活资料，同时也无法抵御各种盲目自然力的肆虐，经常忍受饥饿、疾病、寒冷和酷热的折磨，还受到野兽的侵扰和危害。因此，在原始文明下，人类把自然视为威力无穷的主宰，视为某种神秘的超自然力量的化身。他们匍匐在自然之神的脚下，通过各种原始宗教仪式对其表示顺从、敬畏，祈求它们的恩赐和庇佑。

总的说来，在采集渔猎时代，原始人由于缺乏强大的物质和精神手段，对自然的开发和支配能力极其有限，其创新实践活动范围非常有限，还处于一种自发的而且十分低下的水平。尽管人类已经作为具有自觉能动性的主体呈现在自然面前，但人们对自然干预的能力却十分有限。因此，这时期人在自然界的

---

① ［法］列维·布留尔. 原始思维［M］. 北京：商务印书馆，1981：429.
② 马克思恩格斯文集（第9卷）［M］. 北京：人民出版社，2009：120.
③ 马克思恩格斯全集（第20卷）［M］. 北京：人民出版社，1971：672.

能动地位及其对其他物种的优越性还不能充分表现出来。

二、农业经济时代的创新

农业经济时代的跨度是从原始社会晚期中间经历奴隶社会、封建社会直到"工业革命"爆发、资本主义制度开始确立之前,这是一个长达几千年的历史时期。农业经济的产生是人类生产创新的重要进步。农业经济时代是人类的第一次经济革命,它创造出辉煌的农业文明,是人类生产创新的重要进步,但也表现出自然经济固有的保守与缓慢。

生产工具是生产力水平的主要标志,而生产工具又是科学技术的物化形态,所以生产工具的创新实际上就是人类科学技术的创新。在农业经济时代,生产工具起初主要是青铜器,后来是铁器。由于铁器的坚韧性远远大于青铜器,因此成为农业经济时代最主要的生产工具而得到普遍使用。农耕和畜牧是这一时期主要的物质生产活动。生产工具性能的逐步提高,不仅使人类改造自然的能力不断增强,而且还使人类创新活动的范围在逐步扩大。从采集天然果实转向利用土地生产食物;从围猎动物到驯养动物,从利用自己的体力已经扩大到利用若干可再生能源如水力、风力、畜力等等。这表明,农业文明,人类改造自然的能力得到增强,使自然界的人化过程进一步发展。

在农业经济时代,国家开始取代了氏族公社。国家的出现可以看作是人类社会组织形式的基本创新,是人类走向社会化的重要标志。^① 同时,制度也开始取代原始社会的风俗习惯、道德,成为维持和协调社会成员各种关系的主要手段。这些制度的建立可以看成是人们交往关系上的创新。在制度体系中,经济制度是基础。农业经济时代,原始公有制依次被奴隶社会的对奴隶和财产的绝对占有制、封建社会的私有制所取代,促进了生产力发展和社会的进步。在农业经济时代尤其在封建社会,土地私有制成为其主要的经济基础,延续了几千年。

在农业经济时代,出现了体脑分工,有了专门的"劳心者",从而提高了人类的精神生产能力,促进了天文学和数学知识的发展。在农业生产中,农民同土地、同大自然保持着直接的接触,依靠对气候变化、天象、植物生长情况的观察和丈量土地等的需要,逐步掌握农业生产耕作方法,治水用水的方法,产生了医学、数学、天文学等古代自然科学;古希腊、罗马时期的哲学、文学可谓群星璀璨,十分辉煌。正如马克思所指出的那样,希腊的神话和史诗,是发展得最完美的人类童年的产物,具有永久的魅力。它们是欧洲文明的发祥

---

① 颜晓峰.创新论 [M].北京:国防大学出版社,2002:57.

地。而世界四大文明古国的产生及其成就，中国的四大发明的出现，可以说是这一时期人类创新最突出的成就和表现。

分析农业经济时代人类创新情况，我们发现它们具有这样一些特征：其一，从创新的动力上看，人的基本生存需要是其主要动力，而统治阶级的特殊需要也在一定程度上成为创新的辅助动力。其二，从创新的内容上看，农业创新的内容与解决吃饭问题密切相关。其三，从创新的程度和速度来看，农业社会的创新，是自发的、缓慢的、经验型的创新，缺乏根本性创新与快速扩散。

基于上述特征的分析，我们看到，农业经济时代的创新不可避免地带有那个时代的局限性。从总体上看，就是创新动力不足，创新水平不高，日常的重复性的实践构成生活的主要内容，人的创新认识与创新实践活动只能在狭小的范围内和孤立的地点上缓慢地发展着。

三、工业经济时代的创新

工业经济是资本主义开创的新的技术形态、新的产业结构、新的经济时代，资本主义则是在工业经济中生长起来的制度形态。[①] 工业经济创造出辉煌的工业文明，人类的创新能力在这里得到了完整而充分的展示。从近代科学诞生到 20 世纪的新技术革命，在只有 400 年的工业文明时代内，社会生产部门不断更新，社会生产力飞速发展，人类在开发、改造自然、社会方面获取的成就，远远超过了过去一切世代的总和。[②]

工业经济时代是人的创新精神、创造能力得到充分展开与实现的时代。同农业经济时代相比，工业经济时代的创新在性质、规模与频率等方面都有了本质的不同。辉煌的工业文明成就是人们在这个时代进行各种创新的确证。

首先，创新已成为这个时代自觉的普遍的行为。以工业经济为标志的现代社会是建立在创新基础上的。"生产的不断变革，一切社会状况不停的动荡，永远的不安定和变动，这就是资产阶级时代不同于过去一切时代的地方。"[③] 创新成为工业经济社会的普遍行为，不仅生产领域在创新，社会领域也在创新。技术、产品、产业在创新，制度、行为、观念等也在创新。社会创新不仅表现在经济基础、上层建筑宏观领域内的不断变更、变革上，也表现在社会关系、社会组织、社会行为微观领域内的改进与更新上。[④]

---

① 颜晓峰. 创新论 [M]. 北京：国防大学出版社，2002：66.
② 李祖扬，邢子政. 从原始文明到生态文明——关于人与自然关系的回顾和反思 [J]. 南开学报（哲学社会科学版），1999（3）：39.
③ 马克思恩格斯选集（第1卷）[M]. 北京：人民出版社，1995：275.
④ 颜晓峰. 创新论 [M]. 北京：国防大学出版社，2002：66.

其次，通过科学技术创新，并把它运用于生产，使其成为创造社会财富的重要手段。工业经济时代的生产是广泛采用机器进行生产，机器成了物质文明的核心。而机器的发明、使用和更新，是通过科学技术创新来实现的。自从资本主义产生以来，人类在科学技术方面已经实现了三次革命，不仅给人类社会带来了巨大的利益和财富，使世界的物质生活状况得到了改善，而且也大大加快了社会发展的步伐。正如马克思所说的："生产过程成了科学的应用，而科学反过来成了生产过程的因素即所谓职能。每一项发现都成了新的发明或生产方法的新的改进的基础，只有资本主义生产方式才第一次使自然科学为直接的生产过程服务，同时，生产的发展反过来又为从理论上征服自然提供了手段。"①

再次，资本主义制度的建立，市场经济体系的日益完善是人类实现的制度创新。资本主义制度是伴随着工业革命而建立起来的。对它的形成和发展需要辩证地看。它的建立，一方面充满了血腥与暴力；另一方面又是人类历史的进步，极大地推动了社会生产力的发展。从这个意义上看，它的建立是人类的基本制度创新。如果把资本主义制度的建立看成是人类的基本制度创新，那么资本主义市场经济体系的建立可以看成是体制（制度的次一层面）创新。在工业经济时代，创新的制度前提已经从手工工场制转变为机器工厂制。18 世纪下半叶以蒸汽动力产生与运用为标志的产业革命诞生了现代意义上的工厂制度，也产生了与之相适应的大工业生产方式。工厂是一个组织各种生产要素进行生产的场所。在这个场所内外，为生产特定的产品而进行大规模分工协作，保证生产过程能够顺利进行。这个制度从产权特性方面来看，尚属业主制性质，通常由一个资本所有者投资而成为工厂的管理者。企业出现之初，由于生产力发展水平比较低，商品经济并不发达，当时占主导地位的企业组织形式是个人业主制企业。随着生产力水平的逐步提高及商品经济的逐步发展，生产经营规模不断扩大，对资本的需求量也增大了，同时为了分散经营风险，出现合伙企业。这些企业的存在，初步具备了作为技术创新的主体的内在要求。

工业经济的兴起是与市场经济的发展相辅相成的。资本主义市场经济已具备如下一些特点：一是作为市场主体的企业组织形式，采取私人资本直接经营的方式。在工厂里，作为企业主的资本家受追逐剩余价值内在冲动的驱使，对工厂的技术创新活动产生了内部动力。二是市场机制开始自发调节社会经济的运行。资源和产品的稀缺性、市场供给和需求的推拉性通过价格信号直接作用

---

① 马克思恩格斯全集（第47卷）[M]．北京：人民出版社，1979：570.

于工厂，为了取得更高的市场效率从而形成了刺激生产技术和组织管理创新的外部机制。

最后，管理创新开始出现。机器的发明和创新不仅随着工厂制度的建立和创新而发展，而机器在工厂中的广泛应用又推进了工业的管理创新。1908年福特推出他的 T 型车，这是在流水线上大批量生产的汽车，由此开辟了大批量生产时代。与此同时泰勒在对机械切削的操作进行研究的基础上，于1911 年在《美国人》杂志上发表了《科学管理法原理》的论文，标志着泰勒制工厂管理法诞生了（这种管理创新无疑也是一种"文明的、精巧的剥削手段"）。由此我们可以看到，在工业经济时代，由技术创新引发制度创新、管理创新，并由其构成三位一体，三者联动的创新模式已然成为创新的主要方式。[①]

在以资本主义为主导的工业经济时代，资本成为资本家的化身，它始终处在"谋求利润的无休止的运动"当中，这种"内在的冲动"和"活生生的灵魂"成为资本家创新的动力。对资本来说，创新是手段，利润才是目的。资本作为创新与发展的最大限制与不可逾越的界限，就在于资本的私人占有性。资本主义时代，既是人的创造精神充分勃发的时代、创造能力充分展现的时代，也是人的异化时代、主体性丧失的年代，是一个创新与限制的时代。

四、知识经济时代的创新

"知识经济"是指"以知识及其产品的生产、流通和消费为主导的经济"。而知识经济时代是指以"知识经济"占主导地位的时代。它是与农业经济时代、工业经济时代相比较而出现的一个新的经济时代。知识经济时代的来临，是人类社会的第三次经济革命。知识经济的形成，不仅改变着社会经济结构的总体格局，而且还会改变社会组织结构和人类生活方式。[②] 探讨创新在知识经济中的地位作用、知识经济时代的创新特征，是自觉创新、理性创新的要求。

1. 创新是知识经济的本质和核心

知识经济是以不断创新的知识和对知识的创新运用为基础培育出来的知识密集型的新型经济形态，可以说是名副其实的创新经济。[③] 对此，我们可以从以下方面去理解：第一，从经济增长模式上看，"创新推动型"已成为知识经济时代经济增长主导模式。在工业经济时代，经济增长主要是通过"资源推

① 曹鹏. 技术创新的历史阶段性研究 [M]. 沈阳：东北大学出版社，2002：48.
② 赵炳章. 知识经济问题研究 [M]. 西安：陕西人民出版社，1998：1.
③ 张海峰. 知识经济与企业创新发展 [M]. 广州：华南理工大学出版社，1999：33-34.

动型""投资推动型"模式来实现。在工业经济向知识经济演变过程中，创新是打破原有经济均衡结构实现经济增长的主要动力。第二，从赖以支撑的科学技术看，以数字化信息技术为主的高新技术革命已成为推动知识经济时代社会经济发展的主要力量。如果说蒸汽机技术和电气技术是工业经济时代的主要推动力量，那么，以数字化信息技术为主导的高新技术革命已成为知识经济的主要推动力量。第三，从产业结构上看，制造业和服务业逐步一体化，提供知识和信息的服务业成为知识经济时代的主导产业。知识经济加强了第二产业和第三产业之间的联系，使二者呈现一体化的发展趋势；同时，也深化了国际分工，加快了产品更新换代的速度，生产过程的节奏也相应加快。随着知识经济时代交易成本越来越低和宽带通信能力的不断增强，服务活动随着信息网络在全球的延伸，已超越了国界，向全球化转移，知识经济成为全球经济一体化下的经济。① 第四，从生产效率上看，知识生产率取代劳动生产率成为知识经济时代新的效率标准。劳动生产率是工业经济时代的效率标准，每个人在单位时间内生产的产品数量，成为衡量经济的重要标准，强调的是量的增加和规模的扩张。这种生产主要是满足人们的常规需要，但是，如果没有新的知识、新的技术并转化为新的产品，那么，对一个企业、一个国家而言，其劳动生产率越高，产品积压越多，浪费越大，亏损越严重。知识经济时代注重的是知识的生产率，即生产知识并把知识转化为技术、转化为产品的效率，也就是知识有用的程度。知识的生产率取决于知识的开发与传播，包括研究、教育、培训等多项内容。第五，从生产方式上看，非标准化、分散化、个性化正在成为知识经济社会的主要生产方式。标准化、专业化和社会化是工业经济时代的主要生产方式，而知识经济时代则是非标准化（柔性化）的生产方式，讲求的是小批量、多品种、分散化的生产。第六，从劳动力结构上看，知识阶层将成为主体。在工业经济时代，工人阶层是社会的主体，直接从事生产的工人，一般占劳动力的80%；而在知识经济时代，知识阶层将成为社会的主体，直接在车间从事生产的工人，将逐步被机器取代，占劳动力的比例不到20%，最终使体力劳动和脑力劳动差别将趋于消失。在工业经济时代，创新主体往往是集发明、创新、设计、生产于一身；而在知识经济时代，创新的主体已经进一步分化为开发设计主体、工艺主体、操作主体、销售主体、管理主体等，这些主体在各自拥有的特定知识思维能力和经验操作能力的范围内协同作用，共同完成技术创新的整个过程。②

总之，在知识经济时代，创新已成为社会发展的根本驱动力。不仅知识经

---

① 张海峰. 知识经济与企业创新发展［M］. 广州：华南理工大学出版社，1999：33.

② 孔庆斌. 技术实践浅论［D］. 沈阳：东北大学，1994.

济的培育、形成离不开创新，而且人类各种经济活动也必须以创新的精神才能呈现出旺盛的生命力，从而推动知识经济的持续发展和人类社会的经济繁荣。创新是知识经济的灵魂和精神内核，创新也是知识经济最本质的特征。①

2. 知识经济时代创新的特征

知识经济是人类创新活动的最新阶段，人类的创新在这里得到了最充分的展现，具有了新的特征：第一，从创新的内容上看，知识成为创新的核心。知识经济时代与工业经济时代在创新上的最大区别就是，创新的核心已经从技术或组织、制度等拓展到了知识。在工业经济时代，创新主要表现为技术创新以及制度创新；在知识经济时代，创新则表现为知识创新；知识创新是知识经济时代讨论创新的重点，是新时代所有创新活动的共同实质。② 如果说工业经济的创新主要是人的体力解放，那么，知识经济的创新则主要是人的脑力解放。比尔·盖茨曾说："工业化时代的工具扩展了我们肌肉的能力，数字化时代的工具则扩展了我们头脑的能力。"在知识经济的知识中，特别是"如何创新"的知识、"如何获取知识"的知识，将为创新的重中之重，表现为各种应用软件的开发利用、更新换代，创新模式的不断突破和替代等。第二，从创新主体上看，国家创新体系成为新型创新主体。在工业经济时代，人格化的资本、企业、大学、科研机构等是创新的主体。在知识经济时代，以国家创新体系为代表的主体系统，将成为新型的创新主体系统。政府成为国家层面的创新主体，国家、政府创新主体地位的确立并不是对企业组织、大学、科研单位作为创新主体的排斥，而是克服它们那种原子式的、彼此间缺乏有效联系的状况，使它们成为创新主体系统的主体、网络中的一个节点，并构成彼此间的相互联系、相互作用。第三，从创新意识上看，创新不仅成为一种自觉行为，而且是普遍行为。创新是主体的活动，但它有自发创新与自觉创新之分。在以往的经济时代中，创新更多的是一种自发的行为。自发创新多为被动式的随机的创新，其原因除了认识水平限制外，多是因为自然条件的按现有的状况不能满足人类所需。在知识经济时代，创新已成为社会普遍而自觉的行为，人人都要创新，而且人人都在努力创新。社会自觉是一种理论自觉，近年来国内外创新理论的繁荣，充分体现了当代创新的社会自觉程度。国家创新体系的建设，标志着创新的社会自觉已经从理论自觉进入实践自觉，从微观自觉进入宏观自觉，这必将使创新的历史演化进入新的阶段。第四，从创新周期上看，创新周期日趋缩短，创新频率日益加快。从人类文明的历史进程看，采集渔猎时代经历了上百万年，农业经济经历了几千年，工业经济经历了几百年，知识经济

---

① 赵炳章. 知识经济问题研究 [M]. 西安：陕西人民出版社，1998：33.
② 朱丽兰. 知识正在成为创新的核心 [J]. 全球科技经济瞭望，1998（11）：4.

预计需要大约一百年。人类文明进程的周期在递缩，但成就却在递增。如果说在资本主义社会不到一百年所创造的社会财富，比以往所有社会之和还要多得多的话，那么，未来的一天就可能相当于现在的二十年。人类文明的这种加速化趋势，与创新的周期缩短、频率加快、速度提高、淘汰加速直接相关。创新频率加速化是知识经济的标志，也是促成知识社会到来的动因。如果说农业经济时代，人类的生活是"过去式"的，工业经济时代是"现在式"的，那么知识经济时代则是"将来式"的。不同的时代产生不同的心理时间效应、时间意识。工业经济的法则是"时间就是金钱，效率就是生命"，知识经济的法则变为"知识就是金钱，速度就是生命"。创新为了提高速度，而速度则驱动创新。

3. 知识经济时代创新的隐忧

创新是知识经济时代的灵魂，人类在知识经济时代的创新达到了前所未有的高度，创新在给人类带来巨大效益的同时，也产生一些隐忧：其一，为创新而创新，陷入"加速化陷阱"。创新本应是达到目的手段，但近年来激烈的市场竞争，驱使一些企业为了获得与保持创新优势而不断加快发明新技术，连续推出新产品，致使创新竞争如同军备竞赛一样成为一场"创新之战"，结果带来的是经济低效率以至反效率，陷入"加速化陷阱"，造成"创造性破坏"。其二，"数字鸿沟"成为新的贫富差距。在知识经济社会中，知识就是财富。谁拥有知识、拥有比别人更多的知识，谁就拥有财富、拥有比别人更多的财富，尽管理论上讲，人与人获取知识的权利都是平等的，但由于每人的天赋能力不同、受教育程度不同，以及所处的政治经济地位不同，因而在拥有知识资源的质与量上实际上是不平等的。由于这些知识资源是以数字化方式存在、通过网络传播，所以人们又把这种获取资源的差距称为"数字鸿沟"。数字鸿沟是一种新的贫富差别。其三，人的全面发展受到影响。在知识经济社会中，人们为了在竞争中保持优势，需要不断地去创新，为此就不得不持续不断地去学习，接受教育。这不仅给人们生理与心理造成持续的重大的压力，而且影响其人的全面发展，因为他们没有闲暇时间来培养自己的兴趣，发展自己的爱好。

当代社会知识创新的状况与水平是人类进化的一面镜子，它反映出人与社会在创造自己的历史中所取得的长足进步，也反映出人与社会还存在的问题与缺陷。解决这些问题与消除这些缺陷，依靠人与社会的全面进步，建立知识创新更为全面、完善的尺度与更为有效的调节。通过创造出有利于人的发展的条件和环境，使人化世界朝着有利于人的生存和发展的方向演化，使人的知识与创新的能量更多、更好地为人类造福，使生产创新、社会创新与人的创新相互协调、相互促进。

第二节　人类创新思想回溯

相对于人类久远的创新活动而言，人类对其认识要晚近得多。应该说是在有了文字，有了脑体分工之后，才有可能对其反映，形成思想，被传承下来，从而才有可能为我们所了解。对创新问题的哲学研究，离不开从既有的创新思想、理论思维中汲取营养。本节主要对古今中外有关创新问题的思想、认识进行历史的考察。

一、古代的创新思想

这里的古代主要是指我国先秦时期和与之大致相当的古希腊时期。这一时期是思想大家辈出、群星璀璨时期，也是人类思想文化发展的第一个高峰时期，由此构成了世界文明的源头。在这些思想家的思想里包含着许多对创新的认识和理解的内容，尽管还谈不上是一种完全的理论自觉，但值得重视。

1. 柏拉图的"模仿说"中的创新思想

技术及其物化形式是人类创新智慧的凝结和突出表现，柏拉图有关创新思想是通过对技术制作（创造、创制、生产、创作）的论述体现出来的，而且还包裹在他的"理念"——"模仿"哲学思想体系之中。物品是怎样制作出来的呢？柏拉图提出了"模仿"说，即工匠以理念为摹本，通过观照理念、分有理念而制造出来的。"制造床和桌子的匠人用他们的眼睛注视着它们的类型（即理念），把我们使用的床和桌子制造出来，其他事物也一样。"① 如果制造出来的物品毁坏了，不能用了，那么还可以观照理念重新制造。如他以梭子为例来说明其具体制作过程：木匠在制造梭子时看着什么？他是"在看着一个天然的、适宜起梭子作用的东西"，如果在制造中，那个梭子破了，他会再制造一个，而在制造过程中，他不是把目光集中在那毁坏的"梭子"上，而是把目光集中在它的理念或"形状"上，这理念或"形状"正是真正的、自然的或理想的梭子。工匠的制造是观照理念的制造，那么理念又从何而来呢？柏拉图认为，理念是由神创造的。神创造的不是具体的人造物，而是其理念，不同的理念构成了一个理念世界。它们先于人造物而存在，是最真实的存在，是绝对不变的东西。"理念是原因，它是事物的模型，其构造具有永恒的性质"②。正是有理念世界的存在，所以工匠们才有制作的摹本。工匠按照理念

---

① 柏拉图全集（第2卷）［M］. 北京：人民出版社，2003：613.
② ［法］让布兰. 柏拉图及其学园［M］. 北京：商务印书馆，1999：54.

世界制作摹本，一方面要遵守客观规律，否则就制造就不能成功；另一方面又展现了工匠在制造过程中的主动性。譬如说，虽然梭子的形是固定的，但是工匠按照织不同的布所需的工具，用不同的材料再造它，这里恰恰展现了工匠在制造过程中的主动性。

由上所述可见，柏拉图关于技术制作的论述，包含许多对创新问题认识的内容，其中有一些对于我们今天的创新仍具有启迪意义。比如他对"工匠为何要制作""工匠制作何以可能"等问题的阐述，实际上就是对我们今天"为何要创新""创新何以可能"等问题的初步解答。但这些思想还是被笼罩在他那巨大的"理念王国"阴影之中。他把工匠制作过程视为是对理念的"模仿"或"分有"，这实际上是给人的创新活动设定了界限，在一定程度上贬抑了人的能动性和创造性。

2. 亚里士多德"四因说"中的创新思想

亚里士多德认为，所有自然生产和自然物必有"四因"，即质料因、形式因、动力因和目的因。所谓质料因，即"那种事物由之生成并继续存留于其中的东西，如青铜对雕像、白银对酒杯以及诸如此类东西的种"；所谓形式因，亦即"是其所是"的原理及它们的种，如球形是铜球的形式因；所谓动力因，就是"运动或静止由以开始的本原"，如"制作者是被制作物的原因"；所谓目的因，就是"所为的东西"。在此基础上，他又阐释技术制作和技术制品的"四因"，从中我们可以发现亚氏有关创新思想的论述。[①]

首先，质料是构成技术制品的载体。质料作为技术制品生成的载体，其根本的性质是"承受"。质料具有"承受能力"，能够"承受"加在它之上的转变，这是质料的必然本性，它构成技术制品的内在根据。如若没有这些具有必然本性的东西，生成就不可能。质料与技术制品的关系不是一一对应的关系。同一种质料，可能会生成不同的制品，青铜不仅可以用来做雕像，也可以制器皿、做刀具；木头不仅可以做箱子，还可以做床、盖房屋。同一事物允许从不同的质料制造出来。其次，形式决定着事物是其所是。每一件技术制品都是由质料和形式构成，形式与质料不可分，形式起决定作用，是质料追求的目的。质料虽是技术制品存在的不可缺少的基质，但它是潜能，只有获得形式后，它才能成为现实的技术制品，犹如砖头、石块之于房屋。在亚里士多德看来，技术制作的本质是赋予形式于质料的过程。再次，质料获得形式、由潜能变成现实源自制作者推动。亚里士多德认为，质料获得形式、由潜能变成现实的过程不是自动完成的，正如木头不会自动地变成床，而是木工使然。为此，他提出

---

① 夏保华. 技术创新哲学研究 [M]. 北京：中国社会科学出版社，2004：71-73.

制作者是技术制品的动力因。他认为制作者是技术制作过程中的推动者、主动者和致动者，他的活动就是创制、制作、塑造。最后，目的支配行动。在亚里士多德看来，技术过程是制作者为了一个目的而有意识去做的。"一切创制活动都是为了某种目的的活动。而被创制的事物的目的不是笼统的，而是与某物相关，属于何人，它是行为的对象。"①

亚里士多德的技术制作"四因说"包含许多关于"创新"思想的论述，如关于质料的基础地位、承受性质、承受能力和客观必然性的认识；关于形式的本体性质、技术制作的赋形实质和过程的认识；关于制作者的主动的制作能力的一系列认识；关于技术目的的权威中心地位等，其中有不少真知灼见，可供我们借鉴和汲取。②

3. 老庄哲学中的创新思想

中国古代在创新和发明方面一直领跑于世界，与创新实践取得的巨大成就相比，中国古代对创新的认识则是落后的、贫乏的。这与整个中国古代"重人事、轻自然"的认识传统有很大关系。在中国古代，人文知识（文史哲）历来占据整个知识体系的中心，被尊为"道"；而科技知识则处于知识系统的边缘，被贬为"术"。相应地，人文知识分子则作为"士"的同义词而位居"四民"之首（士、农、工、商），几乎独霸了知识精英的宝座，并作为政治精英的"后备军"（仕进以前）或"兼职者"（仕进以后）而贴近政治权力中心。相比之下，科技知识分子则大多作为手工艺人而远离政治权力中心，为大众所藐视，更无望转化为政治精英，其社会地位居然比"农"还低，仅高于"商"。③ 这种思想倾向，体现在老庄身上，表现为主张顺乎自然、反对强力妄为、否定机巧技术。

"道"是老子哲学的最高范畴，也是万物的根本法则。老子赋予了道以空虚、无为、自然的特性，它对万物的作用，是以无为而任物自然发展的方式进行的。道也是"人为"的法则。一切人为都要合乎于道。"人法地、地法天、天法道、道法自然。"老子强调少加人为干涉，任物自然发展，这在实际上承认了规律的客观性，有利于万物按照客观规律发挥作用。④

老子从"道常无为"出发，把工艺技巧认定为当时社会祸乱的原因，主张"绝学""绝巧""弃智"，否定技术制作、技术发明。他说，圣人治理社

---

① 亚里士多德全集（第8卷）[M]．北京：中国人民大学出版社，1994：22.
② 夏保华．技术创新哲学研究 [M]．北京：中国社会科学出版社，2004：83.
③ 王秀华．技术社会角色引论 [M]．北京：中国社会科学出版社，2005：56.
④ 田海舰：道家道教生态伦理思想对建构当代生态哲学的启示 [J]．西北师大学报（社会科学版），2004（2）：59.

会，常不允许智者发明新的技术来扰乱社会的和谐秩序即"有什伯之器而不用"。《道德经·第八十章》说："小国寡民，使有什伯之器而不用；使民重死而不远徙；虽有舟舆，无所乘之；虽有甲兵，无所陈之。使人结绳而用之。甘其食，美其服，安其居，乐其俗，邻国相望，鸡犬之声相闻，民至老死，不相往来。"在老子的小国寡民的理想国中，老子设想建立一种新型的人与人造物的关系，即"有而不用"的关系，不需要使用各种器具，不需要使用船和车，不需要使用各种武器装备，同样能使社会和谐美好，即"甘其食，美其服，安其居，乐其俗"。这个思想鲜明地反映了老子对待技术制作的否定态度。与此同时，在老子看来，人与人造物是可以建立一种自由的关系的，拥有人造物并不一定必须使用人造物。①

庄子在继承老子基本思想基础上，又进一步作了发挥，体现在②：一是关于"人工"与"天工"之说。庄子首先指出两者有所不同，技术制作是人工过程，与之对比的是天道运化的天工过程。其次认为人工拙于天工。"天地有大美而不言"（《庄子·知北游》），"天道运而无所积，故万物成"（《庄子·天道》）。再次，在肯定人工拙于天工的同时，他又提出了人工要进于天工的要求。二是关于"灭天""人天"与"助天"之说。庄子认为，若要人工进于天工，就必须做到"无以人灭天""不以人入天"和"不以人助天。"天即自然而然、天然，人即人为、人工。《庄子·秋水》篇中以马为喻来说明两者：牛马生来有四只脚，这就叫自然；用辔头套着马头，用绳穿过牛鼻，这就叫作人为。"无以人灭天"就是不要用人为取代自然，"不以人入天"就是指不以人事干预自然之道；"不以人助天"就是要求不要人为地"拔苗助长"。三是关于"相天"与"合天"之说。《庄子》认为，若要人工进于天工，必须做到"反以相天"和"以天合天"。"反以相天"即"还辅其自然"；"以天合天"即"不离其自然"，"顺之以天理"，因任自然。四是关于"技"与"道"。人工有技，天工有道，《庄子》认为，若人工进于天工，必然是"技而进于道""道艺合一"。"道艺合一"是《庄子》技术制作思想的灵魂。《庄子》中的众多工匠，如解牛的庖丁、运斤成风的匠人等，他们在制作物体时，均是合于天道的。这时的技术制作，"依乎天理，因其自然"，"技"中有"道"，"道"寓"技"中，达到了出神入化的境界。

总之，庄子和老子一样，主张因任自然，反对强力妄为，崇尚自然，返璞归真，这些思想对我们今天面对如此紧张的人与自然关系问题如何去解决来说，具有一定的启迪意义。通常认为，庄子和老子一样，反对机巧，否定技术

---

① 夏保华. 技术创新哲学研究 [M]. 北京：中国社会科学出版社，2004：88.
② 夏保华. 技术创新哲学研究 [M]. 北京：中国社会科学出版社，2004：88—89.

发明，但也不应一概而论。实际上，他们仅反对的是"人为"的单纯的技术制作，与此同时，对那种"道艺合一"的技术制作却很推崇。即使是对现实社会中的"人为"技术制作，《庄子》也是既肯定又否定的。这种对待技术的矛盾倾向，实际上是技术与人、技术与社会这种内在的难以克服的矛盾在他们身上的反映。

4. 《易传》中的创新思想

《易传》是对《易经》的解释，作者是谁，已无从查考。陈鼓应认为，"《易传》是一部以道家为主，融合儒、墨、法各家而形成的作品"。《易传》在本体论和辩证法方面对汉朝以后的哲学发展影响很大，人们对《易传》的研究主要集中在其哲学思想方面，但其中也有不少关于"创新"思想的论述。概括地说，主要体现在以下一些方面：

首先，对技术制作何以可能做了"道器关系说"的解答。技术制作、创造、创新以何为本？对此，《易传》提出了"道器说"来回答。何谓道器？《易传·系辞》曰："形而上者谓之道，形而下者谓之器。"这里的道与器是相对的。道与器是何种关系呢？张华夏从技术制作论的视角对《易传》的"道器说"做出了新解①：其一，道是指事物运动变化的规律，器是指具体的人造器物。其二，道是无形的、抽象的、一般的，是"形而上的"；器物是有形的、具体的、个别的，是"形而下的"。其三，道是人造物的本原，人造物是由道而出。道作为事物的规律，具有形而上性，是事物的根源和归依；器作为具体的人造物，具有"形而下"性，是利用规律，"化而裁之"的结果。《易传》的"道器说"是对《老子》相关思想的发展，它明确提出的事物变化规律是人工器物本原的思想，是可贵的唯物主义思想。

其次，对技术制作活动做了"观象制器说"的解答。"易有圣人之道四焉"，其中之一就是"以制器者尚其象"。何谓"观象制器"，通俗地说就是人利用事物的规律而发明各种器物。在冯友兰看来，"易传中这种'观象制器'的思想，实际上是说，通过对自然现象的观察，进而把握其规律，发明生产工具。这具有以人力改造自然的意义。"②

再次，对技术制作的社会本质做了"开物成务说"的解答。何谓"开物成务"？《易传·系辞》说："子曰：夫《易》何为者也？夫《易》开物成务，冒天下之道，如斯而已者也。是故圣人以通天下之志，以定天下之业，以断天下之疑。"这里，"开物成务"可以理解为"开发万物而成就事业"之意。③

---

① 夏保华. 技术创新哲学研究 [M]. 北京：中国社会科学出版社，2004：98-99.
② 冯友兰. 中国哲学史新编（第2册）[M]. 北京：人民出版社，1984：341.
③ 夏保华. 技术创新哲学研究 [M]. 北京：中国社会科学出版社，2004：102.

由此,《易传》关于技术制作的社会本质则可以表述为"开物成务"即技术制作既是"开物"的过程,又是"成务"的过程。《易传》对技术制作的"开物成务"社会观做了深入阐述。一是高度评价技术制作活动的社会价值。《易传》崇尚功利,从致用的角度,高度赞扬了器物的创造,如:"斫木为耜,揉木为耒,耒耨之利,以教天下……刳木为舟,剡木为楫,舟楫之利,以济不通,致远以利天下……断木为杵,掘地为臼,臼杵之利,万民以济……弦木为弧,剡木为矢,弧矢之利,以威天下……"二是从社会的角度把技术制作看作圣人成就事业的行为。它明确地指出"圣人之道四焉",其中之一就是"制器",把"制器"看作圣人的重大责任。三是高度赞扬了通过技术制作而开物成务的社会历史价值,充分肯定技术创造是人类社会文明的主要内容和动力。四是极力提倡持续地进行包括技术创造在内的各种各类"变革"或"创新"。《易传·系辞》论说了"变革"的进步必然性。它说:"富有之谓大业,日新之谓盛德,生生之谓易。"这是说,阴阳互相转化,有"富有"的"大业",也有"日新"的"盛德"。它的"大业",即成就于"新"之中,所谓"日新",即不断地更新。天地生生不已,人类新新不停。

总之,《易传》和《老子》《庄子》一样,都基本上认为"器"由"道"出,人工物品的本体即是自然的规律。但他们之间也有很大的不同,《老子》和《庄子》是一脉相承的,主柔;《易传》则主刚,明确提出人是技术创造的主体,它的"观象制器""开物成务""裁成辅相"的技术制作思想在历史上有进步意义,于当今亦有重要的启示作用。①

二、经典作家的创新思想

创新思想、创新理论是对特定阶段的创新实践反映。创新实践的发展,推动创新认识、创新理论的发展。在马克思和恩格斯所处的资本主义工业时代,社会在加速发展,物质财富空前激增,科技威力日益彰显,人类的创造能力得到充分展示。这一切都表明,经典作家马克思和恩格斯对创新的认识将比古代思想家们的认识更深入。

1. 马克思和恩格斯的创新思想是现代创新理论的源头

虽然人们都公认美籍奥地利经济学家约瑟夫·熊彼特是创新理论的首创者,但其思想渊源可以追溯到马克思。尽管马克思、恩格斯没有明确提出过创新理论,也没有对创新问题做专门论述,甚至根本就没有使用过"创新"这

---

① 夏保华. 技术创新哲学研究 [M]. 北京:中国社会科学出版社,2004:106.

个字眼，但是，在他们的著作中却包含着丰富的创新思想内容。① 早在 1848 年的《共产党宣言》中，马克思和恩格斯就指出："资产阶级除非对生产工具从而对生产关系，从而对全部社会关系不断地进行革命，否则就不能生存下去。"② 他们认为，资产阶级要想使自己能够生存下去，就必须不断创新，不断进行技术创新（对生产工具进行革命）和制度创新（对生产关系进行革命）。马克思、恩格斯的这一论述，现在被学术界公认为是关于创新的最早阐发，第一次科学而又深刻地阐明了理论创新、制度创新和实践创新的必然性和重要性。③ 马克思这一论断，在他逝世后的 100 多年里，不断得到验证。今天，创新仍是资本主义在国际竞争中的主要武器。

马克思在凝聚毕生心血写作的巨著《资本论》中，专门研究了近代资本主义兴起时期的科技创新活动——1500—1850 年间以蒸汽机为代表的技术创新、以流体力学为代表的科学创新以及从手工作坊到大机器工业转变的制度创新——从而为创新研究开了先河。④ 马克思的远见卓识不但奠定了马克思主义经济学的坚实基础，而且也深刻地影响了他身后的一大批经济学家。内森·罗森柏格曾在《技术进步的历史编年学》一书中明确指出，熊彼特正是在马克思有关技术进步在长期经济增长中的核心作用和有关技术进步的连续性以及演进性那里得到了有关技术创新和创造性毁灭等的最初启示。⑤ 对于这一点，熊彼特本人也不否认，他明确表示过自己的理论体系源于马克思："这一概念和目的是和构成卡尔·马克思经济学基础的概念和目的完全相同的。"⑥ 熊彼特还自称在经济学方法论上基本上师承马克思，这一点在《经济周期》一书中得到体现。不可否认，熊彼特的伟大著作《经济周期》无论是在目的上还是在方法上都基本上是以《资本论》为范例的。对于马克思来说，由于技术本身所具有的历史重要性和社会功能，因此，"技术不仅构成了技术专家们感兴趣的主题，而且也构成了社会以及社会病态研究者们感兴趣的主题。"正是这种把技术纳入经济和社会系统中去考察其互动关系的研究进路，不仅使得"马克思对技术变迁的分析开启了在对技术领域的研究上几乎没有任何人曾经通过的大门"，而且也对熊彼特的技术创新理论的确立提供了直接而重要的智力刺激。

① 周甄武. 论"创新实践"的本质及其提出的依据 [J]. 淮南师范学院学报, 2011 (1)：42–43.

② 马克思恩格斯选集（第 1 卷）[M]. 北京：人民出版社, 1995：275.

③ 彭健伯. 创新哲学论 [M]. 北京：人民出版社, 2006：53.

④ 庞元正. 从创新理论到创新实践唯物主义 [J]. 中共中央党校学报, 2006 (6)：18–23.

⑤ 李兆友. 技术创新论哲学视野中的技术创新 [M]. 沈阳：辽宁人民出版社, 2004：17.

⑥ [美] 熊彼特. 从马克思到凯恩斯十大经济学家 [M]. 北京：商务印书馆, 2013：3.

2. 马克思和恩格斯创新思想哲学层面的展示

马克思和恩格斯的创新思想可通过对其创立的哲学而加以领略。作为"新唯物主义"的马克思主义哲学，最本质的特征就在于它的实践性。马克思和恩格斯以实践为基础，创立了唯物史观，鲜明地把"改变世界"作为自己新唯物主义的主要任务，彰显了实践的批判性、革命性和创造性。他们准确地把握了人的实践本质，认为"劳动是积极的、创造性的活动"①，实践是人的根本存在方式，人与动物活动的根本区别在于创造性。"社会生活本质是实践的"②，"通过实践创造对象世界"③ 是人的本质力量充分展示。马克思和恩格斯并不满足于仅仅在理论上阐释实践的创造性本质，而且还要在实践中实现实践的创造性本质。"对实践的唯物主义者即共产主义者来说，全部问题都在于使现存世界革命化，实际地反对并改变现存的事物"④，"使现存世界革命化，实际地反对并改变现存的事物"实际上就是不断地进行实践创新。作为马克思主义"根本的理论基础"⑤ 的唯物辩证法同样也蕴含着创新思想。马克思指出："辩证法在对现存事物的肯定的理解中包含着对现存事物的否定的理解，即对现存事物必然灭亡的理解；辩证法对每一种既成的形式都是从不断的运动中，因而是从它的暂时性方面去理解；辩证法不崇拜任何东西，按其本质来说，它是批判的和革命的。"⑥ 革命性和批判性本身就要求对现有的理论和事物给予质疑和扬弃，这是一个不断否定旧理论、获得新认识、打破旧世界、建立新世界的超越和创新过程。

3. 马克思和恩格斯创新思想经济层面的展示

马克思和恩格斯通过对经济分析，使他们的创新思想实现了从抽象到具体的丰富。

第一，对技术创新作用的肯定。马克思是把科学技术纳入生产力范畴的开创者。在马克思和恩格斯所处的时代，他们看到"资产阶级在它不到一百年的阶级统治中所创造的生产力，比过去一切世代创造的全部生产力还要多，还要大。自然力征服，机器的采用，化学在工业和农业中的应用，轮船的行驶，铁路的通行，电报的使用，整个大陆的开垦，河川的通航，仿佛用法术从地下呼唤出来的大量人口——过去哪一个世纪料想到在社会劳动里蕴藏有这样的生

① 马克思恩格斯全集（第46卷下）［M］．北京：人民出版社，1980：116.
② 马克思恩格斯选集（第1卷）［M］．北京：人民出版社，1995：60.
③ 马克思恩格斯全集（第42卷）［M］．北京：人民出版社，1979：96.
④ 马克思恩格斯选集（第1卷）［M］．北京：人民出版社，1995：75.
⑤ 列宁选集（第2卷）［M］．北京：人民出版社，1995：278.
⑥ 马克思恩格斯选集（第2卷）［M］．北京：人民出版社，1995：112.

产力呢?"① 是什么力量使然呢? 是科学技术的力量, 因为 "科学的力量也是不费资本家分文的另一种生产力"②。马克思在谈到资本的发展时明确指出: "生产力中也包括科学", 并且说: "固定资本的发展表明, 一般社会知识, 已经在多么大的程度上变成了直接的生产力", "社会劳动生产力, 首先是科学的力量"③。这是说科学技术在生产力中处于首要地位。马克思对科技进步的关注、对科学力量的认识, 可以说是前所未有的。对此, 恩格斯在悼念马克思时做了十分中肯的评价: "在马克思看来, 科学是一种在历史上起推动作用的、革命的力量。任何一门理论学科中的每一个新发现, 即使它的实际应用甚至还无法预见, 都使马克思感到衷心喜悦……"④ 对于这一点, 英国经济学家弗里曼曾指出: "尽管卡尔·马克思是对资本主义社会一贯地进行最有力批评的学者, 但是仍热情地称颂创新, 他比其他任何古典经济学家更加注重对创新的研究。"⑤ 如果说培根喊出 "知识就是力量" 口号, 还是对知识作用的初步认识, 那么, 马克思、恩格斯把科学技术看作生产力, 则是对人类创新能力的深刻认识。

第二, 对技术创新的社会过程进行了深入的分析。马克思指出, 技术创新体现工厂就是机器设备的不断更新换代。这首先是通过单个资本家先期引进, 然后逐渐普及。马克思在《资本论》中用手工织机被机械织机代替, 最后机械织机又被新型机械织机代替的过程为例, 生动地描绘了由于技术进步引起生产工具的变革, 使自然科学并入生产过程, 使生产力大大提高的过程。⑥ 新机器设备引进的结果虽然有利于整个资本主义的生产, 但对于单个资本家来说, 并不能给他个人带来特殊利益, 因为他不可能把自己的商品以高于其价值的价格出售。只有机器的应用, "使暂时还受旧生产方式支配的工人的必要劳动时间延长了……却使最初采用机器的工厂中的必要劳动时间相对地缩短了"⑦ 的时候, 采用新机器的资本家才能比其他资本家占有更多的剩余劳动, 从而获得更多的利润。马克思同时指出: "这种必要劳动时间的缩短, 只是暂时的, 一旦机器在这个部门普遍应用, 使得商品价值重新归结为商品中包含的劳动时间, 这种情况也就消失了。但是, 这样同时又刺激资本家采用日益翻新的小改

---

① 马克思恩格斯选集 (第1卷) [M]. 北京: 人民出版社, 1995: 277.

② 马克思恩格斯全集 (第47) [M]. 北京: 人民出版社, 1979: 553.

③ 马克思恩格斯全集 (第46卷下) [M]. 北京: 人民出版社, 1980: 211.

④ 马克思恩格斯全集 (第19卷) [M]. 北京: 人民出版社, 1963: 375.

⑤ 关士续. 马克思关于技术创新的一些论述 [J]. 自然辩证法研究, 2002 (1): 17.

⑥ 关士续. 马克思关于技术创新的一些论述 [J]. 自然辩证法研究, 2002 (1): 16-17.

⑦ 马克思恩格斯全集 (第47卷) [M]. 北京: 人民出版社, 1979: 372.

进，使他雇用的工人的劳动时间高于同一生产领域内的社会必要劳动时间的水平。"①

在此，马克思分析了创新的不断扩散和持续发展过程，即由于机器设备的使用使得某工厂的必要劳动时间缩短，引发更多的企业效仿，实现创新的扩散也带来激烈的竞争，于是又刺激新一轮的创新不断地出现。由此可见，生产的不断变革是资产阶级时代不同于过去一切时代的根本特征，资产阶级除非使生产工具，从而使生产关系，从而使全部社会关系不断地革命化，否则就不能生存下去。②

第三，马克思关于制度创新及其与技术创新的关系的思想。对于制度创新，马克思也给予了高度的重视。在马克思主义经济理论中，虽然没有明确使用技术创新与制度创新这样的概念，但是谁也不否认马克思关于生产力与生产关系辩证关系原理的阐述，实际上就是马克思关于技术创新与制度创新关系理论的阐述，而且还是阐述较早的理论。新制度经济学家诺思就曾对马克思的制度创新理论给予高度评价。他说："在详细描述长期变迁的各种现存理论中，马克思的分析框架是最有说服力的，这恰恰是因为它包括了新古典分析框架所遗漏的所有因素：制度、产权、国家和意识形态。马克思强调在有效率的经济组织中产权的重要作用，以及在现有的产权制度与新技术的生产潜力之间产生的不适应性。这是一个根本性的贡献。"③ 马克思 "企图将技术变迁与制度变迁结合起来。马克思最早阐述的生产力（它常常被马克思用来指技术系统）与生产关系（常意指人类组织和具体的产权方面）的相互关系，是将技术限制与制约同人类组织的局限性结合起来所作的先驱性努力"④。

马克思和恩格斯关于创新的哲学层面、经济学层面的论述，为我们今天从事理论创新与实践创新提供了理论指导。

三、西方的创新理论

西方的创新理论是西方经济学家对近现代以来的科学技术进步、人类创新的不断突破自觉反思的产物。其中，亚当·斯密、马克思等是其思想的先驱者，熊彼特是其真正的创立者，其后的许多西方经济学家又称为其推动者和深入者。西方创新理论主要是由经济学家从经济学的角度进行阐发的。

1. 亚当·斯密的技术进步和经济增长联动思想

如前所述，马克思作为西方创新理论的先驱者，对熊彼特及其以后的许多

① 马克思恩格斯全集（第47卷）[M]．北京：人民出版社，1979：373.
② 李兆友．技术创新论 [M]．沈阳：辽宁人民出版社，2004：22.
③ [美] 诺思．经济史中的结构与变迁 [M]．上海：上海三联书店，1994：68.
④ [美] 诺思．经济史中的结构与变迁 [M]．上海：上海三联书店，1994：177.

经济学家产生了重大影响，除此之外，亚当·斯密也是一位西方创新理论的先驱者。

英国古典经济学家亚当·斯密（1723—1790）是古典经济理论的开山鼻祖，其著作《国富论》，即《国民财富的性质和原因的研究》研究了国民财富的性质以及增加国民财富的原因和途径，首次论述了技术进步和经济增长关系。[①] 如他在该书第一篇"论劳动生产力增进的原因并论劳动生产物自然而然地分配给各个阶级人民的顺序"中就写道："劳动生产力最大的增进，以及运用劳动时表现的更大的熟练、技巧和判断力，似乎都是分工的结果。"他特别强调了分工使劳动者更容易在工作方法上有所突破，找到达到目标的简易而便利的方法，为发明创造机会，而发明将减少生产中劳动的投入，提高劳动生产率。"分工的结果，各个人的全部注意力自然会倾注在一种简单事物上，所以只要工作性质是还有改良的余地，各个劳动部门所雇的劳动力中，不久自会有人发现一些比较容易而便利的方法，来完成各自的工作。唯其如此，用在今日分工最细密的各种制造业上的机械，有很大部分，原是普通个人的发明。"[②] 这是说，分工能够获得分工经济和专业化经济，从而带动生产效率的提高，促进经济的增长、财富的积累。而分工之所以有助于经济增长，一个重要的原因是它有助于某些机械的发明。这里，斯密实际上对技术创新的来源进行了初步的探讨。

在该书的第二篇"论资财的性质及其蓄积和用途"中，亚当·斯密指出："任何社会的土地和劳动的年产物，都只能由两种方法来增加。其一，改进社会上实际雇佣的有用劳动的生产力；其二，增加社会上实际雇佣的有用劳动量。""有用劳动的生产力改进取决于：①劳动者能力的改进；②它工作所用机械的改进。"[③] 这里提到的技巧的提高、工作方法的突破、劳动者能力的改进和所用机械的改进都属于技术创新的表现。这表明，斯密已经认识到技术进步（技术的改进、创新）是除资本、劳动力之外又一个促进经济增长的重要因素。此外，亚当·斯密探讨了科学在技术变迁中的作用和"干中学"的问题。可见，斯密在技术创新研究上有着重要的地位。

2. 熊彼特的创新概念和创新理论

约瑟夫·熊彼特是美籍奥地利经济学家，是他最早把"创新"这个概念

---

① 成其谦. 技术创新与竞争力研究［M］. 北京：中国科学技术出版社，2002：1.

② ［英］亚当·斯密. 国民财富的性质和原因的研究（下卷）［M］. 北京：商务印书馆，1997：10.

③ ［英］亚当·斯密. 国民财富的性质和原因的研究（下卷）［M］. 北京：商务印书馆，1997：243.

引入经济学领域，而且被公认为创新理论的开山鼻祖。如前所述，熊彼特的创新理论确定无疑是受到亚当·斯密、马克思等人的影响。

和马克思一样，熊彼特强调生产技术和生产方法的变革对经济发展的作用。他把社会经济活动区分为两种类型：循环流转体系与经济发展。他认为前者是一种简单再生产的模式，资源在其中循环流转，没有变动，没有发展，是经济生活惯例化、静态的均衡。在熊彼特看来，经济的根本现象是发展而不是均衡，发展的根源是创新，只有创新，才是所有变化和发展的原动力。资本主义经济活动本身存在着一种破坏均衡、使一个均衡过渡到另一个均衡的力量，这种力量就是创新。① 创新是一个内在的因素，经济发展也是来自内部自身创造性的一种变动。熊彼特还特别重视企业家在资本主义经济发展过程中的独特作用，他认为，资本主义经济及其发展过程是企业家体现不断破坏和创新的过程，企业家是资本主义的灵魂，是新组合及经济发展的主要组织者和推动者。

熊彼特对创新理论的贡献，有研究者把它归结为提出"一个概念，两种模式，三种观点"②。"一个概念"指的是他首次提出了创新概念，"两个模式"是指他提出了企业家创新模式（熊彼特创新模式Ⅰ）和大企业创新模式（熊彼特创新模式Ⅱ），"三种观点"是指他提出了"垄断有利于技术创新""长波起因于技术创新"和"技术创新群集"这三种观点。下面对其作扼要分析：

（1）熊彼特的创新概念

"创新"（innovation）这一概念是熊彼特于1912年在其《经济发展理论》一书中最早提出来的。熊彼特指出，创新是指经济中的某种"新的组合"，包括五个方面的内容：①引入一种新的产品或提供一种产品的新质量；②采用一种新的生产方法；③开辟一个新的市场；④获得一种原料或半成品的新的供给来源；⑤实行一种新的企业组织形式，例如，建立一种垄断地位或打破一种垄断地位。③ 由此可见，熊彼特的创新概念外延相当广泛，但也可以将上述五个方面进一步归结为两类即技术创新与制度创新。前四个方面即"新产品制造，新生产方法的采用，新原料的利用，新市场的开辟"，可以看成是技术创新，第五个方面"组织形式的变化"则可以看成是制度创新。1942年，在《资本主义、社会主义与民主》一书中，熊彼特又把创新解释为一个"不断地破坏旧结构、不断地创造新结构"的"创造性破坏过程"。熊彼特还强调发明与创新的不同，认为发明是一种构思，而创新是一种实践，是新产品、新工艺、新

① 成其谦. 技术创新与竞争力研究［M］. 北京：中国科学技术出版社，2002：4.
② 袁庆明. 技术创新的制度结构分析［M］. 北京：经济管理出版社，2003：3.
③ ［美］熊彼特. 经济发展理论［M］. 北京：商务印书馆，1999：73-74.

方法和新制度在经济中的应用，形成一种新的生产能力，也就是创新是创造与创效的统一。这可以说是熊彼特对创新概念理解的最大突破。熊彼特关于创新类型的概括孕育了创新理论的主要发展。

（2）熊彼特的技术创新模式

熊彼特在他的《经济发展理论》一书中还提出两种企业家创新模式。在他看来，技术创新遵从这样的线路：①有一个与科学新发展相关但不能确定的发明流，它们大半处在现有企业和市场结构之外，基本上不受市场需求的影响；②一群企业家意识到这些发明的未来潜能，准备冒创新的风险。这种冒险行动是一般资本家和经理不敢采取的；③一旦成功地作出一项根本性的创新，它将使现有市场结构处于不均衡状态，成功的创新者将获得短期的超额垄断利润。但这种垄断会随着大量模仿者的进入而被削弱。

鉴于上述模式存在的主要缺陷，熊彼特后来又对其作了进一步改进，其表述如下：①技术来自企业内部的创新部门，②成功的技术创新使企业获取超额利润，企业因此得以壮大，形成暂时的垄断，③大量模仿者的加入削弱了垄断者的地位。这一改进的模型又称为"第二个技术创新模型"或"熊彼特大企业创新模式"。在这个模式中，大企业取代了企业家的位置，创新活动主要是由企业内部的研究开发机构承担。[①]

上述两个创新模式虽然有一定的区别，但也有共同之处，这就是都强调技术创新是内生或外生的技术因素推动的，故可统称为"技术推动模型"。这种简单的线性技术推动模型在20世纪五六十年代一直居于支配地位。上述技术创新模式表明，虽然熊彼特已经看到了个别制度因素（如 R&D 制度）在技术创新中的重要作用，不过总的来说，制度因素在其理论体系中并未受到足够的重视。

（3）熊彼特的三个基本观点

其一，关于"垄断有利于技术创新"的观点。熊彼特认为，创新是一项不确定性的活动，风险大，只有大企业能够为企业家提供风险担保，而创新的成功又能给企业以特别的增长和暂时的垄断利润为回报，从而又进一步激励了创新。因此，竞争必然走向垄断，垄断则是创新的先决条件。[②] 其二，关于"长波起因于技术创新"观点。熊彼特在其《经济发展理论》一书中提出，创新不仅能导致经济增长，而且呈周期性增长。由于创新的规模和对经济的影响不同，经济周期可分为长波、中波、短波三种类型。他把近百年来的资本主义经济发展过程分为三个长波，每个长波都对应于一些根本性的技术创新。一个

① 袁庆明. 技术创新的制度结构分析［M］. 北京：经济管理出版社，2003：3.
② 柳卸林. 技术创新经济学［M］. 北京：中国经济出版社，1993：410.

长波可分为繁荣、衰退、萧条和复苏四个阶段。这四个阶段的循环往复，是由创新的两次浪潮引起的。其三，关于"技术创新群集"的观点。熊彼特认为，创新之所以会引发经济波动，是因为技术创新有群集（cluster）现象，这种现象一旦出现，就会成组或成群地不连续出现。① 创新产生繁荣的机制是这样的：一旦出现某个创新群集，企业家的需求就大批出现，投资高潮随之而来，较多的资本就会被投放于新企业中，这一浪传一浪，最早的冲击会传遍原材料、设备、劳务等市场，引致订货增加、生产回升、价格上涨、投资自我加强，形成一派经济繁荣景象。一旦发展过程成为常规活动、企业家成群出现的速率放慢，经济就会从繁荣走向萧条。

3. 新熊彼特学派的技术创新理论与制度创新理论

熊彼特的创新理论提出之后，由于思想超前和部分思想过于异端而没有得到广泛的重视，直到 20 世纪 50 年代，人们开始重新认识技术创新对经济发展和社会发展的巨大的作用，从而使熊彼特的创新理论又重新被重视起来。熊彼特去世后，他的主要追随者从不同的角度和层次对创新理论进行了分解研究，并将其拓展为两个独立分支：一是技术创新理论——主要以技术创新和市场创新为研究对象；二是制度或组织创新理论——主要以组织变革和组织形成为研究对象。前者尤其在发达国家受到普遍重视。②

（1）技术创新理论

技术创新理论源于熊彼特的创新理论，但又不是熊彼特创新理论的一般分解，也不是简单地将创新理论框架套于技术创新的范畴之上，而是由技术创新经济学研究者将熊彼特的创新理论与新古典学派的经济理论（微观经济理论）应用于技术创新研究的产物，并更多地应用了经济理论、经济史、经济统计三者合一的研究方法。这样，源于熊彼特的创新理论的技术创新理论，在众多学者的努力下发展起来。以美国经济学家施穆克勒（J. Schmookler）、罗森伯格（N. Rosenberg）和英国经济学家弗里曼等为代表的一些著名学者，形成了新熊彼特学派。在技术创新理论的研究中，他们侧重研究科技进步与经济结合的方式、途径、机制以及影响因素等，做了许多开创性的工作。其主要贡献是：一是引出了技术创新理论。二是界定了技术创新的概念、内容和主要类型。例如关于技术创新的内涵，他们仍然强调技术创新是采用技术上新发明的结果；又如关于技术创新的外延，加拿大学者海莱纳把它划分为三种类型："节约劳动的技术创新""节约资本的技术创新"和"中间性技术创新"。三是初步探讨、描述了技术创新理论的研究对象、主要任务和理论命题。如在熊彼特理论的基

---

① 袁庆明. 技术创新的制度结构分析［M］. 北京：经济管理出版社，2003：3.
② 成其谦. 技术创新与竞争力研究［M］. 北京：中国科学技术出版社，2002：8.

础上提出了许多著名的技术创新模型，包括先后提出的五代技术创新模型，并以此为基础提出了大量有关技术创新政策的建议。①

（2）制度创新理论

如前所述，早在 1912 年，熊彼特提出创新概念就含有制度创新的内容，但他并未对其做专门研究。在新熊彼特主义者中，科斯和诺思对制度创新研究进行了实质性开拓。1937 年，科斯发表了《企业的性质》一文，首次提出了交易费用概念，并以此来解释企业（作为一种制度）存在的理由。1960 年，在他发表的《社会成本问题》一文中，又进一步说明了在交易费用不为零的情况下，生产的制度结构存在的重要性。这两篇文章，奠定了制度创新理论的基石。20 世纪 70 年代以来，以诺思、戴维斯为代表的新制度经济学家，从科斯的交易费用这一基本概念出发，就制度创新问题进行了深入的研究，并形成了一套制度创新理论。② 目前，新制度经济学制度创新理论研究的主要内容包括制度的含义、结构与功能，制度创新的理论基础（例如，诺思把产权、国家、意识形态理论称为制度创新理论的三块基石），制度创新的动力及其规律性，制度创新与技术创新的关系等。③

4. 西方创新理论研究的新趋向

技术创新与制度创新融合研究正成为西方创新理论研究的新趋向。制度创新理论不仅扩展了创新研究的领域，把对技术创新的研究扩展到对制度创新的研究，而且对技术创新研究也产生了巨大的促进作用。受新制度经济学理论与方法的启示，20 世纪 80 年代以来，一些技术创新经济学家逐渐纠正过去单纯注意技术因素的偏差，开始把注意力集中到影响技术创新的制度因素上来，并最终促成以弗里曼和纳尔逊为代表的技术创新经济学家提出了现在备受各国政府和企业重视的国家创新系统理论。国家创新系统理论的提出，实质上是将技术创新研究与制度创新研究融合起来的最新研究成果。④

总之，几十年来，西方创新理论各派学者们分别从不同的侧面、不同学科的角度，运用不同的理论、方法和具体研究手段，对创新所关涉的主要问题，都进行了大量的研究。⑤ 随着全球化的加快，世界各国所面临的问题和任务将会更多，这必将推动创新理论研究进一步走向深入。

① 成其谦. 技术创新与竞争力研究［M］. 北京：中国科学技术出版社，2002：10-11.
② 制度创新，按照美国学者兰斯·戴维斯和道格拉斯·诺思的解释，就是能够使创新者获得利益的现存制度的变革。这里的制度，是一个含义极广的概念，例如股份公司的出现，工会制度的出现，社会保险制度的出现，国营企业制度的建立，新的税收制度、信用制度的推行等等，都叫制度创新。
③ 袁庆明. 技术创新的制度结构分析［M］. 北京：经济管理出版社，2003：3.
④ 袁庆明. 技术创新的制度结构分析［M］. 北京：经济管理出版社，2003：3.
⑤ 成其谦. 技术创新与竞争力研究［M］. 北京：中国科学技术出版社，2002：11.

四、新中国创新思想集成

如前所述，在我国古代思想家的著作里，虽然包含创新思想的内容，但那不是很明确的而是自发的反映，只有到了当代，才真正形成对创新的认识自觉、理论自觉。新中国创新思想主要体现在学术研究领域以及几代党和国家核心领导人的思想言论里。

1. 创新的学术研究

创新的学术研究在我国先后经历了对西方创新理论译介、述评和结合我国现实问题进行理论研究阶段。熊彼特的创新理论最先是在 1973—1974 年间，由北京大学经济系的内部刊物《国外经济学动态》得到介绍的。20 世纪 80 年代中后期，国内一些学者开始陆续介绍国外技术创新研究的最新成果。由此，技术创新研究开始受到学术界的普遍关注。我国经济界、科技界和一些政府研究机构，开始探讨在有计划商品经济条件下的技术创新理论、战略和政策。随着我国改革开放步伐的加快以及社会主义市场经济的逐步建立，技术创新理论在我国的实际应用逐步具备了条件，一批批有关的国家重点研究课题开始投入研究，大批结合我国技术创新实践的技术创新理论研究著作和技术创新教材也陆续出版。同时，我国的高等院校相关院系大都开设了技术创新课程，以利于本科生以及硕士研究生、博士研究生以至 MBA 学生对技术创新理论的学习和研究。① 上述情况表明，我国对创新的自觉认识已经达到了一个相当的规模和深度。

2. 中国共产党人的创新思想

对创新的认识不仅体现在学术研究领域，而且也体现在以毛泽东、邓小平、江泽民、胡锦涛、习近平等为主要代表的中国共产党人的思想言论中。

（1）毛泽东关于创新的思想

毛泽东作为党的第一代中央领导集体的核心，对创新的认识是奠定在他那深厚的马克思主义哲学理论素养之上，体现在领导中国革命和进行社会主义建设道路探索的实践当中。他的关于创新的观点主要体现在以下这些方面：

第一，指出人类创新的必然性。他说："人类的历史，就是一个不断地从必然王国向自由王国发展的历史。这个历史永远不会完结。在有阶级存在的社会内，阶级斗争不会完结。在无阶级存在的社会内，新与旧，正确与错误之间的斗争永远不会完结。在生产斗争和科学试验范围内，人类总得不断发展的，自然界也总是不断发展的，永远不会停止在一个水平上，因此，人类总是不断

---

① 成其谦. 技术创新与竞争力研究［M］. 北京：中国科学技术出版社，2002：12.

地总结经验，有所发现，有所发明，有所创造，有所前进。"①

第二，认识到科学技术在促进生产力发展中的重要作用。毛泽东深谙社会历史，对近代以来中国落后挨打的原因进行了深刻总结，认为社会制度腐败是根本原因，而经济技术落后则是关键因素。我国通过社会革命，建立了社会主义制度，从根本上为解放生产力、发展生产力扫清障碍，创造了有利条件。"现在，我国社会制度变了，第一个原因基本解决了……第二个原因也已开始有了一些改变，但要彻底改变，至少还需要几十年时间。如果不在今后几十年内，争取彻底改变我国经济和技术远远落后于帝国主义国家的状态，挨打是不可避免的。"② 在毛泽东看来，只有大力发展科学技术，使得生产力得到迅速提高，从而才能从根本上改变我国经济技术落后的状况。他强调："科学技术这一仗，一定要打，而且必须打好。……不搞科学技术，生产力无法提高。"③ 毛泽东在读苏联《政治经济学》（教科书）的谈话中进一步指出："技术一发展，劳动组织、劳动力和分配就要跟着发生变化。科学技术的进步也就是生产力的发展。"④ 为此他向全党、全国人民发出"向科学进军"的号召，要求"把党的工作着重点放到技术革命上去"。正是在这一号召的指引下，迎来了我国科学的第一个春天，取得了令世人瞩目的成就，解决了我国社会主义经济建设和国防建设中众多迫切需要解决的重大科技问题。遗憾的是我国科学事业这一良好发展的势头在"文化大革命"中受到严重冲击甚至中断，致使我国的科学技术水平与世界先进水平的差距进一步拉大。但是，即使这样，我们也不能否认，毛泽东的正确思想和重大部署给我们今天的科学技术的发展打下了良好的基础。

第三，强调理论创新要结合中国革命和建设的客观实际，实事求是。毛泽东反对教条主义的方式对待马克思主义，率先提出了马克思主义必须与中国革命实践相结合，大胆进行理论创新的原则。"只有一般的理论，不用于中国的实际，打不得敌人。但如果把理论用到实际上去，用马克思主义的立场、方法来解决中国问题，创造些新的东西，这样就用得了。"⑤ 只有"在各方面作出合乎中国需要的理论性创造，才叫作理论和实际相联系"⑥。"任何国家的共产

①　中共中央文献研究室. 毛泽东思想年编：1921—1975［Z］. 北京：中央文献出版社，2011：934.

②　毛泽东文集（第8卷）［M］. 北京：人民出版社，1999：340.

③　毛泽东文集（第8卷）［M］. 北京：人民出版社，1999：351-352.

④　张寅南. 毛泽东的科学精神与我国科技事业的发展［J］. 毛泽东邓小平理论研究，1995（5）：59.

⑤　毛泽东文集（第2卷）［M］. 北京：人民出版社，1993：408.

⑥　毛泽东选集（第3卷）［M］. 北京；人民出版社，1991：820.

党人，任何国家的无产阶级的思想家，都要创造新的理论，写出新的著作，产生自己的理论家，来为当前的政治服务。任何国家，任何时候，单靠老东西是不行的。"① 毛泽东强调坚持理论创新要结合中国革命和建设的客观实际，体现了唯物主义实事求是这一原则的要求。实事求是不仅是毛泽东理论创新的结晶——毛泽东思想的精髓，而且也是科学精神的集中体现。

第四，指出创新的实践路径。首先，创新非轻而易举之事，需要智慧和勇气。毛泽东号召全党、全国人民，"不但要善于破坏一个旧世界，还要善于建设一个新世界。"② 正如熊彼特所说的，创新就是一个不断毁灭的过程。不破不立，只有破旧才能立新，这体现了创新的辩证法。社会主义制度绝不可能建立在旧中国的废墟上，必须彻底摧毁，从而实现根本制度的创新（革命）。而建设新世界没有现成的经验、现成的模式可搬可套，一切得靠我们自己摸索、创新，所以毛泽东特别强调要"善于"破坏和建设。新中国成立之初，在政治上、经济上遭受西方国家的孤立和封锁，毛泽东提出"独立自主、自力更生"的方针，特别强调要充分发挥中国人的创造智慧和创新精神。"两弹一星"就是在当时那样异常艰苦的条件下，靠我们自己的努力研制出来的，这不仅壮了我国国威，而且极大地增强了人民的自信心和自豪感。"两弹一星"精神是一种不畏艰苦、敢于创新的精神，如今它已成为中国人民宝贵的精神财富，不断地得到弘扬。其次，科学实验是通向真理和达到自由的理想境界之路，是人类社会实践基本形式之一。从毛泽东个人的经历、所处的环境以及他所承担的历史使命来看，相对而言，他对哲学社会科学的研究要远远胜过他对自然科学的研究。这主要是他个人经历、所处的环境和他所承担的历史使命所致。尽管这样，但并未减轻他对自然科学的实践的重视程度。早在1963年，毛泽东就在文章中明确地把科学实验单独提出来作为社会实践的基本形式之一，表明了他已经看到或者预见到，随着人类实践的发展，科学实验和科学技术对于社会生产和社会进步将会起越来越大、越来越明显的作用。③ 再次，他指出创新正确与否的检验标准只能是实践，即"只有千百万人民的革命实践，才是检验真理的尺度"④。

第五，提出"双百"方针，为创新营造自由民主宽松的环境氛围。科学的繁荣与发展，不仅在于不畏艰苦的探索、一丝不苟的专注，而且也在于不同

---

① 刘海藩，万福义. 毛泽东思想综论［M］. 北京：中央文献出版社，2006：511.

② 毛泽东选集（第4卷）［M］. 北京：人民出版社，1991：1439.

③ 张寅南. 毛泽东的科学精神与我国科技事业的发展［J］. 毛泽东邓小平理论研究，1995（5）：59.

④ 毛泽东选集（第2卷）［M］. 北京：人民出版社，1991：662-663.

的观点、看法、意见的争论、碰撞。如何来看待这一现象呢？对此，毛泽东从矛盾的普遍性原理出发，认为人类认识是一个充满矛盾的过程，遂而提出了"百花齐放、百家争鸣"的方针。这是一个崇尚理性的方针，旨在通过各个不同的学派内部，即人民内部之间的讨论、辩论，更深入地揭露事物的内部矛盾，认识它的客观规律性，从而促进科技的进步。"双百"方针开创了科学民主的新局面，解决了繁荣和发展科技的动力机制，是促进科学进步的方针，是科技发展的一条规律。

（2）邓小平关于创新的思想

邓小平作为党的第二代中央领导集体的核心、改革开放的总设计师，他的关于创新的认识和看法主要通过围绕"什么是社会主义、如何建设社会主义"这一主题进行的实践创新和理论创新体现出来的。据统计，在《邓小平思想年谱》和《邓小平文选》中，邓小平同志115次论述到"创新"和"创造"两个范畴。[①] 邓小平同志在创新实践中以"创新"和"创造"为思维细胞，创造性地进行理论创新，邓小平理论就是他不断进行理论创新的成果。邓小平关于创新的观点涉及诸多方面，但主要集中在对理论创新、制度创新、科技创新等论述上。

第一，在理论创新方面，邓小平不仅高度重视，认为唯有如此，才能发展马克思主义，才能建设有中国特色的社会主义，而且还就如何进行理论创新提出自己的见解，这就是：一要以马克思主义为指导；二要以实事求是为根据；三要以解放思想为先导；四要和实践创新相结合。[②]

第二，在科技创新方面，首先，邓小平十分重视科学技术在我国社会主义现代化建设和人类社会发展中的重要地位和深刻影响。一方面，邓小平把科学技术的重要性上升到关系社会主义制度生死存亡的高度，强调指出："在无产阶级专政的条件下，不搞现代化，科学技术水平不提高，社会生产力不发达，国家的实力得不到加强，人民的物质文化生活得不到改善，那么，我们的社会主义政治制度和经济制度就不能充分巩固，我们国家的安全就没有可靠的保障。""四个现代化，关键是科学技术的现代化。没有现代科学技术，就不可能建设现代农业、现代工业、现代国防。没有科学技术的高速度发展，也就不可能有国民经济的高速度发展。"[③] 另一方面，他又站在时代的高度，洞悉现代科学技术的发展趋势及其对当代社会发展的深刻影响，创造性地提出了"科学技术不仅是生产力，而且是第一生产力"的科学论断。他指出："现代

---

① 彭健伯. 创新哲学论［M］. 北京：人民出版社，2006：55.

② 庞元正，董振华. 邓小平创新思想研究［J］. 新视野，2002（4）：9-11.

③ 邓小平文选（第2卷）［M］. 北京：人民出版社，1994：86.

科学技术正在经历着一场伟大的革命。近三十年来，现代科学技术不只是在个别的科学理论上、个别的生产技术上获得了发展，也不只是有了一般意义上的进步和改革，而是几乎各门科学技术领域都发生了深刻的变化，出现了新的飞跃，产生了并且正在继续产生一系列新兴科学技术。现代科学为生产技术的进步开辟道路，决定它的发展方向。"① 正是基于这样一种认识，邓小平与时俱进，把马克思"科学技术是生产力"的科学论断进一步提升，作出"科学技术是第一生产力"这一最新的重大科学判断，深刻阐明了现代社会生产力的构成是一个全面渗透科学技术的巨大体系，在这个生产力体系中，科学技术处于头等重要的战略地位，起着首要的、决定性的作用。这一论断的提出，极大地促进人们进行科技创新的热情，推动了我国科学技术创新的发展。其次，明确把高科技作为科技发展战略的重点。20 世纪下半叶以来，科学技术发展不再是以往个别学科、单一技术的突破，而是群体性蜂起和突破，构成一个技术群落，彼此相互影响、相互促进。邓小平密切关注到这一发展趋向，一方面提醒人们："世界新科技革命蓬勃发展、经济、科技在世界竞争中的地位日益突出，这种形势，无论美国、苏联、其他发达国家和发展中国家都不得不认真对待。"② 另一方面，他又将其视为一次难得的机遇，着手对中国科学技术发展战略进行整体筹划，全面部署。不仅要及时跟踪世界科技发展前沿态势，而且还要在世界高科技领域占有一席之地。"在高科技方面，我们要开步走，不然就赶不上，越到后来越赶不上，而且要花更多的钱，所以从现在起就要开始搞。"③ "现在世界的发展，特别是高科技领域的发展一日千里，中国不能安于落后。"④ "中国必须发展自己的高科技，在世界高科技领域，占有一席之地。"⑤ 在邓小平的亲自部署、组织和推动下，我国在高新技术领域跟踪世界先进水平的"863"计划顺利实施，极大地促进了科技事业的发展和创新能力的提高。邓小平不仅提出要发展高科技，而且要将其实现产业化。他说，要通过"高技术领域的一个突破，带动一批产业的发展"。1991 年，他为"863"计划作的"发展高科技，实现产业化"的题词，进一步明确了我国高技术发展的方向和目标。"发展高科技，实现产业化"的重要战略思想已经成为我国现代化建设和跨世纪发展战略的重要指导思想，已经成为全党和全国人民的共识。

---

① 邓小平文选（第 2 卷）［M］．北京：人民出版社，1994：87．

② 邓小平文选（第 3 卷）［M］．北京：人民出版社，1993：127．

③ 邓小平文选（第 3 卷）［M］．北京：人民出版社，1993：184．

④ 邓小平文选（第 3 卷）［M］．北京：人民出版社，1993：279．

⑤ 邓小平文选（第 3 卷）［M］．北京：人民出版社，1993：279．

第三，在制度创新方面，首先，邓小平指出制度创新的必要性在于：一是因为社会生产力发展的客观要求；二是社会主义民主政治建设的客观要求；三是建设高度的社会主义精神文明的客观要求。① 其次，邓小平强调制度创新要把根本制度和具体制度（体制）区分开来。一方面，"过去行之有效的东西，我们必须坚持，特别是根本制度，社会主义制度，社会主义公有制，那是不可能动摇的"②；另一方面，他又十分强调对具体体制的改革和创新。实现社会主义现代化，"这场革命既要大幅度地改变目前落后的生产力，就必然要多方面地改变生产关系，改变上层建筑，改变工农业企业的管理方式和国家对工农业企业的管理方式，使之适应于现代化大经济的需要"③。再次，制度创新要遵循不能凭个人的好恶，为所欲为，必须实事求是，按照"三个有利于"标准来判断制度创新的成败得失。最后，制度创新要通过逐步改革来完成，要和发展、稳定相结合。

（3）江泽民关于创新的思想

江泽民作为党的第三代中央领导集体的核心，他在继承马克思、毛泽东、邓小平等有关创新的思想基础上，立足于世纪之交的时代，围绕"建设一个什么样的党，如何建设这样一个党"的主题而不断进行理论创新和实践创新，不仅形成了"三个代表"重要思想的理论创新成果，而且对创新本身的认识也更加深刻，形成了关于创新的系统认识。其内涵丰富，主要体现在以下方面。

第一，深刻揭示了创新重大历史作用和现实意义。江泽民说："整个人类历史，就是一个不断创新、不断进步的过程。没有创新，就没有人类的进步，就没有人类的未来。"④ 1995 年，他在全国科学技术大会上指出："创新是一个民族进步的灵魂，是一个国家兴旺发达的不竭动力，也是一个政党永葆生机的源泉。"⑤ 1998 年，他又进一步指出，科技和知识的创新发展，越来越决定着一个国家和民族的发展进程。"如果不能创新，一个民族就难以兴盛，难以屹立于世界民族之林。"⑥ 江泽民的上述论述突破了以往人们只从企业层面、经济领域认识创新的界限，揭示了创新在人类历史发展中所具有的普遍性质，以及所发挥的重要功能。这些论述还表明创新范畴超越了专业思维与日常语义，获得了哲学意识、自觉意识与历史意识。创新不仅是企业生存之本，而且

---

① 庞元正，董振华. 邓小平创新思想研究 [J]. 新视野，2002（4）：9-11.
② 邓小平文选（第 2 卷）[M]. 北京：人民出版社，1994：133.
③ 邓小平文选（第 2 卷）[M]. 北京：人民出版社，1994：135-136.
④ 中共中央文献研究室. 江泽民·论科学技术 [M]. 北京：中央文献出版社，2001：55.
⑤ 中共中央文献研究室. 江泽民论"三个代表"[M]. 北京：中央文献出版社，2001：46.
⑥ 中共中央文献研究室. 江泽民·论科学技术 [M]. 北京：中央文献出版社，2001：147.

是民族进步之魂、国家发展之本、政党生机之源，这就使创新理论成为一种历史观。

第二，初步构成了包括理论创新、制度创新、科技创新和文化教育创新在内的创新理论体系。在理论创新方面，首先，强调理论创新对实践创新的先导作用。"没有革命的理论，就不会有革命的运动。"① 从马克思到列宁、从毛泽东到邓小平都十分重视理论创新对实践的指导作用，而且他们本身都是理论创新的杰出代表。江泽民在坚持马克思主义的基本立场、观点和方法的基础上，十分重视理论创新的重要性，不断推进马克思主义理论与时俱进。他强调指出："思想解放、理论创新，是引导社会前进的强大动力。"② "理论创新是前提，是关键，其他一切创新都是在理论创新的指导和推动下进行的。"③ "实践基础上的理论创新是社会发展和变革的先导。"④ 我们要在马克思主义的指导下，"不断从人民群众的实践中吸取营养，不断丰富和发展理论，使理论更好地指导我们的工作"⑤。其次，指出理论创新是其他方面创新的动力源泉。"通过理论创新推动制度创新、科技创新、文化创新以及其他各方面的创新，不断在实践中探索前进，永不自满，永不懈怠，这是我们要长期坚持的治党治国之道。"⑥

在制度创新包括体制创新方面，首先，指出制度创新的重要性。"改革开放是强国之路，必须坚定不移地推进各方面改革。改革要从实际出发，整体推进，重点突破，循序渐进，注重制度建设和创新。"⑦ 其次，阐释了制度创新的主要内容。江泽民指出："我们进行体制创新，就是要不断完善适应发展社会主义市场经济、全面建设中国特色社会主义要求的各方面的体制。"⑧ 1991年，江泽民在中国科学技术协会第四次全国代表大会上提出："当前深化科技体制改革的中心一环是继续解决科技与经济脱节的问题，建立有利于科技进步、有利于经济发展的充满生机和活力的新机制。"⑨ 这里涉及的是科技体制创新。

在科技创新方面，首先，揭示了科学的本质以及作用。江泽民指出，"科

---

① 列宁选集（第1卷）［M］．北京：人民出版社，1995：32.
② 江泽民论"三个代表"［M］．北京：中央文献出版社，2001：50.
③ 中共中央文献研究室．"三个代表"重要思想学习纲要［M］．北京：学习出版社，2003：13.
④ 中共中央文献研究室．江泽民文选（第3卷）［M］．北京：人民出版社，2006：537.
⑤ 中共中央文献研究室．江泽民·论科学技术［M］．北京：中央文献出版社，2001：201.
⑥ 江泽民文选（第3卷）［M］．北京：人民出版社，2006：537-538.
⑦ 江泽民文选（第3卷）［M］．北京：人民出版社，2006：534.
⑧ 中共中央文献研究室．江泽民论"三个代表"［M］．北京：中央文献出版社，2001：47.
⑨ 中共中央文献研究室．江泽民·论科学技术［M］．北京：中央文献出版社，2001：22.

学的本质就是创新"①，"21世纪，科技创新将进一步成为经济和社会发展的主导力量。"②"科学技术是第一生产力，而且是先进生产力的集中体现和主要标志。"③其次，提出实施科教兴国战略。为了更好地进行科技创新，实现跨越式发展，以江泽民为核心的第三代中央领导集体转变社会发展战略，把科技和教育摆在优先发展的战略位置，造就大批德才兼备的科技型人才，助力国家振兴。再次，指出中国要走新型工业化道路，必须建立国家创新体系。江泽民指出："坚持以信息化带动工业化，以工业化促进信息化，走出一条科技含量高、经济效益好、资源消耗低、环境污染少、人力资源优势得到充分发挥的新型工业化路子。"④要充分发挥科学技术作为第一生产力的重要作用，注重依靠科技进步和提高劳动者素质，改善经济增长质量和效益。需要"加强基础研究和高技术研究，推进关键技术创新和系统集成，实现技术跨越式发展。鼓励科技创新，在关键领域和若干科技发展前沿掌握核心技术和拥有一批自主知识产权。深化科技和教育体制改革，加强科技教育同经济的结合，完善科技服务体系，加速科技成果向现实生产力转化。发挥风险投资的作用，形成促进科技创新和创业的资本运作和人才汇集机制。推进国家创新体系建设。完善知识产权保护制度"⑤。如何建立国家创新体系？江泽民指出："要确立企业作为技术创新的主体地位，加强企业技术创新机制的建设，努力提高企业的技术创新能力和科学管理水平。要优化科技力量的布局和科技资源的配置，加强政府、科研机构、大学和企业的有机联系和分工合作，使技术创新成果更快更好地转化为现实生产力，加速高新技术产业的发展和传统产业的升级。积极鼓励和推动应用型科研机构进入企业、改制成科技企业或科技中介服务机构，充分发挥科研机构和大学在国家知识创新体系中的作用。要加强军民科研体系之间的联系、结合和合作，既要加强军用先进技术向民用转移，又要注重发挥民用科研在科技强军中的重要作用。要坚持公有制为主体、多种所有制经济共同发展的基本经济制度，积极发展和扶持多种所有制、多种组织形式的科技型中小企业，鼓励发展科技中介服务机构。进一步办好国家高新技术开发区、大学科技园区，使其真正成为培养和发展高新技术产业的基地……要建立有利于技术创新和科技成果转化为现实生产力的投融资体制。认真贯彻落实绩效优先、按劳分配和兼顾公平的原则，实行技术、管理等生产要素参与分配的原则，使广大

① 江泽民文选（第3卷）[M]．北京：人民出版社，2006：103．
② 中共中央文献研究室．江泽民·论科学技术[M]．北京：中央文献出版社，2001：207．
③ 江泽民在庆祝中国共产党成立80周年大会上的讲话[M]，北京：人民出版社，2001：16．
④ 江泽民文选（第3卷）[M]．北京：人民出版社，2006：545．
⑤ 江泽民文选（第3卷）[M]．北京：人民出版社，2006：545-546．

科技人员的收入符合其劳动创造的价值和贡献。"① 最后，指出建立和完善高尚的科学伦理。科学技术的发展，一方面推动了社会进步，造福了人类；另一方面又给人们带来负面影响和消极后果，例如工业的发展带来水体和空气的污染，大规模的开垦和过度放牧造成森林与草原的生态破坏，信息科学和生命科学的发展，提出了涉及人自身尊严、健康、遗传以及生态安全和环境保护等伦理问题，等等。针对这些问题，江泽民明确指出："科技进步应该服务于全人类，服务于世界和平、发展与进步的崇高事业而不能危害人类自身。"因之有必要"建立和完善高尚的科学伦理，尊重并合理保护知识产权，对科学技术的研究和利用实行符合各国人民的共同利益的政策引导"②。

在文化创新方面，江泽民第一次提出了"文化创新"③ 概念，并指出了文化创新的重要性。他说："当今世界，文化与经济和政治相互交融，在综合国力竞争中的地位和作用越来越突出。文化的力量，深深熔铸在民族的生命力、创造力和凝聚力之中。"④ 江泽民进一步指出，文化创新要大力推进文化产业的创新，而发展文化产业要始终把社会效益放在首位，在注重文化社会效益的前提下，再注重文化的经济效益，努力实现两者的有机统一。

在教育创新方面，江泽民指出，"首先要坚持和发展适应国家和社会发展要求的教育思想"，"更新教育观念，确立与二十一世纪我国经济和社会发展需要相适应的教育观和人才观"⑤。其次，要着手教育体制改革，因为它是教育创新的关键。最后，要把教育创新与其他创新处于同等的地位。"教育创新与理论创新、制度创新和科技创新一样，是非常重要的，而且教育还要为各方面的创新工作提供知识和人才基础。"⑥ 由上可知，江泽民关于创新诸多方面的论述是相互联系、相互促进的，从而构成了一个较为完整严密的思想体系。在江泽民看来，创新就是要不断地解放思想、实事求是、与时俱进。由于实践没有止境，因而创新也就没有止境。

(4) 胡锦涛关于创新的思想

进入 21 世纪，经济全球化进一步加快，科学技术日新月异，国际竞争更加激烈，以胡锦涛为总书记的新的中央领导集体在继承前几代领导核心创新思想的基础上，又立足于时代，进一步丰富和发展了他们的创新思想。胡锦涛关于创新的思想主要体现在这样一些方面：第一，强调了理论创新的实践基础。

① 江泽民文选（第 2 卷）[M]．北京：人民出版社，2006：398-399.
② 江泽民文选（第 3 卷）[M]．北京：人民出版社，2006：104-105.
③ 江泽民文选（第 3 卷）[M]．北京：人民出版社，2006：278.
④ 江泽民文选（第 3 卷）[M]．北京：人民出版社，2006：558.
⑤ 江泽民文选（第 3 卷）[M]．北京：人民出版社，2006：500.
⑥ 江泽民文选（第 3 卷）[M]．北京：人民出版社，2006：499.

胡锦涛在 2003 年"七一"重要讲话中指出："最广大人民改造世界、创造幸福生活的伟大实践是理论创新的动力和源泉，脱离了人民群众的实践，理论创新就会成为无源之水，就不能对人民群众产生感召力、对实践发挥指导作用。"① 第二，提出改革创新是当今时代精神的核心。这是胡锦涛对时代精神的科学概括与高度凝练，并基于这一时代背景指出要加强制度创新，推进经济体制、政治体制、文化体制、社会体制的改革，加强国家创新体系建设，为建设创新型国家提供良好的制度保障；同时，"要在全社会培育创新意识，倡导创新精神，完善创新机制，充分营造鼓励科技人员积极创新、支持科技人员实现创新的社会氛围"②，要以"改革创新为核心的时代精神"鼓舞人们的斗志。第三，提出要坚持把推动自主创新摆在突出位置。胡锦涛同志在全国科技大会上强调："自主创新能力是国家发展战略的核心，是我国应对未来挑战的重大选择，是统领我国未来科技发展的战略主线，是实现建设创新型国家目标的根本途径。"③ "要始终把提高自主创新能力摆在突出位置，显著提高我国的科技实力。科技实力是综合国力的重要内容和基础。自主创新能力是国家竞争力的核心。一个国家、一个民族要真正赢得发展、造福人类，必须注重自主创新。……在科技进步突飞猛进的今天，我们要在日趋激烈的国际竞争中赢得主动，就必须显著增强自主创新能力。"④ 自主创新能力如此重要，那么如何来提高自主创新能力呢？胡锦涛进一步指出："提高自主创新能力、加快技术进步是调整经济结构和转变经济增长方式的关键环节。必须切实改善支撑科技进步和创新的组织体系、运行机制、政策环境，大力提高自主创新能力特别是原始性创新能力。"⑤ 第四，强调中国必须走自主创新的道路，建设创新型国家。2006 年 1 月 9 日，胡锦涛在全国科学技术大会上作了题为《坚持走中国特色自主创新道路为建设创新型国家而努力奋斗》的重要讲话，指出："要增强自主创新能力，走中国特色自主创新道路，到 2020 年使我国进入创新型国家行列。"⑥ 首先，胡锦涛对自主创新、创新型国家的内涵进行阐释。何谓自主创新？胡锦涛指出："自主创新，就是从增强国家创新能力出发，加强原始创

① 胡锦涛. 在"三个代表"重要思想理论研讨会上的讲话 [M]. 北京：人民出版社，2003：11.

② 胡锦涛文选（第 2 卷）[M]. 北京：人民出版社，2016：195.

③ 胡锦涛. 坚持走中国特色自主创新道路为建设创新型国家而努力奋斗 [M]. 北京：人民出版社，2006：10-11.

④ 胡锦涛文选（第 2 卷）[M]. 北京：人民出版社，2016：388.

⑤ 胡锦涛. 扎扎实实做好人口资源环境工作推动经济社会发展实现良性循环 [N]. 人民日报，2005-3-13（1）.

⑥ 胡锦涛. 坚持走中国特色自主创新道路为建设创新型国家而努力奋斗 [M]. 北京：人民出版社，2006：7.

新、集成创新和引进消化吸收再创新。"① 何谓创新型国家？2006 年，胡锦涛在全国科技大会上对其作了概括性阐释，这就是："到 2020 年，使我国的自主创新能力显著增强，科技促进经济社会发展和保障国家安全的能力显著增强，基础科学和前沿技术研究综合实力显著增强，取得一批在世界具有重大影响的科学技术成果，进入创新型国家行列。"② 其次，提出如何走自主创新道路、建立创新型国家的重大举措。关键要坚持自主创新、重点跨越、支撑发展、引领未来的指导方针。"重点跨越，就是坚持有所为有所不为，选择具有一定基础和优势、关系国计民生和国家安全的关键领域，集中力量、重点突破，实现跨越式发展；支撑发展，就是从现实的紧迫需求出发，着力突破重大关键技术和共性技术，支撑经济社会持续协调发展；引领未来，就是着眼长远，超前部署前沿技术和基础研究，创造新的市场需求，培育新兴产业，引领未来经济社会发展。"③ 此外，要做到以下几点：一是把提高自主创新能力作为科技发展的首要任务；二是以制度创新促进科技进步和创新；三是造就宏大的创新型人才队伍；四是以创新文化激励科技进步和创新。④

（5）习近平关于创新的思想

习近平的创新思想是在继承马克思、恩格斯、列宁以及新中国成立以来党的历代中央领导集体核心领导人创新思想的基础上，又立足于中国特色社会主义新时代、世界百年之未有大变局的背景下，不断地对创新实践进行经验总结和理论升华而形成的。其创新思想内容丰富，体系严密，主要体现以下一些方面：第一，阐述了创新对人类的发展、中华民族的振兴的重要作用，提出创新发展理念。发展，从哲学上看，是新事物的产生，旧事物的灭亡；从主体角度看，其本质在于创新。习近平多次就创新与发展的关系进行深刻揭示。他说："纵观人类发展历史，创新始终是推动一个国家、一个民族向前发展的重要力量，也是推动整个人类社会向前发展的重要力量！"⑤ "创新是引领发展的第一动力。抓创新就是抓发展，谋创新就是谋未来。"⑥ 当今，创新已成为时代的

---

① 胡锦涛. 坚持走中国特色自主创新道路为建设创新型国家而努力奋斗［M］. 北京：人民出版社，2006：9.

② 胡锦涛. 坚持走中国特色自主创新道路为建设创新型国家而努力奋斗［M］. 北京：人民出版社，2006：7-8.

③ 胡锦涛. 坚持走中国特色自主创新道路为建设创新型国家而努力奋斗［M］. 北京：人民出版社，2006：9-10.

④ 胡锦涛. 在中国科学院第十四次院士大会和中国工程院第九次院士大会上的讲话［M］. 北京：人民出版社，2008：13-16.

⑤ 习近平. 在中央财经领导小组第七次会议上的讲话［N］. 人民日报，2014-08-19（02）.

⑥ 中共中央文献研究室. 习近平关于科技创新论述摘编［M］. 北京：中央文献出版社，2016：7.

主题,"在激烈的国际竞争中,惟创新者进,惟创新者强,惟创新者胜。"① 正是基于对创新有这样的深刻认识,习近平在中共十八届五中全会上提出以创新为首位的五大发展理念。理念是行动的先导。只有在思想上牢固确立"创新是引领发展的第一动力"的理念,才能在实践中切实改变我国经济社会长期以来受资源环境约束的增长方式,实现从要素驱动、投资驱动向创新驱动转变。第二,提出创新驱动发展战略。实施创新驱动发展战略,习近平首先指出要推动以科技创新为核心的全面创新。一方面,他指出,"创新是多方面的,包括理论创新、体制创新、制度创新、人才创新等"②。多次强调要"不断推进理论创新、制度创新、科技创新、文化创新等各方面创新,让创新贯穿党和国家一切工作,让创新在全社会蔚然成风"③。他说:"世界每时每刻都在发生变化,中国也每时每刻都在发生变化,我们必须在理论上跟上时代,不断认识规律,不断推进理论创新、实践创新、制度创新、文化创新以及其他各方面创新。"④ 另一方面,习近平又突出强调在全面创新中要以科技创新为核心。他认为:"科技是国之利器,国家赖之以强,企业赖之以赢,人民生活赖之以好。中国要强,中国人民生活要好,必须有强大科技。"⑤ "科技兴则民族兴,科技强则国家强。"⑥ "要在我国发展新的历史起点上,把科技创新摆在更加重要位置。"⑦ "实施创新驱动发展战略,必须紧紧抓住科技创新这个'牛鼻子'。"⑧ "实施一批关系国家全局和长远的重大科技项目。这既有利于我国在战略必争领域打破重大关键核心技术受制于人的局面,更有利于开辟新的产业发展方向和重点领域、培育新的经济增长点。"⑨ 其次,实施创新驱动发展战略,要以增强自主创新能力为根本。2018年,习近平在两院院士大会上的讲话中指出:"实施创新驱动发展战略,最根本的是要增强自主创新能力……我

① 中共中央文献研究室.习近平关于科技创新论述摘编[M].北京:中央文献出版社,2016:13.
② 中共中央文献研究室.习近平关于科技创新论述摘编[M].北京:中央文献出版社,2016:4.
③ 中共中央文献研究室.习近平关于科技创新论述摘编[M].北京:中央文献出版社,2016:9.
④ 习近平.决胜全面建成小康社会夺取新时代中国特色社会主义伟大胜利[N].人民日报,2017-10-28(001).
⑤ 习近平.在全国科技创新大会、中国科学院第十八次院士大会和中国工程院第十三次院士大会、中国科学技术协会第九次全国代表大会上的讲话[N].北京:人民日报,2016-05-31(1).
⑥ 中共中央文献研究室.习近平关于科技创新论述摘编[M].北京:中央文献出版社,2016:23.
⑦ 为建设世界科技强国而奋斗:在全国科技创大会、两院院士大会、中国科协第九次全国代表大会上的讲话[M].北京:人民出版社,2016:2.
⑧ 中共中央文献研究室.习近平关于科技创新论述摘编[M].北京:中央文献出版社,2016:17.
⑨ 中共中央文献编译室.习近平关于科技创新论述摘编(中)[M].北京:中央文献出版社,2016:101.

们没有别的选择，非走自主创新道路不可……自主创新是我们攀登世界科技高峰的必由之路。"① 再次，实施创新驱动发展战略，要以建成创新型国家为目标。"面向未来，增强自主创新能力，最重要的就是要坚定不移走中国特色自主创新道路，坚持自主创新、重点跨越、支撑发展、引领未来的方针，加快创新型国家建设步伐。"② 为此，"我们要瞄准世界科技前沿领域和顶尖水平，树立雄心，奋起直追，潮头搏浪，树立敢于同世界强手比拼的志气，着力增强自主创新能力，在科技资源上快速布局，力争在基础科技领域作出大的创新，在关键核心技术领域取得大的突破。"③ 党的十八大报告指出："要坚持走中国特色自主创新道路，以全球视野谋划和推动创新，提高原始创新、集成创新和引进消化吸收再创新能力，更加注重协同创新，注重协同创新能力。"④ 第三，系统阐述了创新发展所必备的条件。首先，创新型人才是关键。"没有强大人才队伍作后盾，自主创新就是无源之水、无本之木。"⑤ 其次，要通过制度创新，破除科研体制机制障碍，使得创新人才竞相涌现出来。早在 2012 年 12 月，习近平在广东考察时就提出要调动优秀人才创新创业的积极性，要求"继续完善凝聚人才、发挥人才作用的体制机制，进一步调动优秀人才创新创业的积极性"。在立足自主培养人才的基础上，还可以对外开放，聚天下英才而用之，形成"开创人人皆可成才、人人尽展其才的生动局面"。再次，弘扬创新精神、营造创新氛围。他在十八届五中全会上指出："充分尊重群众的首创精神，着眼于解放和发展生产力，放手支持群众大胆实践，大胆探索，大胆创新，及时发现、总结和推广群众创造的成功经验，把群众的积极性和创业精神引导好、保护好。""要在全社会大力弘扬创新精神、提高创新能力，为坚持走中国特色自主创新道路、建设创新型国家奠定坚实的群众基础。""青少年从小就要崇尚科学、追求真知，勤奋学习、锐意创新，保持持续的想象力和创造力，努力掌握创新方法，不断提高创新本领。"⑥ 最后，明确创新责任、

---

① 中共中央文献研究室. 习近平关于科技创新论述摘编 [M]. 北京：中央文献出版社，2016：45-46.

② 中共中央文献研究室. 习近平关于科技创新论述摘编 [M]. 北京：中央文献出版社，2016：45.

③ 中共中央文献研究室. 习近平关于科技创新论述摘编 [M]. 北京：中央文献出版社，2016：80.

④ 胡锦涛. 坚定不移沿着中国特色社会主义道路前进为全面建成小康社会而奋斗 [M]. 北京：人民出版社，2012：21.

⑤ 中共中央文献研究室. 习近平关于科技创新论述摘编 [M]. 北京：中央文献出版社，2016：107.

⑥ 习近平在参加全国科普日活动时强调全社会要弘扬创新精神提高创新能力为建设创新型国家奠定坚实群众基础 [N]. 经济日报，2009-09-20（03）.

端正创新态度，激发创新勇气。创新主体要深刻认识到自己的创新责任，转变自己的创新态度，意识到创新不仅是个人价值的体现，更是国家的财富、民族的光荣。要"敢于担当、勇于超越、找准方向、扭住不放，牢固树立敢为天下先的志向和信心，敢于走别人没有走过的路，在攻坚克难中追求卓越，勇于创造引领世界潮流的科技成果"①。牢固树立"逢山开路、遇河架桥"的创新勇气，实现从"要我创新"到"我要创新"的创新态度转变。

通过上述分析，我们看到，从毛泽东、邓小平到江泽民、胡锦涛，再到习近平，他们关于理论创新、制度创新和科技创新的科学思想，既是对马克思主义理论创新、制度创新和科技创新的不断丰富和发展，又一脉相承；这些思想不仅是中华民族创新的灵魂，而且也是进一步推进理论创新、制度创新、科技创新、建设创新型国家的科学指南。

第三节　创新的哲学视域

尽管从人类出现伊始，创新就一直与其相伴随，尽管人类很早对创新就有所认识，但总的说来，只有到了当代，人类的创新活动和创新认识才达到前所未有的高度和深度，从而基于一种从哲学的视域认识创新就有了可能和必要。

一、创新发生何以可能

创新是属人的活动和行为，纳入创新关系中的主体与客体是相互规定的。没有创新主体就没有创新客体，反之，没有创新客体也就没有创新主体。这表明，创新之所以可能是与创新主体与创新客体及其关系密不可分。

1. 创新的本体论根据

从客体看，要创新就必须有创新客体的存在。纳入创新关系中的客体，可以是物质客体也可以是精神客体，但从最终意义上讲，精神客体从属于物质客体。因此，创新何以可能的本体论根据就是物质世界的存在及其可塑性。物质世界的存在及其可塑性具体表现在以下方面：第一，物质世界具有有用性。客观世界对人类而言首先是可利用的对象、可依赖的对象，具有一定的效用，从而才可能实际地发生通过自己的活动去现实地变革和占有它们。从一定意义上讲，人的创新活动的直接目的，就在于使自然界、外部客体失去它们"自己

---

① 中共中央文献研究室．习近平关于科技创新论述摘编［M］．北京：中央文献出版社，2016：48.

的赤裸裸的有用性"，使它们的"效用"成为"属人的效用"①。因此，主体的需求性和一切创新客体本身所具有的效用性，正是人的创新活动现实产生的必要性之所在。第二，物质世界具有客观实在性。创新不是绝对的"无"中生有，而是对现存事物在状态、功能、属性等方面所作的改变。显然，没有现实的、客观存在着的客体的感性存在，就不会有创新的发生。人类的创新只能是"通过某物从某物中创造出来的，而决不像在黑格尔'逻辑学'中所说的，是从无通过无到无的"②。第三，物质世界具有外在于人的独立性。物质世界的事物是独立于人及其意识之外，并且不依赖于人及其意识而存在的客观存在。一方面它们在时间和空间上与主体人分离着，存在于主体人之外；另一方面它们在功能和效用上与主体人分离着，还不能直接满足主体人的需要。世界不会直接满足人的需要，人决心以行动改变客观世界。因此，物质世界的这种外在于人的独立性是导致人创新的又一基本依据。③ 第四，物质世界具有可变性。运动是物质的根本属性，运动是世界物质存在形态可变性根据，物质形态的可变性是人类创新得以存在和富有活力的最坚实基础，人类可以凭借着物质形态可变性的规律，把人的内在尺度和外在尺度结合起来，以实现物质世界的某种新的可能性，创造出某种新的物质形态。④ 第五，物质世界具有多样性。物质世界既是"一"，又是"多"。丰富多彩的物质世界，不仅为人的创新提供了各种不同类型、不同层次、不同形态的客体，而且也为人们选择、确定创新的客体以及塑造出新的理想客体，提供了客观的前提。由于客观世界的具体事物的种类、属性、结构、功能、形式以及变化趋势的可能样态上，都有着无穷丰富、纷纭繁杂的多样性，因而客观事物本身就意味着在某种范围内的可选择性。而客观事物的可选择性正是人的创新又一基本前提。第六，物质世界具有可知性。客观事物的存在和发展不但有其内在的客观规律，而且这些规律在事物与事物的相互关系、相互作用中必然要现实地表现出来，因此，客观事物的属性、本质、结构、功能、形态及发展趋势，都可以被人们所认识、理解和把握。⑤ 按列宁的话说就是"为人的意识所反映"⑥ 事物具有可知性，这是人类创新能力得以发挥作用的重要前提。

总之，客观世界的客观存在及其具有的效用性、独立性、变动性、多样性以及可知性等，决定了作为创新客体的客观事物本身必然地具有可塑造性、可

① 马克思.1844年经济学哲学手稿[M].北京：人民出版社，1979：78.
② 马克思恩格斯全集（第3卷）[M].北京：人民出版社，1960：158.
③ 王永昌.实践活动论[M].北京：中国人民大学出版社，1991：51-52.
④ 李继武.创新及其本体论基础和人本质论根据[J].文史哲，2001（3）：104.
⑤ 王永昌.实践活动论[M].北京：中国人民大学出版社，1992：51-52.
⑥ 列宁选集（第2卷）[M].北京：人民出版社，1995：192.

改造性，并由此构成了人的创新的本体论根据。

2. 创新的主体根据

物质世界的客观存在及其可塑性为人的创新提供了可能性，但要使创新变成现实还需要创新主体——人的本质力量的参与。创新主体是指具有创新能力并实际从事创新活动的人或社会组织。说创新主体是人，但不是指所有的人，那些没有或者丧失创新能力的人不是创新主体，如婴幼儿、部分病人、残疾人等；具有创新能力但并不从事创新活动的人也不是创新主体，如某些仅局限于重复工作的人等。创新主体从外延上可分为个体创新主体、集体创新主体（企业、阶级、民族、国家等）和人类创新主体。本书没有特别说明时，主要是指类创新主体。

创新是人类独有的活动，是人类所进行的能动的创造性活动，是人之所以为万物之灵的一大基本特征。动物是没有创新的，哪怕蜜蜂把它们的蜂房建造得再精密、再完美也不是创新，而只是其一种本能活动。这是为什么呢？这需要从创新主体的本质去分析。

第一，人的需要本性构成了创新的动力。从行为理论方面来看，任何生物的行为活动的产生，都有来自生物内部和生物外部的某种动力。但在所有动力因素中，最基本、最主导的动力，则是该生物自身内部的需要，尤其是生物的生存需要。对人来说，肉体的生存需要并不是人的所有的实践行为的基本动力，但人的所有的实践行为的产生，却不可能没有相应的需求动力。为什么动物的需求未能促使动物的行为上升为"自主超越""自由创造"的高度，而人的需求则能做到呢？关键在于它们需求的不同。这种不同，首先表现在它们需要的满足方式上。由于动物与外在环境关系的特定化，因而其肉体生存需要的满足方式和实现过程，几乎都是千古不变的。而人类除食、性等肉体需要外，其他各种各类的需要则是通过后天获得的。对人来说，即使那些本能的需求，在表现方式、满足方式和实现过程方面，也都打上了人意志的烙印。如人类两性的结合，也不单纯地为了繁衍后代、性的满足，而是渗透着丰富的社会和文化内容（结婚仪式、法律认定等）。又如在食方面，人用刀叉、筷子，动物则用爪子抓，用牙齿啃；动物活着为食，人吃是为了活着、有所意义。为了人生有所意义，而且还要美食。其次，表现在需求内容上的不同。动物的需求在性质上是单一的，而人的需求则是丰富多样的：在内容上，不仅有物质需要，而且还有精神需要；在层次上，不仅有生存需要，而且还有享受、发展的需要。正如莎士比亚所说的"如果人生只是肉体需要，那人和动物就一样了"[①]。再

---

① 莎士比亚戏剧集（第 5 集）［M］．北京：作家出版社，1955：223.

次，动物的需求具有确定性和常驻性，而人的需求则具有可塑性和变动性。动物除了因周围环境的改变而在满足需要的对象、程度上会有所变化外，其需求的本质、种类和需求的方式，则千万年来似乎都不会发生根本性的变化，具有某种"超稳定"的特性；而人的需求还始终处于变动之中。动物的需求欲望和满足需求的过程是无意识的、非自觉的和个体性的。动物的需求结构是由生理遗传规定的。它们的需求对象是出于大自然现成提供的，满足需求的过程是自身机体的无意识的适应性反应过程，无目的性可言，因而动物的需求很难上升为社会性的需要。尽管不少动物也依靠群居形式而维持生存，但这种群体性生活大多是动物种类的本能化的活动方式，而且群居生活也未能改变动物需求的纯自然性、纯生理性和纯个体性的特质。所以马克思说，动物一般只"生产"它自己或它的后代幼仔肉体直接需要的东西，而不可能发生为整个种类、群体以及为别的种类进行"生产"的"社会性"活动。在动物世界里，"不可能发生大象为老虎生产，或者一些动物为另一些动物生产的情况。例如，一窝蜜蜂实质上只是一只蜜蜂，它们都生产同一种东西。"① 与动物不同，人不仅是一种有肉体生命的自然存在物，而且是一种有意识的、社会性的存在物。当人的需要一旦被自我意识到时，人就会几乎同时把这种需要转化为生理上和心理上的欲望渴求，从而打破了原有的生理、心理结构的平衡，在生理和心理上表现出一种匮乏、贫缺，产生出一种有待"填补"的"空虚"，形成了一种求外向内的意欲倾向，表现为行动目的性，对活动过程和结果蓝图的思想上的建构性。从而促成人们去从事一定的实践活动，并在实践中牵引和规约着活动的方向，以便能很快地达到预期的结果即需要的满足和实现。人的需求、渴望是一个无法自满自足的系统，它必须有相应的被满足的外界对象、"身外之物"的存在，才有可能填补需求的空缺。任何生物，只有以一定的方式去占有周围环境的需求对象，化"身外之物"为"为我之物"，才能现实地生存下去。人的需要是无止境的，原有的需要在满足之后还会产生，同时新的需要又将出现，正是这种需要与满足之间的矛盾不断地产生又不断地解决，就构成了人类不断地实现超越和创新的内在动力。

第二，社会实践是实现人类创新的根本途径。实践是人本质中的根本性方面。人的需要虽然为人的创新提供了动因，但这种满足需要的创新如何实现，是直接取之于自然，还是以社会实践方式来解决，这是人与动物生存方式的最根本的区别。因此，社会实践性不但较之于人的需要性更根本，不但对人的需要本性给予了规范和升华，而且还是解决满足人类需要创新对象的

---

① 马克思恩格斯全集（第 46 卷上）［M］. 北京：人民出版社，1979：195.

根本方式。① 人的需要本质与实践本质对人的创新作用是在辩证统一中发挥的。

二、创新概念的哲学阐释

1. 深化对创新概念认识的必要和可能

21 世纪是创新的世纪。创新，从程度上看，在不断深入；从广度上看，在不断拓展。哲学作为时代精神的精华，必须从时代出发，抓住作为时代精神的创新，进行深刻反思，从而提炼出具有哲学一般的创新理论，以便更好地指导创新实践。而创新实践的深入和拓展，也大大促进了人们对其认识的深化，这也为我们从理论上更深入地把握创新、理解创新提供现实的可能。

当今时代，创新不仅成为大众的普适话语，而且也成为学术关注的中心。然而，当进一步追问"何谓创新"时，我们却不能容易地回答出来，正所谓"熟知并非真知"。由于人们在十分宽泛的语境下使用这一概念，因而对创新的理解可谓众说纷纭、莫衷一是。创新概念的歧义多解、使用混乱，影响了人们对创新的深入认识。

源于经典创新理论的创新概念，未能及时反映创新实践发展的实际情况，未能及时提炼总结创新实践的最新成果，缺乏广泛的解释力，因而不能为日益发展的创新实践提供有效的指导。如熊彼特的创新概念有许多不足之处：一是它主要是指技术创新，属于一个经济学的范畴；二是认为创新遵循由知识生产到运用的线性模式；三是把企业视为创新的唯一活动场所和创新主体；四是把科学研究、技术发明与创新严格区分开来，容易造成彼此之间区分的绝对化，致使人们容易把技术或发明视作创新的外生变量。这些局限在其以后日益发展的创新实践中便暴露出来。因之，从哲学的层面，对各种创新进行形而上的沉思，继而提炼出创新概念的一般，不仅是必要的，而且也是可能的。

2. 创新构成要素的分析

既然创新是属人的活动，那么这种活动过程的实际发生需要哪些基本条件呢？为此就需要分析其构成的基本要素。那么，哪些属于构成创新的基本要素呢？对此，我们可先考察人们在何种维度上使用创新概念的。当今时代，人们对创新概念的使用十分广泛。笔者曾对当今具有代表性的创新著作②等进行统计，发现对创新的不同提法就达 30 多种。进一步对其进行梳理，可以将其归

---

① 李继武. 创新及其本体论基础和人本质论根据 [J]. 文史哲，2001（3）：105–106.

② 如金吾仑主编的《当代西方创新理论新词典》（吉林人民出版社 2001 年版）、红旗大参考编写组编写的《加强自主创新，建设创新型国家大参考》（红旗出版社 2006 年版）、庞元正主编的《当代中国科学发展观》（中共中央党校出版社 2004 年版）、李正风等著的《中国创新系统研究》（山东教育出版社 1999 年版）、王伟光主编的《创新与中国社会发展》（中共中央党校出版社 2003 年版）.

纳为以下几类：一是可看成从创新内容（对象）上讲的，如观念创新、文化创新、理论创新、知识创新、管理创新、产品创新、服务创新、科技创新、技术创新、工艺创新、制度创新、机制创新、教育创新、政治创新、军事创新等；二是可看成从创新主体上讲的，如个体创新、企业创新、组织创新、国家创新、区域创新、社会创新、全球创新等；三是可看成从创新方式上讲的，如市场创新、网络创新、虚拟创新、因特网创新、合作创新等；四是可看成从创新程度上讲的，如自主创新、原始创新、全新型创新、模仿创新、引进消化吸收创新、改进型创新、持续创新、渐进创新、激进性创新、集成创新等。①

值得说明的是，由于对上述概念理解还存在分歧，所以这种归类并不十分严密。但作者的主旨并不是要弄清上述各种创新提法应该归属哪一类，而是通过归类，能使我们从其中看出，创新的发生可能会关涉哪些最基本的方面。从上述归类中我们可以看出，第一类是表明"要创新什么""什么需要创新"，这实际上是关涉到创新的内容或对象方面；第二类表明"谁来创新"，这实际上是关涉到创新的主体方面；第三类表明"通过什么来创新"，这实际上是关涉到创新的方式或手段方面；第四类表明"创新得怎样了"，这是对创新程度的判定，同前三类相比，它不是构成创新的基本要素，因为它是创新量上的规定，只有存在创新，然后才可能进一步去追问创新得怎么样了。由此看出，上述前三类构成了创新的基本要素，创新必须有主体、对象（内容）和方式（手段）这三个方面的协同作用，才能实际发生。三者统一于创新活动过程之中。

3. 把握创新概念的理路

尽管目前人们对创新所下的定义不下上百种，但就其界定的理路不外乎有这样几种：

一是分层次说的理路，即认为创新是多义的，有不同的层次，必须结合不同的语境来把握。如有人就是这样来理解创新的：创新第一层意思是指一种创新精神，与因循守旧相对；第二层意思是指创造任何一种新的事物；第三层意思是在科学技术领域中，一种传统的概念，是对科学发现、发明、创造、技术革新等科学、技术上创造性成果的一种泛称；第四层意思是西方经济学熊彼特的创新理论中提出的一种概念，是国际社会广泛接受和应用的，主要应用于经济和科学技术领域。这种思路有助于澄清对创新认识上的混乱，但缺乏对创新总体上的统摄和把握，还需要进一步抽象其共同本质。二是就其与相关概念进行比较的理路，即把创新放在几个与之相近的概念如创造、发现、发明、革新

---

① 周甄武．论"创新实践"的本质及其提出的依据［J］．淮南师范学院学报，2011（1）：44-45.

等进行比较，以期来揭示创新的特质。这是目前一种为大多数人所采用的方法。但在运用这种方法时，如果对被比较对象理解不清、把握不准的话，那么这种比较只会增添新的迷惑，如对创新与创造的关系就有"等同说""本质不同说""包含说""交叉说"等多种不同的看法。三是分析归纳的理路，即对不同的具有代表性的创新定义进行分析比较，找出其中共同之点，在此基础上给出自己对创新理解的新定义。这种理路也为不少学者采用。如有学者先对熊彼特的、经合组织（OECD）的、美国工业协会的、我国政府报告文件中的等等进行分析归纳，从而提炼出更具普适性的创新概念。

上述不同的理路，可以说异曲同工，都是旨在对创新有更深刻的把握和认识，也都有利于揭示创新的本质特征，但单一的采取哪一种方法都带有一定的局限性。本书对创新概念的厘定，实际上是要将上述各种思路方法统合起来，直接采用定义法的方法。

4. 对创新概念的界定

"属与种差"的定义法是逻辑学中最为基本的对概念下定义的方法。其基本思路是首先要确认概念邻近的"属"是什么，然后再找出其与属下其他"种"之间的差别。概念的"属"与"种差"关系实际上就是哲学中"一般"与"特殊"的关系，反映的是事物的共同本质和特殊本质。如前分析，尽管人们（不管是近百年前的熊彼特还是今天的某位学者）对创新有着许多不同的理解，但有一点上是大家都认同的，并且是正确的，这就是都将创新纳入活动过程来理解。有鉴于此，我们首先可把创新的"属"定位于人的一种活动过程，这是一种最基本的抽象认定，还没有获得自身的特质性规定，因为人的活动是多种多样的。辩证唯物主义认为，质是一事物同他事物区别开来本身所固有的规定性。因此，把握创新的特质（种差）就是要把握它能同人的其他活动区分开来自身所固有的规定性。

人的活动虽然多种多样，但从总体上，可从这样三重维度对其进行把握：一是本能活动与有目的的活动之分；二是观念活动①（精神性活动）与对象性活动（物质性活动）之分；三是人的常规性活动（重复性活动）与创造活动之分。只有将创新置于上述三重维度中进行分析比较，其特质才能得以凸现出来。②

---

① 那些仅仅只停留在头脑中的主观活动、思维活动，即完全没有参与实践活动的、没有被现实对象化的观念性东西，我们就把它作为与实践活动相对应、相区别的观念性活动。这种观念性活动与实践活动的主要区别在于，这种观念性活动不具有感性的现实性和现实的对象性（化），而实践活动则具有直接的现实性和现实的对象性（化）。

② 周甄武. 论"创新实践"的本质及其提出的依据［J］. 淮南师范学院学报，2011（1）：45.

首先，创新不是动物的本能活动，也不是人的本能活动和纯粹的生理行为，而是一种有意识有目的的活动。马克思说："有意识的生命活动把人同动物的生命活动直接区分开来。正是由于这一点人才是类存在物。"① 正是在这点上，"最蹩脚的建筑师"也要比"精巧的蜜蜂"高明。当我们在前面说创新是属人所专有的活动时，实际上也就意味着它与动物的本能活动有区别了。当然，在这里要特别指出，即使是属于人的一些活动如本能活动、生理行为等，也应该被剔除到创新活动范围之外去。创新活动承载了创新主体的价值期待，是既按照外部对象的尺度进行活动，又把自己的内在尺度运用到对象上去，按照两个尺度统一要求，改变外部对象的现成形式和规定，创造现实中既不现成存在、也不会自然产生的具有符合人的需要的形式和规定的客体。②

其次，创新不仅是驻足于主体脑海中的奇思妙想、虚拟想象等纯粹的观念活动（这些只属于创新意识、创新思维），而且是将其内含于自身并进一步对象化和外化的现实活动。人的活动不仅要有其主体，而且还要有活动的对象。人通过意识和自我意识把自己和自己的生活、周围环境区别开来，把自己当作主体，把周围环境当作对象即客体，从而使主体和客体之间发生对象性关系，这样，人的对象性活动才能得以实现。所谓"对象化"，就是指作为互为对象的主体和客体相互渗透、相互创造的过程。在对象性的活动中，主体对象化（外化）为"物态性"的对象性客体，而客体则对象化（内化）为"人态性"的对象性主体。因此，对象化就是发生对象性关系的主体和客体双向的相互转化和相互创造的双重化过程，是客体的主体化和主体的客体化的能动而现实的有机统一。③ 人通过自觉的、有目的的、有意识的活动，把自己的目的、意志和能力对象化到客体之中，在这个对象客体上留下人的主体性印记，使客体主体化并为主体服务，从而成为人的一种合目的、合意志的对象性存在。

再次，创新不是按照既有的原来的目的、活动方式、没有产生新异结果的重复性活动，而是一种无论在目的、手段或结果上都具有新异性的活动。从语词学上看，"创新"之"创"，史书记载："创，始造之也。""始造之"既意味着"无中生有"，为独创（originality），在未知领域和未知对象中产生新的东西；也意味着"有中生新"，为创造（creativity），问题不在于其前提是未知的，还是已知的，而在于看谁先干。无论哪一层意思，都体现出率先性和新异性。

根据上述分析，至此，我们可以对创新作出这样的界定：创新是主体从事

① 马克思恩格斯文集（第1卷）［M］. 北京：人民出版社，2009：162.
② 周甄武. 论"创新实践"的本质及其提出的依据［J］. 淮南师范学院学报，2011（1）：45.
③ 王永昌. 实践活动论［M］. 北京：中国人民大学出版社，1992：107.

的具有新异的、价值指向的对象性活动。新异性、价值指向性、对象性共同构成其基本特征，其中，新异性又最为根本。①

三、创新的基本形式及其关系

一般说来，作为主体的人和外部世界、客体之间既存在着以观念的形式把握外部世界、客体的关系，也存在着以实践的方式实际地改变外部世界、客体的关系。前者构成了人的认识活动，后者构成了人的实践活动。有鉴于此，人的创新活动也可以抽象为两种基本形式：实践创新和认识（理论）创新。

1. 实践创新

实践创新就是主体以实践的方式新异地改变外部世界、客体的一种活动，其性质是现实的、物质性的，是一种"武器的批判"（马克思语）。"实践创新"与"创新实践"是两个不同的概念，这里要把它们区分开来。首先，它们对应项不同。实践创新是与思维、理论创新相对应的范畴，而创新实践是与常规实践或重复性、守旧性实践相对应的范畴。其次，它们的侧重点不同。实践创新侧重于指向活动的性质，旨在表明这种创新活动是客观的物质活动而非主观的认识活动；而创新实践则侧重于指向活动的创新性质。旨在表明这种实践活动是一种创新性活动，而非常规性的、重复性的、守旧性的活动。再次，前者和后者之间是"属"与"种"的关系。实践创新包含各种创新实践，创新实践是实践创新的具体体现。当然这两者之间又具有同一性，无论是指向创新的"实践创新"，还是指向实践的"创新实践"，都是一种客观活动，这种客观活动的实质就是现实地改变旧事物、旧世界，而创造新世界、新事物。②

2. 认识（理论）创新

认识（理论）创新就是主体以观念的方式新异地改变外部世界、客体的一种活动，其性质是精神的、主观的，是一种"批判的武器"（马克思语），既包括哲学和社会科学方面的理论创新，也包括自然科学方面的理论创新，后者又通常被称为"科学发现"。董京泉把认识（理论）创新分为这样几种类型：一是方法论层次的创新，这是对新情况新问题的解释原则、解释模式、解释视野的创新；二是原创性理论思维，即在深刻把握事物发展规律和人的思维规律、有效探索社会实践新领域的基础上独辟蹊径，创立新的原理、新的理论体系；三是纠偏式创新，即对前人创立的思想理论体系或基本原理在充分肯定和继承的基础上，以新的观点、范畴、理论原则等形式作出新的补充和丰富、新的论证和发挥，对其中的错误成分加以纠正，陈旧的成分加以扬弃；四是发

---

① 周甄武. 论"创新实践"的本质及其提出的依据 [J]. 淮南师范学院学报，2011（1）：46.

② 王文东. 创新的哲学存在形式及其意义 [J]. 甘肃社会科学，2003（4）：47.

掘式创新，即重提或凸显已被淡化或埋没了的前人提出的某些能够反映当今时代精神的理论原则和观点，使其发扬光大。①

理论创新与创新理论有所不同：前者侧重于指向创新的方式，是和实践创新相对的；后者侧重于指向创新的结果，是和创新实践相对的。理论创新与创新思维也有所不同：理论创新虽然可以理解为是一种创造性思维活动，但它更侧重于指向创造性思维活动的结果，而不仅仅是指创造性思维活动的形式；创新思维主要意指思维形式，它与保守性、传承性思维相对应。② 但理论创新与创新理论、创新思维在本质上是一致的，理论创新总是表现为一定的理论成果即创新思维和创新理论，否则理论创新也就无从体现。

3. 实践创新和理论创新的关系

实践创新和理论创新两者的关系犹如实践和认识（理论）的关系：首先，实践创新是理论创新的源泉和发展动力。实践是人的根本存在方式，而世界不会自觉地满足人的需要，人必须以"自己的行动来改变世界"（列宁语）使之符合自己的需要。实践创新不仅为理论创新提供了丰富的素材，而且还会不断提出一些新的问题，促成人们予以理论的概括和总结，从而推动理论创新。实践创新不仅促成理论创新之所以有必要、并为理论创新提出了任务，而且还为理论创新提供了创新的条件，确定了创新的方向和内容，伴随每一次实践创新的发展，都把理论创新推进到一个新的高度。其次，理论创新对实践创新具有指导作用。如果说早期的人类实践创新，是一种自发的行为，理论创新的作用还不太明显，那么，自从工业革命以来，随着人类创新速度的不断加快，自觉创新已成为社会的普遍行为时，就越发需要通过理论创新产生创新理论，为其提供指导。在当代，人类的创新正体现为通过实践创新和理论创新互促互动下前进的。最后，理论创新和实践创新是具体的历史的统一。实践创新是理论创新的目的、动力和深刻根源，而理论创新作为实践创新经验的观念升华和理论再现，又是进一步的实践创新的思想先导和精神动力，两者之间不断地互促互动，从而把人类创新不断地推进到一个新的水平。

---

① 黄枬森. 中国共产党与马克思主义哲学创新［C］. 北京：中央编译出版社，2002：78.

② 王文东. 创新的哲学存在形式及其意义［J］. 甘肃社会科学，2003（4）：48.

第三章　创新实践的多维透视

实践作为人的根本存在方式，从总体上看，体现了人自由自觉地创造性本质。从历时态上看，人类的每一种实践活动都具有创新性特征；但从并时态上看，人类实践又有了创新实践和常规实践或重复实践之分。长期以来，人们主要从整体上、历时态上去把握实践的本质特征，这是很重要的，但不够全面，尤其在创新已成为时代的主流的情形下，有必要对实践做进一步分析，作出区分，把创新实践从常规实践或重复实践中提升出来。本章主要就创新实践提出的根据，创新实践与常规实践的关系、创新实践的基本形式和创新实践的功能等方面的内容作阐述。

第一节　创新实践概念提出的依据①及相关概念辨析

概念是人类认识之网上的一个纽结，是人类理性地把握世界的一种方式。但一个概念的提出，必须有坚实的现实基础和充分的理论根据，否则其合法性和科学性就要受到质疑。创新实践概念提出，一方面是对现实中各种具体创新实践活动抽象概括，有着坚实的现实基础；另一方面又有其充分的理论依据。

一、创新实践概念提出的现实基础

创新实践概念是对当今时代精神的哲学沉思的结果，是对当下各种具体创新实践活动概括的反映。"人的思维最本质和最切近的基础，正是人所引起的自然界的变化，而不仅仅是自然界本身；人在怎样的程度上学会改变自然界，人的智力就在怎样的程度上发展起来。"② 实践作为人类特有的认识世界和改造世界的客观活动，具有社会历史性，其本身是不断发展的。人猿相揖别，自

---

① 周甄武．论"创新实践"的本质及其提出的依据［J］．淮南师范学院学报，2011（1）：43-44.

② 马克思恩格斯选集（第4卷）［M］．北京：人民出版社，1995：329.

从人类诞生以来，人类社会的历史就是一部创新史。创新实践贯穿其中，但在不同的历史阶段，其创新的速度和频率有很大不同。从远古时代至近代，总的来看，人类的创新实践是自发地发生，而且频率很低，日常生活世界占据主导地位。近代以来，伴随着资本主义的产生，人类的创新活动由自发走向自觉，而且创新频率也在逐渐提高。在当代，创新正是我们当今时代精神最集中的体现。技术创新、制度创新（包括各种体制改革）、知识创新、管理创新、文化创新、教育创新等已成为主导话语和现实内容，创新意识、创新精神、创新思维、创新能力已构成区别于前人的最突出的现实本质和品格。当今时代，是各种创新全面增进的时代。首先，技术创新加快加大，科学技术转化为现实生产力的周期大大缩短，技术创新已成为推动生产持续发展的首要因素。当今时代，新的科技革命正在迅猛发展。与历史上的历次科技革命相比，这次科技革命的特点在于不是在个别或少数几个学科有几项重大发现、发明和创造，而是一系列学科群，层出不穷的发现、发明和创造。同时，科技成果向现实生产力的迅速转化已成为推动生产持续发展的首要因素。其次，制度创新已经成为推动经济增长和社会发展的重要力量。当今在广大发展中国家，普遍存在着制度缺陷，技术进步、经济增长和社会发展因此缺乏动力和保障机制。在这种情况下，制度就成为社会进步的"瓶颈"，制度创新就显得尤为重要。不仅在发展中国家，而且就发达国家而言，科学技术的进步使得传统的经营管理模式发生了根本性的变化，也需要积极进行制度创新，以保证经济增长和社会发展。面临当前国际上日益激烈的综合国力的竞争，对正在实现社会主义现代化的中国来说，创新的意义更为重大。正如江泽民同志所指出的，创新是一个民族进步的灵魂，是一个国家兴旺发达的不竭动力，也是一个政党永葆生机的源泉。通过制度创新，不仅可以降低生产的交易成本，为经济提供服务、为合作创造条件、提供激励机制、外部利益内部化等功能对技术进步作贡献，从而间接推动经济增长和社会发展，而且还可以直接促进经济增长和社会发展。可见，社会制度、社会生活、社会意识形态的改革、革新、创新已经成为当代社会发展带有普遍性的迫切要求。再次，知识创新速度加快，而且它对经济增长的贡献率大幅度提高，知识经济时代已悄然来临。早在100多年前，恩格斯对科学技术加速发展的趋势就有了深刻的认识："科学的发展从此便大踏步地前进，而且得到了一种力量，这种力量可以说是与从其出发点起的（时间的）距离的平方成正比的。"①

当今知识更替、知识积累的速度更是惊人，用"知识大爆炸"来形容

---

① 恩格斯. 自然辩证法［M］. 北京：人民出版社，1971：8.

毫不为过。在知识的数量激剧增长的同时，知识的质量也在发生着深刻的变化。近50年来科学技术发展每10年就要有一次重大的突破，而每一次突破都使人类越来越能够在总体上把握世界的规律，也越来越在物质的更深层次、更广的空间上认识物质运动的规律。相应地，知识更新的速度也在加快，知识创新对经济增长的作用也日益增大。知识已成为社会经济发展的推动器，知识对经济增长的速度、发展的规模起着关键性作用，而知识和信息在社会经济发展过程中的广泛应用预示着一种有别于农业经济和工业经济的新型经济形态——知识经济已经来临。又次，管理创新不断发展，已成为价值创造的重要源泉。管理创新就是实现各种生产要素的新组合，实现知识、技术、资本、信息、人力资源、市场需求的新组合。知识创新和技术创新为价值大幅度的增值提供了可能，但知识创新和技术创新要实现其巨大的价值，还要靠管理创新将其投入生产和推向市场。所以，企业家和管理者的创新劳动也越来越重要。

二、创新实践概念提出的理论依据①

首先，从行为理论来看，人类有两种最基本的行为模式，即模仿和创造。其中模仿即是重复，是人类物质文化和精神文化的承传方式，体现了人类行为的延续性。而创造是在模仿基础上的创新和发展，是人类文化的质变方式，体现了人类行为的中断和飞跃。与这两种模式相适应，人类的实践活动也可划分为创新实践和常规实践两种类型。其次，从社会生产理论来看，创新生产与常规生产是社会生产不可或缺的两大领域。人类生存第一个前提无疑是获取衣食住行等物质生活资料的满足，而这些内容构成了一定阶段或社会恒定的生产对象，稳定的、不变的生活需求，离不开常规性的生产，否则，一定阶段的人类生存就不能维持下去，社会就会发生断裂。但人类的需要又始终处于变化发展之中，人除了生存需要外还有享受和发展的需要，需要的内容以及满足需要的方式又会不断激发人类从事不断创新的动力，从而也决定了创新生产的必要。再次，从日常生活批判理论来看，日常生活世界与非日常生活世界构成人类完整的生活世界。前者是以个体的生存和再生产为宗旨的日常活动领域，它主要包括衣食住行、饮食男女等以个体的肉体生命延续为目的的生活资料的获取与消费活动及其生殖活动等内容。后者包括两个部分：一是科学、艺术和哲学等活动的领域，这一领域所探究和揭示的是关于人本身的知识，关于自由自觉的和对象化的类存在物的知识，可称之为自觉的类本质活动领域；二是非日常的

① 周甄武.论"创新实践"的本质及其提出的依据［J］.淮南师范学院学报，2011（1）：43-44.

社会活动领域，主要包括政治、经济、技术操作、经营管理、公共事务、社会化大生产等。这一领域直接涉及社会的体制和规范，在现代社会中，它主要靠法律和各种制度加以调节维持，因此，可称之为"制度化领域"（A. 赫勒语）。日常世界与非日常世界虽然都是人的基本活动领域，但人的活动在其中往往以不同的形式出现，表现出不同的层次和活动图式。日常生活世界，是一个未分化的、自在的、自发的、自然而然地运转的领域，是重复性思维和重复性实践占主导地位的领域。在典型的日常生活中，人不必或很少提出"为什么"和"应如何"的问题，而只要简单地知道"是什么"即可。在这里，没有创造性思维的空间，人的行为以重复性为基本特征，起支配作用的不是创造性思维，不是科学逻辑和哲学逻辑，而是那些被人们世代自发地继承下来的传统、习惯、常识、经验，以及血缘关系和天然情感。这些自在的文化因素通过家庭、教育、社会示范、模仿类比等方法而自发地渗透到一代又一代日常生活主体之中。于是，人们就这样习以为常地、理所当然地过着日常生活，而日常生活就这样自然而然地、周而复始地重复着。而非日常生活世界则与此形成鲜明的对照，它是一个充满创造性的社会活动和精神生产的领域，是创造性思维与创造性实践占主导地位的领域（当然，在这一领域中也存在着异化现象）。在这个世界中，问题的提出和解决常常需要求助于创造性思维，需要依据科学逻辑和哲学逻辑不断提出"为什么"和"应如何"的问题。同充满创造和竞争的非日常生活相比，日常生活虽然能够为人们提供安全感和"在家"的感觉，但也带有极强的保守性和惰性。

为什么自在的重复性思维与重复性实践成为日常生活的主要方式呢？这主要有两个方面的原因：一是日常生活所涉及的都是人为了维护其直接生存所必不可少的基本因素和基本条件，正因为这些因素或条件具有最为基本、原初、不可或缺的性质，它们也就较少变化，具有稳定性和不变性的特征，这构成了重复性思维与重复性实践的客观前提；二是人的活动总是自觉或不自觉地遵循一种最大经济化原则。人不是一种超凡脱俗、无所不能的存在物，他不可能总是处于自我实现和充分发挥创造性的人生巅峰境界之中。在这种意义上，日常生活所表现出的实用主义倾向、经验主义倾向、类比模仿等归类活动方式、重复性特征等，使人们可以用最小的时间和精力投入获取最大的效益。成功地进行日常生活，从而有可能去从事科学、艺术、哲学等自觉的类本质活动。这一经济化原则构成了重复性思维与重复性实践的主体前提。

由上可知，作为与常规实践概念相对应的创新实践概念的提出，不仅有着现实的实践基础，而且也有着充分的理论依据。创新实践与常规实践这对概念的提出标志着人们对实践的认识又深化了一步。

三、创新实践与常规实践的辩证关系[①]

1. 创新实践与常规实践的区别

根据一种实践同以往的实践相比有无新异性，我们可把实践分为两类：一类称为"常规实践"，一类称为"创新实践"。所谓常规实践，也叫重复实践，是指那些运用事物已被发现了的规律、属性和关系，按照先前的规则重复进行的实践。所谓创新实践，是指那些通过对事物规律、属性、关系的新发现或新运用，能够比先前的实践更能有效认识世界和改造世界的实践。

将创新实践与常规实践进行比较，会发现两者具有不同的特点。常规实践是一种以重复或模仿以往的某种活动为目的并使之物化为预期结果的实践活动。在这一形态的实践中，实践作为一种物质活动的动态过程，呈现出一种相对固定的状态；作为该类实践的主体，意识中缺乏创新目的，行为上受动性强于能动性；其客体的"对象化"结果与原先实践的结果相比，不具有质的区别。[②] 常规实践体现了人类实践的继承性和延续性。它表现为同一物质产品生产规模的扩大，同一精神文化产品的重复制作，也表现为同一种理想、理论和知识的教育、传播和扩散。在社会生产和社会生活的各个领域中，重复性实践是大量存在的。现代化生产是同一规格的产品按照同一工艺流程批量生产，农业生产是年复一年的周期重复，就连现代教育也是类似于工厂化生产，培养着大批量的"同一型号"的专门人才。正是由于重复性实践的大量存在，它才提供了人类生存和发展所必需的物质财富和精神财富。因此，重复性实践是人类存在和发展的前提和基础。[③]

创新实践是一种以明确的创新意识为目的并使之物化的预期结果的实践活动。在这一实践过程中，主体表现出明显的能动意识，客体呈现出"客随主便"的趋动态势，其物化的结果是一种与原设想相同的、具有新质的事物。[④]具体表现为新理论的创立、新产品的研制、新技术的开发、新体制的确立、新的艺术形象的创造，以及社会革命和社会改革等各种不同的具体形式。创新实践体现了人类实践的超越性和创造性。正是由于创新实践的存在，人类才能不断地超越现存世界去创造更加理想的世界。

2. 创新实践和常规实践的关系

创新实践和常规实践的这种划分绝不是静止的和绝对的，两者实际上又是

---

① 周甄武. 论"创新实践"的本质及其提出的依据 [J]. 淮南师范学院学报，2011（1）：44–45.

② 鲍宗豪. 马克思主义哲学与现时代 [M]. 广州：华东理工大学出版社，1991：136.

③ 赵润琦. 论创造性实践 [J]. 江汉论坛，2000（12）：51.

④ 鲍宗豪. 马克思主义哲学与现时代 [M]. 广州：华东理工大学出版社，1991：135.

处于不断的相互依存、转化的辩证运动当中。

首先，二者相互依存，互为存在和发展的前提。常规实践是创新实践得以产生和发展的前提。创新实践总是在一定的常规实践基础上才有得以进行的可能，没有完全脱离常规实践的创新实践；人们在常规实践中往往会产生一些新的需要、新的问题，对于这些新的需要、新的问题，原先实践是无法满足和解决的，只能通过新的实践来实现，创新实践由此而生。不仅创新实践的目的是在常规实践中产生的，而且创新实践的进行和展开也必须借助常规实践所提供的技术手段和实践经验。同样，没有创新实践，也就没有所谓的常规实践，常规实践是从创新实践转化而来的。创新实践完成以后，又成为常规实践的起点，并在此基础上又开始进行实践创新。其次，二者相互包含、相互渗透。纯粹的常规实践和创新实践是没有的，只是根据它们各自在具体实践中占有的地位的主次，做出相对性的界定。常规实践和创新实践是相互依存和相互渗透的。一方面，创新实践是在常规性实践中孕育的。人们对原有的实践过程和实践结果的模仿，不是单纯的机械的模仿，往往会按照自己的需要，加上一些想象和联想，对实践过程进行修正，对实践结果进行改进。当这种修正和改进达到一定程度时，就必然导致创新实践的产生。另一方面，创新实践中也包含着常规实践的某些因素。创新总是在继承的基础上进行的，需要继承前人的实践经验和技术手段；同时，创新实践的结果也不是凭空产生的，它是对常规实践结果的重新分解或组合，从而创造出新的事物。再次，二者在一定的条件下相互转化。常规实践和创新实践之所以能相互转化，就在于两者是相互包含、相互渗透的。主体的需要是创新的内在动力。然而，主体的需要及其满足是一个不断发展的动态过程。对特定的实践结果和实践过程的模仿和重复不可能无限地进行下去。重复实践只能满足主体在一定时期和一定范围内的特定需要。当这种特定需要满足后，主体就会产生新的需要。新的需要的产生是常规实践向创新实践转化的必要条件，创新实践的结果或者满足主体的新需要，或者创造出主体的新需要。而这种新需要的满足或创造，往往要维持一个相对稳定的时期，这一时期正是创造性实践向重复性实践转化的时期，即通过对创新实践的模仿、复制和社会化推广，又会使创新实践日渐成为新的常规实践。这是一个以常规实践的形式扩大创新实践的规模的时期。人类实践的发展过程，就是常规实践和创新实践交替进行、互相转化的过程。常规实践和创新实践的相互转化还表现在，由于地域和范围的广大，对于一定人群和地域而言属于常规性的实践，在另一人群和地域中则可能成为带有创新性的实践，反之亦然。根据创新的程度和这种相对性，创新又可以区分为原始性创新、集成性创新和引进再创新等类型。

常规实践和创新实践是人类实践活动的两种基本形式。常规实践是创新实践的前提和基础，创新实践是常规实践的飞跃和升华，它们不仅是相互依存、相互渗透和相互转化的，而且也是互补的，常规实践体现了人类实践的继承性和延续性，创新实践体现了人类实践的超越性和创造性。无论是离开了常规实践还是离开了创新实践，都是不可想象的。

第二节　创新实践的基本形式

实践创新是人类主要的创新活动，根据其创新领域的不同分为现实领域的创新实践和虚拟领域的创新实践。现实领域的创新实践根据其主客体关系不同、创新客体特点不同，又分为技术创新、制度创新、知识创新和三者综合的管理创新，后者又简称称为虚拟实践，根据其不同的标准，还可以对其做进一步的划分。

一、现实世界的创新实践形式及其相互关系

在虚拟世界出现以前，人类的实践创新活动都是在现实世界里进行。根据其实践对象的不同，我们可以把它概括为这样三种基本形式：技术创新、制度创新、知识创新。

1. 技术创新

何谓技术创新？应该说这一概念相对于制度创新、知识创新等其他形式的创新概念是最早被提出、最早被研究，但也是迄今为止人们认识理解分歧最大的一个概念。造成对技术创新概念理解的多样性原因是多方面的，既有主观的原因也有客观的原因。就主观方面而言，由于客观存在的技术创新本身是不断变化、发展的，新的技术创新内容和形式随着技术创新本身的客观进程的发展而不断丰富和增加，因而反映这种内容和形式的技术创新的概念的内涵和外延也必须相应地丰富和发展。此外，技术创新还与其他因素的越来越紧密的联系，如技术创新与社会经济、政治、法律、文化、人类学、心理、教育等因素都有着本质的联系，从而使得人们可以从其多种联系去把握它，致使对其理解的多义性。就后者即主观方面看，不同的主体，基于本身的知识结构、研究的视角不同致使对同一对象的认识和把握而有所不同。目前，学界对技术创新这一概念的把握主要从经济学、社会学和哲学三个角度来进行的，从而形成了经济学视域的技术创新、社会学视域的技术创新和哲学视域的技术创新，应该说它们都是对各种具体技术创新活动的抽象概括和反映，差别只在程度不同。从哲学的角度对技术创新进行界定是本书的应然之义，在笔者看来，技术创新是主体重塑或创新人与自然关系的实践活动。这表明，技术创新与物质生产实践

有相同之处，即面向自然，以自然为实践对象、客体，所要解决的是人与自然的关系；不同之处，在于技术创新不是维持人与自然、主体与客体既有现状，而是通过创新客体从而使得人与自然关系得以重塑和创新。在这里，技术一方面是作为人作用于自然中介；另一方面，又是对人本质力量的确证。技术创新作为作用于自然的中介，体现为生产工具的不断改进与创新，使潜在的生产力转化为现实的生产力、先进的生产力取代落后的生产力的过程；说技术是对人本质力量的确证，这表明人是"技术性的动物"（海德格尔语），技术是人的本质力量的外化和物化。人通过技术的不断创新来提升和发展自己，也在不断地确证着自己。

2. 制度创新

何谓制度创新？制度创新就是主体重塑和创新人与人（社会）关系的实践活动。对于制度，不同的人有不同的界定。有人把它视为介于物质层面和精神层面之间的东西，而一般情况下，人们把它定义为人们在长期交往中逐渐形成人的行为准则，其特点是"社会达成的共识"，其目的是维系共同体的存在。如制度经济学派诺斯就认为，"制度是一系列被制定出来的规则、守法程序和行为的道德伦理规范，它旨在约束追求主体福利或效用最大化利益的个人行为。"① 在诺斯看来，规则包含两个方面：正式规则和非正式规则。"正式规则包括政治（及司法）规则、经济规则和合约。这些规则可以做如下排序：从宪法到成文法与普遍法，再到明确的细则，最终到确定制约的单个合约，从一般规则到特定的说明书。"② 非正式规则来自文化的部分遗产，主要是由习惯、惯例、个人行为准则和社会道德规范构成。概言之，制度是被制定出来保障和约束人们行为力求价值最大化的准则、规则体系。把人类行为规范化、有序化、确定化，这就是制度的一般本质。③

人类的诞生，人与人之间交往构成了人类社会的主要内容，社会交往既存在协作的一面，也存在冲突的可能，为了维护一定社会秩序的需要，制度开始诞生了。原始社会的制度主要体现为传统、风俗习惯和道德等非成文的非正式的制度。伴随着阶级国家的出现，各种正式制度也相继诞生和出现了。制度是标志着关系的范畴，因此，制度创新就是对人的关系的重新调整。布罗姆利说："制度既然代表某种关系，制度创新自然就是改变某种关系。"④ 制度创新既可以通过阶级斗争、社会革命等对抗的形式来实现根本制度的创新，表现为

① ［美］诺斯. 经济史中的结构与变迁 ［M］. 上海：上海三联书店，1994：225-226.
② ［美］诺斯. 经济史中的结构与变迁 ［M］. 上海：上海三联书店，1994：64.
③ 鲁鹏. 制度创新的实践反思 ［J］. 上饶师范学院学报，2003（4）：2-3.
④ ［美］布罗姆利. 经济利益与经济制度 ［M］. 上海：上海三联书店，2006：55.

用一种社会形态代替另一种社会形态；也可以通过社会改良、改革的非对抗的形式来实现具体制度或体制的创新，表现为以一种体制和制度代替另一种体制和制度。因此，制度创新本质上体现了人与人之间关系的创新，这种创新既表现为制度化（正式规则和非正式的规则）新关系的建立和应用，新型的交往关系（实践性关系）产生和形成，又表现为新的行为方式的产生。

3. 知识创新

何谓知识创新？目前人们对它的理解如同对技术创新的理解一样分歧很大，究其原因，主要是基于对知识概念的理解不同所致。对知识概念的理解涉及其外延和内涵两个方面：就前者而言，主要涉及如何定义知识；对后者而言，主要涉及知识的分类问题。正是对如何定义知识、如何分类知识理解上不同，导致了人们对知识创新理解的不同。如有人把知识分为经验知识和理论化的知识，相应地，知识创新也就包括经验知识的创新（如发明新技术、新工艺和新产品等）和理论化的知识创新（如创造新的理论），由此认为，科学技术创新实际上就是知识创新。[1] 也有人认为，既然知识分为可编码的知识（codified knowledge）和意会知识（tacit knowledge），那么，相应地，知识创新也就意味着是这两类知识的创新。[2] 由于这两类知识构成单元不同，因而其创新的表现形式也就不同。对于可编码的知识或显知识（explicit knowledge），其构成单元是概念，若创造了一个新的概念，就可以看作是创造了新知识；相应地，若理论中包含了新概念，就可以认为创造了新理论。从这个意义上说，知识创新就是创造新概念，新概念是知识创新的核心。由于意会知识，只可意会不可言传，所以，它们无法明确地用概念加以表述，只存在于人们"主观的见解、直觉、预感、理想、价值观、想象、象征、比喻和类比之中"[3]，因此，意会知识的创新主要是通过这样两种途径表现出来：一是经过整合集成形成新概念转化为显知识，用概念来表达；二是表现为一种技巧（Skill）或诀窍（know-how），用操作程序来表示。还有人从知识经济的角度，根据知识的功用，将其分为作为生产要素的知识和作为消费对象的知识；前者可以通过多种途径（物化、人化、制度化）应用、作用于生产，能产生出经济价值；后者属于知识产业中的知识经济产品，存在于多种载体当中，是直接用来满足于社会消费的需要；相应地，知识创新就是指这两类知识的创新，即作为生产要素的知识创新和作为知识产业知识的创新。[4]

---

① 王新喜. 理论思维与知识创新 [J]. 江汉论坛，1999（12）：39.
② 金吾伦. 知识创新的机制和创造性思维的实质 [J]. 文史哲，1999（4）：9.
③ [美]查尔斯·M·萨维其. 第5代管理 [M]. 珠海：珠海出版社，1998：183.
④ 赖晓飞. 培育有利我国知识创新的社会机制问题研究 [D]. 南宁：广西大学，2003.

应该说，上述对"知识创新"概念的理解，都有一定道理和根据，本书则把它纳入实践创新范畴序列去理解，认为知识创新是变革原有知识和探索新知识的实践活动。这种界定突出了两点：一要避免把知识创新仅仅限定在认识、思想、理论活动的范围内，而是要把知识创新看成是"实践的事情"，是实践的一种表现形式，它的活动规律也受实践活动规律的制约，它的发生机制、展开途径、作用方式、力量范围等也是实践活动规律的具体表现形式，知识创新的规律不能脱离实践活动的规律。二是对知识创新作广义的理解，既指自然科学知识创新、也指思维科学知识和哲学社会科学知识创新。目前，人们通常把关于自然科学和思维科学的知识创新理解为狭义的知识创新，而把关于哲学社会科学知识的创新称为理论创新。

4. 技术创新与制度创新、知识创新的关系

技术创新、制度创新、知识创新是现实创新实践三种基本形式而不是全部形式，他们三者之间是处于相互促进、相互制约的动态关联之中。

（1）知识创新与技术创新

此两者的关系犹如科学与技术的关系，既相互区别如在目标、任务、职能与社会效果等方面都有很大的不同，又相互渗透、相互转化，日益呈现为一体化的趋势。

（2）制度创新与技术创新

此两者既相互区别（前面已有论述），又相互作用、相互制约。对此，学界没有多大分歧，也就是基本上认定制度创新与技术创新彼此之间相互影响、相互作用；不仅有积极的促进作用，而且也有消极的阻碍作用；但在关涉到它们之间谁的作用、影响大，谁的作用、影响小的问题上却有截然不同的看法，如有认为技术创新决定论的、有认为制度创新决定论的，还有认为制度创新与技术创新互相决定论的。上述三种观点虽然具有一定合理性，但总体上看，是不正确的。究其原因是思维方法上的凝固性和片面性，没有动态地、分层次地看待技术创新与制度创新所致。

二、虚拟世界的创新实践[①]

实践催生和推动着科学技术的发展，而科学技术又反过来促成实践进一步发展和分化。自从 20 世纪 90 年代以来，随着计算机、网络和虚拟现实等现代信息技术手段的广泛应用，人类社会的活动方式发生了极大的变化。这种变化，较之于人类以往的实践活动，有了许多新的特点。这意味着一种新的实践

---

① 周甄武. 虚拟实践：人类新的实践形式［J］. 中国人民大学学报, 2006 (2)：42-46.

形式——虚拟实践开始崛起。

1. 虚拟实践的本质

虚拟实践是指主体在虚拟空间使用数字化中介手段进行的实践。和现实实践比较，虚拟实践有着自身所固有的规定性，从而构成其自身的本质特征：其一是实践手段的"数字化"。这是虚拟实践从现实实践中脱颖而出的基石和标志。虚拟实践通过数字化手段将信息内容简化成一连串的 0 与 1（或打成"包"的 0 与 1），在电脑中按一定程序加工和储存。这种经过数字化处理后的信息可以被转化成多种信息表现形式，如文字、图画、声音等，并以电和磁的方式存储和传播。其二是实践存在形态的"虚拟化"。实践对象、过程和实践结果的虚拟的存在形态，是虚拟实践不同于现实性实践的一个质的差别，是高于现实性实践的又一基本特征。在电脑和互联网中，不论是对现实实在进行"模拟"还是对非现实对象的"创造性虚拟"，都是用数字化手段在电脑的虚拟空间里进行的，实践的对象、过程和结果则是由数字转换成的虚拟影像展现在视屏上，犹如水中月镜中花，可望而不可即。同样，实践主体也可以转化为虚拟存在形态。其三是实践指向的超越、创造性。虚拟实践既可以对现实性进行模拟，又可以对现实的各种可能性、不可能性、不存在性进行思维建构、规则构成和数字合成，确立非现实性的合理性、超越性、创新性，从而使人走向一种更高级的创造形态。其四是实践领域的自由开放性。虚拟实践活动是一种能动的自由自觉的活动，与现实实践相比，虚拟实践的领域则是无中心、无边界的虚拟空间，因而具有更高的自由度和更多的自主性。此外，虚拟实践还具有主客体之间即时交互性和沉浸感。

从虚拟实践的上述本质特征中可以看到，虚拟实践是一种全新的、高水平的实践形式，是人类超越性活动在当代的进一步发展，是人类从一般的符号化超越转向数字化的超越的生动体现。它的崛起，使人类相当部分的实践活动从过去以物质和能量为基础的活动平台，转移到以计算机网络为基础的数字化新平台，从以往的现实空间转移到虚拟空间。

2. 虚拟实践的类型

虚拟实践虚相对于现实实践而言是一种新的实践形式，但从其自身来看，又有许多类型，可依据不同的标准对其进行划分为不同类型。

（1）虚拟实践的技术类型

虚拟实践，无疑要依赖高水平的信息技术支撑，但是，相对而言，它们所凭借的技术复杂和难易程度还是有区别的。据此，可将他们划分为简单型的虚拟实践和复杂型的虚拟实践。所谓简单型虚拟实践，是指在计算机网络系统中进行的普通网络行为。所谓复杂型虚拟实践，是指基于复杂的综合的虚拟现实

（简称 VR）技术系统、人工智能（AI）所从事的活动或行为。

（2）虚拟实践的功用类型

在虚拟现实系统中进行的复杂型虚拟实践，有着极其宽泛的内涵，可根据其目的、功用上的不同分为仿真性虚拟实践、设计性虚拟实践、探索性虚拟实践和创造性虚拟实践等具体形式。

（3）虚拟实践的指向性类型

现代虚拟作为一种数字化的存在，有着三种不同形式：一是对实存事物的虚拟，即对象性的虚拟或现实性的虚拟；二是对现实超越性的虚拟，即对可能性或可能性空间的虚拟；三是对现实背离的虚拟，这是一种对现实而言是悖论的或荒诞的虚拟，即对现实的不可能的虚拟。与此相对应，根据虚拟向度的不同可以将虚拟实践划分为指向现实性的虚拟实践、指向可能性的虚拟实践和指向不可能的虚拟实践。指向性不同意味着它们超越现实的程度不同，因此上述三种虚拟实践在层级上也就相应地属于低级、较为高级和高级三个级别。

对虚拟实践可以从不同的角度，依据不同的标准来进行划分。上述的划分只是其中的几种，同时，这种划分也是相对的，它们在内容上可能是交叉的。对虚拟实践进行多角度的划分，有助于我们更好地去认识虚拟实践。

3. 正确把握虚拟实践

虚拟实践的崛起，以及对人的生存方式、思维方式、价值观念和生活方式等产生的影响，都成既然的事实，不容被怀疑和否定。但在认识上，把它纳入实践传统理解的框架，否认它属于一种新的实践形式的思想还大有人在。否认虚拟实践新特质的存在，将它完全纳入传统理解框架，这是对实践本身理解不正确所致。由于种种原因，马克思主义哲学的实践观长期受到曲解，致使实践活动的完整本质遮蔽不明。如在实践的外延上，把实践狭隘化，看不到它的多样性，只把"物质生产"活动视为实践，对"物质生产"的理解，又只强调它对"外部世界"的改造作用，而对那些非直接地改造客观世界的活动如科学实验、交往实践等则有不同程度的忽视。在实践向度上，看不到实践是一个双向对象化的过程，或只把它作主体客体化单向度的理解，或只看到客体主体化的一面。在实践的内涵上，只把实践看作是主体和客体之间物质、能量的变换过程，而忽视了它也是一个信息交换的过程。上述分析表明，在实践问题上的错误理解、片面理解，必然会导致对虚拟实践的错误理解，甚至把虚拟实践排斥在实践范围之外。因此，我们只有彻底消除对实践理解上的片面化、凝固化、单一化倾向，彻底摆脱把实践作传统式理解的窠臼，才可能全面、准确地理解实践的本质，才可能深刻地理解虚拟实践本质。

第三节　创新实践是人类实践的高级形式

之所以说创新实践是人类实践的高级形式，主要是相对于常规实践而言它具有这样两个方面来的优势：一是它构成整个人类社会发展的原动力，二是它充分彰显了人的创造本性和实践的能动特征。

一、创新实践构成社会发展的原发动力

虽然常规实践最初也是由创新实践转化而来的，但从横向看，创新实践始终是伫立于潮头，引领着实践的发展趋向，担负着常规实践所不能解决的重任，构成人类社会发展的原发动力。

人们对于实践基本形式的把握，一般是根据其活动的领域和对象的不同而划分为生产实践、交往关系实践和科学试验。这是偏重于从实践的不同领域的平行划分，而对于实践自身的质的规定性则缺乏分析和区分。这种划分法有其合理性，但在当代，当技术创新、制度创新和知识创新已经成为推动经济发展和社会进步的强大动力时候，如果还不对实践的质的规定性加以区分，那么我们的理论显然会由于落后于时代而缺乏解释力和引导力。实际上，无论是生产实践、交往实践还是科学实验，它们都有常规性实践和创新实践之分，因此，也就相应有了各自的创新实践形式即技术创新、制度创新和知识创新。说创新实践是人类实践的高级形式，正是通过它们得以体现出来。

1. 技术创新是生产实践的高级形式

生产实践是处理人与自然关系的实践活动，其发展水平是通过生产力发展状况体现出来，其中生产工具是其典型标志，而生产工具又是作为一定阶段的科学技术的物化形态。由此可知，在实践水平、生产工具、技术水平和生产力发展状况之间是一种互促互进的正相关的关系。当我们在肯定生产实践是人类最基本的实践活动的时候，实际上也就肯定生产力是社会发展的最终决定性力量。然而，当进一步追问生产实践和生产力本身又是如何发展的时候，我们会发现，创新实践成为其原动力；不可否认重复性的常规生产实践，对于生产力的量的扩张，对于维系人类的生存和发展，是不可或缺的，但是，若仅仅停留在常规生产实践的水平上，就不可能有生产力水平的提高和人类社会的进步，技术创新通过新发现、新发明、新创造，实现了生产实践质上的飞跃，使生产力成为最活跃最革命的力量。[①] 因此，我们在肯定生产实践和生产力在社会发

---

① 庞元正. 从创新理论到创新实践唯物主义 [J]. 中共中央党校学报，2006 (6)：18-23.

展中的动力作用的同时，还必须肯定技术创新是生产实践的高级形式，是不断提高生产力水平的根本途径。

2. 制度创新是社会交往实践的高级形式

与生产实践不同，社会交往实践是处理人与社会关系方面的活动，主要是调整和处理生产力与生产关系、经济基础与上层建筑相互关系的实践活动。生产实践所直接关涉的是人与自然的关系，但是它是以人与人结成的社会关系为中介的。因此，生产实践不能脱离社会交往实践孤立进行。常规性的社会交往实践具有维持社会的正常秩序、保证生产实践的正常进行的功能，但是，借此则不能解决生产关系与生产力发展不相适应、上层建筑与经济基础发展不相适应的矛盾。为了使生产力的发展不受阻碍，此时进行制度创新就十分有必要了。通过制度创新破除或改革不适应生产力发展需要的生产关系（或根本制度、或体制层面）和上层建筑，建立能够促进生产力发展的生产关系和上层建筑，才会解放和发展生产力。因此，制度创新是社会交往实践中最能对社会发展产生促进作用的部分，正是从这个意义上讲，制度创新是社会交往实践的高级形式，它意味着生产力与生产关系、经济基础与上层建筑矛盾在不同的程度上不断地得到解决。①

3. 知识创新是科学实验的高级形式

这里的知识创新既涵指自然科学知识的创新（科学发现）也包括社会科学知识的创新（理论创新）。科学实验是一种以观察、实验和建立科学理论为内容的探索性实践活动，是实现知识创新的重要途径，为人类认识世界改造世界提供强大的动力。"虽然科学实验具有探索性、风险性和不确定性，但如果不能做出知识创新，科学实验还没有达到预期目的，还不能转化为人类认识世界改造世界的成果；通过知识创新可以纠正错误的理论，超越旧有的理论，创立新的理论，深化对原有规律的认识，揭示出新的自然界和社会发展的规律，从而为生产实践和社会交往实践提供强大的思想武器和理论指导。"② 所以说，知识创新是科学实验的高级形式。

不仅技术创新、制度创新、知识创新分别是生产实践、交往实践和科学实践的高级形式。而且，其他一切创新实践都是其相应领域实践活动的高级形式。

二、创新实践充分彰显了人的创造本性

马克思之所以强调实践在哲学和现实生活中的重要地位，主要是因为实践

---

① 庞元正. 从创新理论到创新实践唯物主义［J］. 中共中央党校学报，2006（6）：18-23.
② 庞元正. 从创新理论到创新实践唯物主义［J］. 中共中央党校学报，2006（6）：18-23.

充分体现了人的类本质——自由自觉的活动，体现了人类满足需要的特殊方式。相对于重复实践或常规实践而言，创新实践更集中体现了人及其实践活动主动性和创造性。

1. 创新实践不断生成着人的本质

人源于动物，又高于动物。人之所以为人，就在于它具有一切其他自然物或动物所不具有的新质。对此，马克思曾指出："人的类的特性恰恰就是自由的自觉的活动。"① 这表明人是作为实践的主体而存在，人的主体性、创造性、能动性规定着人的类本质。马克思指出："通过实践创造对象世界，改造无机界，人证明自己是有意识的类存在物，就是说是这样一种存在物，它把类看作自己的本质，或者说把自身看作类的存在物。"②"这种生产是人的能动的类生活。通过这种生产，自然界才表现为他的作品和他的现实。因此，劳动的对象是人的类生活的对象化：人不仅像在意识中那样在精神上使自己二重化，而且能动地、现实地使自己二重化，从而在他所创造的世界中直观自身。"③

在这里，马克思把生产看成是人的能动的类的生活，把通过实践创造对象世界、改造自然界看作是人作为有意识的类的存在物的标志。人的实践之所以不同于动物本能活动，关键在于它的自觉的能动性和创造性。作为人的类特性的自由自觉的活动，其本质、核心在于人的主动性、创造性。因此，"自由自觉的活动"实质上是一种有意识的超越的、创造性的劳动，人的本质正是通过创新实践活动不断生成着。

2. 创新实践不断满足又创生着人的新的需要

人首先是对象性有生命的存在物。"人只有凭借现实的、感性的对象才能表现自己的生命"④，而有生命的存在物的特点就在于它有需要。人的需要是人的本质的一个方面，马克思说"需要是本性"。人的需要是异常丰富的，不仅有着多样的物质需要，而且还有着丰富的精神追求。人的需要是客观的，丰富的，但自然界不能直接满足人的这些需要。正如列宁所说的，世界不能满足人，人决心以行动改变世界。这个行动就是人的创新实践。人通过创新实践这种方式将物质世界蕴含的那些满足自己需要的可能性的对象（创新对象）转化成现实的存在物。因此，一方面，人的需要本性规定着创新的动因；另一方面，人类又通过创新去满足需要，同时，又在满足需要中产生新的需要。正如

① 马克思恩格斯全集（第42卷）[M].北京：人民出版社，1979：96.
② 马克思恩格斯文集（第1卷）[M].北京：人民出版社，2009：162.
③ 马克思恩格斯文集（第1卷）[M].北京：人民出版社，2009：163.
④ 马克思恩格斯文集（第1卷）[M].北京：人民出版社，2009：210.

马克思所说的："已经得到满足的第一个需要本身，满足需要的活动和已经获得的为满足需要而使用的工具又引起新的需要。"① 对于一般性的需要，人们通过常规实践的方式是可以得到满足的，但是，常规实践只能满足需要在量上的扩张，却无法满足人的需要在质上的提升，而且从需要的量的方面来说，它也无法满足超过其创造能力的更多的需要。这表明，对于人的那些新的需要，常规实践是无法满足的，只有通过创新实践去满足。如此，需要—创新实践—满足—新的需要将无限地循环互动下去。可见，对于无限丰富的和无限发展着的人类需要来说，创新实践才是在量上和质上满足其需要的最根本途径，也正是通过创新实践，人类才能在这种需要—满足—新的需要—新的满足的互动过程中得以提升和发展。

第四节　创新实践是当代社会实践的主导形式

如果说创新实践是人类实践的高级形式，主要是从其质上来说的；那么说创新实践是当代社会实践的主导形式，则主要是从其量上来说的，即从其发展速度、引领方向、影响力度等方面说的。

一、创新实践已成为当代社会自觉普遍的行为

创新实践不仅是人类产生的前提，而且也是人类生存和发展的动力。回顾人类创新的历史可以看出，虽然创新实践始终与人类相伴随，但在资本主义制度确立以前相当长的历史时期中，只是作为人类的一种自发行为偶然地发生，日常的重复性的实践构成了人们生活的主要内容。日出而作、日落而息，人类在生产方式、社会交往方式上，几乎是千年不变。创新实践只能在狭小的范围内和孤立的地点上缓慢地进行着。自给自足的自然经济和日常的重复性的实践限制了人们的视野、束缚了人们的思想，以致笃信"太阳底下无新事"之信条，恪守"天不变道亦不变"为至理。虽然也不乏有一些关于对创新的认识，但还不具理论形态，还只是对创新不自觉反映的结果。

近代以来，随着工业革命的开始、资本主义制度的确立，创新实践才开始进入人类科学研究的视野，进而为人类社会所普遍关注。于是，关于创新实践的理论也纷纷提了出来。人们不仅认识到创新在整个社会生活中的重要性，而且也纷纷在各个领域中从事创新实践。特别是在国际竞争日益加剧的

---

① 马克思恩格斯选集（第1卷）［M］. 北京：人民出版社，1995：32.

当代，许多国家为了在激烈的竞争占据有利地位，纷纷把创新看成是竞争制胜的不二法门。他们制定创新战略，建立国家创新体系，力争成为创新型国家。于是，一股以技术创新、制度创新和知识创新为主要形式的浪潮开始兴起，席卷全球。创新已成为 21 世纪的时代精神，创新实践已成为当代社会实践的主导形式。

二、创新实践呈加速度发展趋势

从总体上看，创新实践，在近代以前，呈现为动力不足、水平不高、规模狭小、周期漫长、不自觉的偶然发生等特点状况。工业革命以来，创新的频率开始加快，周期不断缩短、规模不断扩大，创新成果纷繁迭出，令人目不暇接。

从技术创新情况看，有数据显示：18 世纪，技术创新的周期大约需要 100 年；19 世纪，这一过程缩短到 50 年；在 20 世纪二战前为 20 ~ 30 年，战后降为 7 年。[①] 有人统计，作为第一次产业革命标志的蒸汽机，从发明到应用经过了 80 年；作为第二次产业革命标志的电动机，从发明到应用经过了 61 年；20 世纪初的收音机，花了 30 多年；20 世纪 70 年代的微电子技术，只用了 15 年；20 世纪 90 年代以来，微型计算机领域半年就有一代新产品问世；美国技术进步研究所的研究结果显示，1990 年美国公司推出一项新产品需要 35.5 个月，而 1995 年这一过程只需 23 个月。[②]

从知识创新看，科学发展的速度正按指数增长的规律进行。据有关资料表明，1750 年—1900 年的 150 年间，知识积累量翻了一番；1900 年—1950 年，50 年又翻一番；1950 年—1960 年，10 年又翻一番；1960 年—1992 年，每 5 年翻一番；到 2020 年，每 73 天就要翻一番；近 30 年来全世界所创造的知识，相当于人类在此以前 2000 年文明所创造的总和。[③] 与此同时，知识更新的速度也在加快。据统计，18 世纪初，科学知识更新周期为 80 ~ 90 年；19 世纪末到 20 世纪初缩短到 30 ~ 40 年；二战后，这一周期又缩短到 15 年，个别前沿学科只有 5 ~ 10 年。[④]

从制度创新看，如前所述，当今在广大发展中国家，普遍存在着制度缺陷，技术进步、经济增长和社会发展因此缺乏动力和保障机制。在这种情况

---

① "产业技术进步中的公共财政政策"课题组. 全球技术进步的总体趋势、产业特征及各国政策走向 [J]. 中国工业经济，2001（11）：9–17.

② "产业技术进步中的公共财政政策"课题组. 全球技术进步的总体趋势、产业特征及各国政策走向 [J]. 中国工业经济，2001（11）：9–17.

③ 杨麻. 学习是克服恐慌的最好办法 [N]. 人民日报海外版，2003–02–21（2）.

④ 吕献海等. 知识爆炸——高科技与知识经济 [M]. 北京：科学普及出版社，1999：58.

下，制度就成为社会进步的"瓶颈"，制度创新就显得尤为重要。不仅在发展中国家，而且就发达国家而言，科学技术的进步使得传统的经营管理模式发生了根本性的变化，也需要积极进行制度创新，以保证经济增长和社会发展。面临当前国际上日益激烈的综合国力的竞争，对正在实现社会主义现代化的中国来说，创新的意义更为重大。正如江泽民同志所指出的，创新是一个民族进步的灵魂，是一个国家兴旺发达的不竭动力，也是一个政党永葆生机的源泉。通过制度创新，不仅可以降低生产的交易成本，为经济提供服务，为合作创造条件，提供激励机制、外部利益内部化等功能对技术进步作贡献，从而间接推动经济增长和社会发展，而且还可以直接促进经济增长和社会发展。可见，社会制度、社会生活、社会意识形态的改革、革新、创新已经成为当代社会发展带有普遍性的迫切要求。

三、创新实践引领着当代社会实践的发展方向

说创新实践成为当代实践的主导形式，还表现在它对常规实践的引导示范作用增强，决定着当今时代社会实践的发展方向。

从生产实践看，技术创新引领着生产实践发展方向。一个社会总是同时存在两种生产：一种是满足人的日常生活需要的重复性生产或实践，一种是创新生产或实践。从生产主体上看，从事前一种生产的人要远远多于从事后一种生产的人。尽管从事后一种实践活动的人数虽少，但是他们通过技术创新将其成果运用于生产显示出具有较大的价值前景（较高的生产效率和较高的利润回报率）的时候，技术创新就会通过现代专利制度有偿转让或引进方式，迅速地扩散开来。这种现象起初只是在一个企业内部，随后便扩展到同一部门，再进一步由国内扩展到国外。技术扩散的结果是新工艺设备淘汰原有的工艺设备，新产品不断扩大市场，淘汰原有的产品。现代的高新技术如信息技术、生物技术、纳米技术、海洋技术等技术创新的新成果，被迅速推广到生产实践中，就会很快发展成为一个地区、一个国家的高新技术产业群或产业链，同传统产业相比，它们显示出蓬勃旺盛的生机，故有"朝阳产业"之称。技术创新与扩散是一个创新生产不断更新和取代原有生产的过程，也是一个随着技术创新被不断地推广，技术创新实践随之转化为重复进行的常规实践。技术创新正是通过这种转化扩散机制，发挥着它的示范和引导作用，如同伫立潮头的舵手，始终引领着实践的方向，成为生产实践的主导形式。

从社会交往实践看，制度创新引领着社会交往实践的发展方向。当今的全球化过程实际上就是多种制度创新的过程。有学者把当代全球化制度创新的主要表现归结为这样几个方面：第一，市场体制的普遍建立成为当代全球化制度创新的核心内容；第二，世界贸易组织的建立是当代全球化制度创新的主要表

现和重大成就；第三，跨国公司的组织模式为全球化时代世界性生产和商业运行奠定了基础。① 在全球化大潮的影响下，作为发展中国家的中国，开始通过改革开放而融入其中。社会主义市场经济体制的创立就是一项伟大的制度创新，而家庭联产承包责任制、管理扁平化、电子政务、电子商务、非政府组织等的大量出现则是社会具体制度或社会组织形式的创新。总之，全球化与制度创新密不可分，制度创新成为当代全球化的重要特征和主要内容，并成为全球化持续发展的动力源泉。

从知识创新实践看，知识创新正引领着当今科学发展的方向。知识创新引导科学实践，一般是通过创立新的范式、提出新的概念而实现的。对此，库恩在其所著《科学革命的结构》对此给予了深刻揭示，并把科学创新视为一场"范式革命"。又如系统论的创立者贝塔朗菲、控制论的创立者维纳、信息论的创立者香农等，他们都是通过提出新的科学概念，提供新的科学范式，实现了知识创新，并使系统论、控制论、信息论在自然科学和社会科学等不同领域中得到广泛应用。信息科学的创立，不仅开辟了人类社会发展的新时代——信息时代，而且也引起了多个学科的创新。可见，知识创新不仅构成科学本身发展的动力，而且还引领着科学发展的方向。

四、创新实践成为破解当代人类生存和发展困境的决定性力量

创新实践之所以能够成为当代社会实践的主导形式，更为根本的原因在于只有创新实践才能破解当代人类发展的困境。当代人类发展的困境就是如何解决"全球问题"。对于"全球问题"，罗马俱乐部的发起者和首任主席、意大利著名企业家和社会活动家 A. 佩切伊曾经列出这样一些："失去控制的人口增长，社会的沟壑和分层，社会的不公平、饥饿和营养不良，广泛的贫困和失业，对增长的狂热，通货膨胀，能源危机，现实的和潜在的资源匮乏，国际贸易和货币瓦解，保护主义，文盲和不合乎时代的教育，青年的反叛、异化，难以控制的扩张和城市衰退，犯罪和吸毒，暴行的爆发和新式的警察残酷、拷打和恐怖主义，对法律和秩序的藐视，愚蠢的核行动，制度的无效和不健全，政治腐败，官僚主义，环境恶化，道德价值的下降，信念丧失，不稳定感等等。"② 这些问题，可以看成一方面是人类需求的无限性与自然资源的相对有限性之间的矛盾的突出表现，另一方面是生产力与生产关系的矛盾运动的复杂性表现。困境之所以被称为困境，从某种意义上讲，是指按常规实践的方式是无力解决的问题。解铃还须系铃人，在生存和发展中

① 李琼. 经济全球的新发展 [J]. 世界经济, 1996 (11)：6-8.
② 王兴成，秦麟征. 全球学研究与展望 [M]. 北京：社会科学文献出版社, 1988：4.

遇到的困境，只能通过发展自身的创新实践才能解决。江泽民指出："没有创新，就没有人类的进步，就没有人类的未来。"① 习近平也深刻地指出："创新是一个民族进步的灵魂，是一个国家兴旺发达的不竭动力，也是中华民族最深沉的民族禀赋。在激烈的国际竞争中，惟创新者进，惟创新者强，惟创新者胜。"②

1. 技术创新是破解当代人类发展困境的根本动力

上述人类困境，很大一部分是由于没有处理好人与自然的关系，所以，才导致资源紧张、环境危机。通过技术创新，我们不仅可以全面深刻地认识自然以及人类活动对自然界可能产生的潜在影响，从而去制定和选择环境与发展的政策，而且还可以提高现有资源和能源的利用率，实现资源的可持续与循环利用以及寻找和开发新的资源和能源。这正如世界资源协会主席詹姆斯·斯佩思所说的："我们必须抛弃 20 世纪的技术，并迅速采纳 21 世纪的技术；过去我们环境的死敌——科学技术，必将成为朋友，只有科学技术才能拯救我们。"③

2. 制度创新是破解当代人类发展困境的直接动力

技术创新与制度创新既相互促进又相互制约。技术创新不能脱离特定的制度环境进行，科技成果的转化及其力量的发挥，都受特定的经济、政治和社会制度的影响与制约，从根本上取决于社会制度能否实现不断的变革与创新。正是在解决资源枯竭和生态危机的实践中，使世界各国以及非政府组织积极行动起来，召开国际会议，协商解决对策，签署共同宣言，制定新的原则、制度，有效地遏制住这类危机进一步加深的势头，引导发展逐步走向健康轨道。上述人类困境也有部分是由于不合理、不公正的社会制度和国际政治秩序所导致的。这就需要或者通过根本制度的创新（社会革命）确立新的社会制度才能从根本上解决，或者通过体制创新（社会改革）实现体制的转换，以消除生产力发展的制度性障碍，促进生产力的发展。例如，我国通过经济体制改革，实现了高度集中的计划经济体制向社会主义市场经济体制过渡；通过政治体制改革，推进党内民主和社会民主、完善共产党领导的多党合作制度、实施依法治国的治国方略等；在国际上，通过南北对话、南南合作等方式以消除不发达国家的人口、贫困等，都充分说明了只有通过制度创新才能真正解决人类发展的困境。

3. 知识创新是破解当代人类发展困境的强大精神动力

我们正处在知识经济时代，知识创新在加速发展。联合国教科文组织的一

① 中共中央文献研究室. 江泽民·论科学技术［M］. 北京：中央文献出版社，2001：216.
② 中共中央文献研究室. 习近平关于科技创新论述摘编［M］. 北京：中央文献出版社，2016：3.
③ 胡铁成. 知识经济全书（上）［M］. 北京：中国地质出版社，1998：153.

项研究指出：在信息通信技术的推动下，人类知识更新速度在不断加速。在18 世纪时，知识更新周期为 80~90 年；19 世纪到 20 世纪初，缩短为 30 年；20 世纪 60~70 年代，一般学科的知识更新周期为 5~10 年；而到了 20 世纪80~90 年代，许多学科的知识更新周期缩短为 5 年；进入 21 世纪，许多学科的知识更新周期已缩短至 2~3 年。知识创新也为技术创新和制度创新提供理论指导和智力支持。通过知识创新，人们认识世界、改造世界的能力不断提高，而且价值观念也从征服自然、统治自然到与自然和谐相处、协调发展的转变，从而体现出促进社会可持续发展的强大精神动力。通过知识创新，带动一批高新技术产业的崛起，从而为人类解决困扰发展的人口、资源和环境等难题找到了解决的可行性途径。

综上可知，对于创新实践，无论是从其发展速度、规模方面，还是从其引领实践方向、解决人类困境等方面，都充分说明了它是当代社会实践的主导形式。

第四章　确立科学的创新实践观

创新实践观是对创新实践的总体认识和概括反映，也是对马克思主义实践观的深化。确立科学的创新实践观既要以马克思主义哲学尤其要以实践观为理论基础，科学地把握创新实践的辩证本性，同时又要立足当代，面向未来，反映创新实践、形成创新意识。

第一节　创新实践的辩证本性

创新实践具有辩证本性，这种辩证本性，不仅是指它与常规实践是辩证统一的，而且还意味着它具有悖论性质和自我否定的性质。

一、创新实践与重复实践的辩证统一

对于"创新实践"，人们习惯于将其与"创新"等同视之，其实两者是有区别的：首先，创新的外延较广，它不仅包括创新活动还包括创新意识（认识、思维）；创新实践则不是驻足于主体脑海中奇思妙想、虚拟想象等纯粹的观念活动，而是将其进一步对象化和外化的现实活动。其次，创新专指其结果对主体的积极肯定效应，而创新实践对其结果不做专门规定，既涵指其积极肯定的效应，也包括其消极否定的效应。

创新实践是相对于重复实践（常规实践）而言的，两者为辩证统一的关系。首先，创新实践与重复实践是相互对立的。这种对立表现在：一是性质的不同。重复实践是指那些运用事物已被发现了的规律、属性和关系，按照先前的规则重复进行的实践活动；而创新实践则不是按照既有的原来的目的、活动方式进行的，是一种无论在目的、手段或结果上都具有新异性的实践活动。二是功用不同。重复实践体现了人类实践的继承性和延续性，没有它，人类的文明成果就得不到累积和巩固，从而也就失去了存在和发展的基础；创新实践则体现了人类实践的超越性和创造性，它不仅能够拓展人类认识世界的深度和广度，而且更能够去改造世界满足人类社会需要。① 其次，创新实践与重复实践

---

① 周甄武. 论"创新实践"的本质及其提出的依据 [J]. 淮南师范学院学报，2011（1）：44—45.

又是统一的。这种统一表现在：其一，两者作为矛盾的对立面是相互依存的。没有重复实践又哪来的创新实践？反之，没有创新实践又何谈重复实践！正所谓相反者相成。其二，两者相互包含、相互渗透、相互促进。一方面，创新实践是在重复实践中孕育而成的。人们在重复实践过程中，往往会按照自己的需要，加上一些想象和联想，对实践过程进行修正，对实践结果进行改进。当这种修正和改进达到一定程度时，就必然导致创新实践的产生。[①] 另一方面，创新实践中也包含着常规实践的某些因素。创新实践的产生不是突兀而来的，总是在重复实践基础上进行的。正是人们在重复实践中遇到了新问题需要解决而又无力解决时，才会激发人们勇于去创新，从而才能寻求突破。而创新实践的进行和展开也必须借助重复实践所提供的技术手段和实践经验。其三，两者又是处于不断转化之中的。一方面，重复实践是创新实践产生的基础；另一方面，创新实践又是常规实践的源头，常规实践是从创新实践转化而来的，最初也是创新实践。创新实践完成以后，又成为常规实践的起点，并在此基础上又开始进行实践创新。而促成这种转化的内在动力就是在不断发展变化之中的主体需要。重复实践只能满足主体在一定时期和一定范围内的特定需要，不能实现主体新的需要。新的需要只有通过创新实践来实现。需要—满足—新的需要的不断循环递升，最终促进人类实践不断地从创新实践—常规实践—创新实践交替和转化。[②] 纵观整个人类的历史，无不是上述两种实践活动贯穿其中的历史，而且不断生成、制约和促进着我们人类现实的物质的精神的生活内容。

二、创新实践效应的悖论呈现

创新实践从其结果上看，表现为集建设性与破坏性、肯定性与否定性、主体性与反主体性、正效应与负效应于一身的悖论倾向。

研究实践效应问题离不开对实践结果的考察。实践结果与实践效应密切相关的两个概念，易于混同，需加甄别。一方面，"实践结果"是对实践活动所引起、带来和产生的新的变化的一种客观描述，而实践效应则是对由实践活动的结果对一定主体产生现实作用的效用关系、利害关系的价值评判。另一方面，它们又是相互关联的。没有实践，就没有实践结果；而没有实践结果，也就谈不上实践效应问题。

实践是人的一种有目的的客观的对象性活动，它构成了人的生存方式、发展方式和表现方式。人的主体性就存在于这样一种实践活动当中，人的主体地位实现和确立的过程就是人的本质力量对象化的过程。创新实践最能体现主体

---

① 周甄武. 创新实践的辩证本性［J］. 晋中学院学报，2015（2）：22-25.
② 周甄武. 创新实践的辩证本性［J］. 晋中学院学报，2015（2）：22-25.

的能动性和创造性，一切实践最初都是创新实践。人正是通过创新实践，把自己从自然界分化出来，将一个纯粹的"自在世界"打上了人的意志的烙印，灌注了人的本质力量，变成了"属人世界"。而这个作为实践结果的属人世界反过来又会对人产生重大影响，这种影响分为两种情况：一种是对主体产生积极的、肯定的、有利的作用，一种是对主体产生消极的、否定的、有害的作用。对于前者可称之为为实践的正（态）效应，对于后者可称之为实践的负（态）效应。实践的正效应表明，人在这种实践中不仅使自己的主体性得到了发挥，而且在结果中又使自己的本质力量得到了确证，因而是肯定主体性的。实践的正效应不仅是人类改造自然、调整人与自然关系的基础和动力，而且还是社会存在和社会发展的基础和动力，同时也是提高主体素质、认识和实践能力的基础和动力。

实践的负效应表明，人在这种实践过程中不仅不能使自己的主体性得到发挥，而且实践结果也不能使自己的本质力量得到确证，却反过来成了压抑、束缚、报复和否定主体、不利于人类的生存和发展的一种异己性力量，因而是反主体性的。这种效应在自然领域，表现为对生态环境造成极大的破坏，引发生态危机；在社会经济领域，表现为对社会生产力的巨大破坏，社会危机频繁发生；在人身上，表现为人性的扭曲和异化；在认识领域，表现为颠倒是非曲直，否定真理的标准；在精神领域，表现为各种黄色、暴力的书刊音像制品的泛滥，充斥市场，严重侵蚀青少年的心灵，影响其健康成长。①

创新实践正负效应并存，本来是早就存在的客观事实。经典作家很早就注意到了。马克思曾经指出："在我们这个时代，每一种事物好像都包含有自己的反面。我们看到，机器具有减少人类劳动和使劳动更有成效的神奇力量，然而却引起了饥饿和过度的疲劳。财富的新源泉，由于某种奇怪的、不可思议的魔力而变成贫困的源泉。技术的胜利，似乎是以道德的败坏为代价换来的。"②恩格斯也曾经指出："文明是一个对抗的过程，这个过程以其至今为止的形式使土地贫瘠，使森林荒芜，使土壤不能产生其最初的产品，并使气候恶化。"③

可是，长期以来，由于人们思维的片面性，对于创新实践往往习惯于从其产生正效应这一单一视角来理解它。认为实践不仅是认识世界、改造世界的根本途径，而且也是人类生存发展的基本方式，故在人们心目中享有崇高的地位，具有天然的合理性。再者，实践的负效应与实践的正效应是成正比的。早期的人类创新实践影响力相对较小，其产生的负效应并不显著。然而到了当

① 李景源. 马克思主义哲学与现时代 [M]. 北京：中国社会科学出版社，2018：300.
② 马克思恩格斯选集（第1卷）[M]. 北京：人民出版社，1995：775.
③ 恩格斯. 自然辩证法 [M]. 北京：人民出版社，1984：311.

代，情况则有所不同。各种创新实践影响力空前增强，产生的负效应也就相对显著；同时，以往人类实践负效应经过世代累积而凸显，从而形成了规模大、关联性强、危害十分严重的全球性问题。由此，人们才开始意识到自己的实践所造成的否定性的严重后果，才意识到全球问题与人类实践之间的因果联系，才意识到实践所具有的悖论性质。

对于创新实践效应的悖论情况，还应做具体分析。首先，创新实践正负效应并存，如影随形，是就人类实践总体而言的。具体到单个主体或群体主体的某一次实践并不尽然，有可能就是一个正效应的实践，也有可能就是一个负效应的实践。其次，创新实践正负效应影响程度在人类历史的不同阶段表现不同。一般说来，随着社会的发展，这种影响程度在不断加大加深。在传统的农业社会，由于人类的主体能力（认识能力、实践水平）还不强，故其主体性效应也不大，与之相应的是其反主体性效应也不甚显著，彼此间的冲突也不激烈。近代以来，在科学技术革命的推动下，人类创新实践水平空前提高，主体性得以充分彰显甚至膨胀，随之而来，实践的负效应也空前加剧。第三，创新实践正负效应并存，并不意味着将两者半斤八两，等量齐观。尽管在人类社会初成之际，从创新实践发挥作用之始，实践正负效应就同时产生了，但从总体上看，实践的正效应是主要的，否则社会便不能发展，人类文明也不能进步。虽然在人类历史上的某个阶段或某个局部范围内，消极的实践、实践的负效应占据主导地位，但这只不过是人类社会发展史的总进程中的迂回和曲折罢了，那种片面夸大实践的负效应，怀疑实践、否定实践的倾向和消极悲观心理应该摒弃。而那种只看到实践正效应而无视实践负效应的存在，夸大实践的正面价值，导致对无理性的实践的盲目乐观态度同样是不可取的。第四，坚持实践正负效应评价标准的相对性和绝对性。从主体的视角看，尽管实践效应作为一种客观存在，不受人们的意志所左右，但在不同时代，不同阶级、阶层、集团和个体，囿于自身的立场、利益和认识所限，会对实践效应作出不同的评价，这一方面反映了正效应和负效应区分的相对性，另一方面体现了价值的随主体性特征，但这并不能否定它们各自在本性上的内在差别和区分的绝对性。从整个人类和历史发展的角度来审视，实践结果的正效应和负效应的区分，无疑是有客观的、公认的标准的。这就是看是否有利于人类的生存和发展、是否有利于人类文明的进步、是否有利于人和自然的和谐统一。"是"者，即为正态效应，"否"者，即为负态效应。①

创新实践效应的悖论情况存在，验证了实践正负效应统一律的客观必然

---

① 李景源．马克思主义哲学与现时代［M］．北京：中国社会科学出版社，2018：300．

性，凡是有人类社会实践发挥作用之处，实践总是表现为正负两重效应，即实践不仅为人类带来改造世界的利益，而且同时还会产生这样或那样、或大或小的负作用、损害。尽管有时实践的负效应因素微小到可以无需计量的程度。①

三、创新实践的自我否定

创新实践负效应的空前凸显，促逼人们开始对自身活动进行深刻反思。通过反思，人们认识到，创新实践不仅其结果有正负效应的悖论性质，而且还有一定的不合理性，而不合理的创新实践最终是要被新的实践所取代，由此，形成了创新实践的自我否定运动。这是一个由合理的创新实践不断地去否定不合理的创新实践的运动过程。

那么，何谓合理性的创新实践呢？对此问题的回答关涉对"合理性"的理解，而对"合理性"的理解前提是理解"理性"。何谓理性呢，这是一个歧义纷呈的概念。如有研究者将其归结为四个方面的含义：一是在本体意义上，理性与物质性或动物性相对应，指的是一种特殊实体，具有非凡特质；二是在认识意义上，指的是人所具有的一种超越动物的认识和适应环境的能力；三是在行为意义上，指的是人的一种约束能力和规则；四是在价值意义上，指的是人类对有意义、有价值生活向往和期望。② 对理性的反思和理解中，最具影响力的莫过于马克斯·韦伯提出的"工具（合）理性"和"价值（合）理性"之判别。在韦伯看来，"所谓工具理性指的是基于目的的合理性，是对实现目的所运用的手段的评估，预测由此产生的后果，并在此基础上追求预定的目的"；"所谓价值理性指的是一种信念和理想的合理性，实现这种信念与理想的手段也必须是符合价值的。"③ 要言之，"工具理性"重视理性的工具性，强调理性作为手段的实用性和有效性，注重规律性、逻辑性的重要性；"价值理性"重视理性的价值性，注重目的本身的合理性，主张从人的价值、利益、手段及边际条件等方面考察目的合理与否。人类历史早期，无论东方还是西方都侧重于价值理性的张扬，近代以降，价值理性式微，工具理性强势登场，成为支配社会的中坚力量，由此也带来了严重的社会后果，致使科学主义和人文主义在两者之间各执一端。

事实上，无论工具理性（技术理性）还是价值理性（伦理理性）归根结底均源自人的认识和实践活动，它们是人的本质力量的一种观念形态，是人认

---

① 崔自铎. 认识论探索［M］. 北京：中共中央党校出版社，1997：145.
② 崔自铎. 认识论探索［M］. 北京：中共中央党校出版社，1997：145.
③ ［德］马克斯·韦伯. 摆脱现代社会两难困境［M］. 沈阳：辽海出版社，1999：176-177.

识把握世界、创造人类生活的主体能动力量，是人在类本质方面的重要特征，是人具有的一种自觉意识和能力。① 它们之于人类创新实践犹如鸟之双翼、车之双轮，缺一不可。两者对立统一，共同构成实践活动的内在矛盾及其运动。只有坚持工具理性和价值理性的统一，才能形成对人完整本质的认识，才能实现对创新实践合理与否的正确评价。

人类之所以在理性上有工具和价值之分，主要是源于让人的需要的二重性：人不会仅仅满足于获得物质生活资料维持自己的生存，而且还需要考虑人生的目的及意义来求得精神上的慰藉。这两方面的需要体现在人的观念中就是手段方法的追求和目的意义的追求，这两方面的追求决定了人的认识和实践同时受到工具理性和价值理性的支配和范导。②

坚持在创新实践合理性标准上的工具理性和价值理性的统一与坚持创新实践的合规律性和合目的性统一上是一致的。一方面，合规律性是指任何一种创新实践首先都要遵循实践对象本身的内在必然性即种的尺度或物的尺度，否则便不能成功，实现其目的，这也表明人的实践活动受工具理性的支配、规约和范导。另一方面，人在遵循客体尺度进行创新实践的同时，也把自己内在尺度即目的、需要、本质力量运用到客体对象上去，按照两个尺度的统一改变外部对象的现成形式和规定，创造出现实中既不现成存在、也不会自然产生的具有符合于人的需要的形式和规定的客体。这表明人的实践活动又受价值理性的支配、规约和范导。任何成功的、具有创造性的、合理的创新实践，都必须是既遵循客体尺度，又遵循主体尺度的，是既合规律的又合目的的。

人类实践所实现的合规律性和合目的性的统一，不仅体现了工具理性与价值理性的统一，而且也体现了真、善、美的有机统一。人不仅按照自己的"内在尺度"和物的"外在尺度"来改造世界，而且也应"按照美的规律来塑造"世界。③ 实践是人的本质对象化的过程。通过实践，人创造出一个对象化的属人世界。这个属人世界既是人们将其已经掌握了的真理的对象化，因而体现了"真"；又是将人的内在尺度、人的目的及体现目的的计划、理想等融入其中，产生了对人有利、有益、有用性，因而体现了"善"。美是在真和善基础上达到的更高境界，是感性地呈现在实践结果中的"人的本质力量"。有鉴于此，人们在评判创新实践是否合理标准的问题上，应该坚持工具合理性与价值合理性的统一、合规律性与合目的性的统一以及合真合善合美的统一。

---

① 何美然. 求解当代中国的制度现代性问题［M］. 北京：社会科学文献出版社，2011：47.
② 何美然. 求解当代中国的制度现代性问题［M］. 北京：社会科学文献出版社，2011：49.
③ 马克思. 1844 年经济学哲学手稿［M］. 北京：人民出版社，1979：51.

当我们把"合规律性与合目的性的统一"和"合真合善合美的统一"作为实践合理与否的标准时，不应忽视其相对性。由于人对客观世界的认识是有限的，对认识真理性的检验也是有限的；人自身的目的、需要也有一个不断发展的过程，"需要是同满足需要的手段一同发展的，并且是依靠这种手段发展的。"① 同时，实践的手段、工具也有一个由简单到复杂、由低级到高级的发展过程。这一切说明用来评判实践合理与否的标准——"合规律性与合目的性""真善美"具有相对性，评判标准的相对性决定了实践的合理性也必然是相对的。没有永恒合理的实践，随着时间的推移，原先是合理的实践也可能演变为不合理的实践，最终又被新的合理实践所取代，从而形成了一个由合理实践不断否定不合理实践的连续运动过程。

合理实践对不合理实践的不断否定，构成马克思实践观的深层框架，已逻辑蕴含在马克思哲学当中。例如，马克思一方面认为，"全部社会生活在本质上是实践的"②；另一方面又认为，"实际上，而且对实践的唯物主义者即共产主义者来说，全部问题都在于使现存世界革命化，实际地反对并改变现存的事物。"③ 结合这两个论断便引发出这样一个根本问题，即如果社会历史从根本上是实践的历史，那么为什么还要对现存世界进行革命改造，实际地反对和改变事物现状呢？这个问题蕴含着这样的一个逻辑答案，即改变现状，说到底就是以一种实践反对另一种实践，也就是以合理的实践改变不合理的实践，以合乎历史必然性的实践改变正在失去历史必然性的实践。④ 创新实践的自我否定过程同创新实践不断转化为常规实践过程是一致的。若要使得合理实践不断否定不合理实践成为可能，前提是必须有合理实践的不断涌现。实践的不断创新（创新实践）则为合理实践的不断涌现成为现实；而创新实践向常规实践的不断转化，意味着原先的一些常规实践已经丧失其存在的合理性，要被一些新转化而来的常规实践所取代，因为后者更具有合理性。由此看出，创新实践向常规实践的不断转化，实际上体现了合理实践对不合理实践的不断否定，两者从不同的侧面共同体现了创新实践的辩证本性。

---

① 马克思. 资本论（第1卷下）[M]. 北京：人民出版社，1975：559.
② 马克思恩格斯文集（第1卷）[M]. 北京：人民出版社，2009：55.
③ 马克思恩格斯选集（第1卷）[M]. 北京：人民出版社，1995：75.
④ 刘敬鲁. "合理实践—不合理实践"：马克思实践观的深层框架及其意义 [J]. 学术月刊，2006（2）：61.

第二节　创新实践意识的当代视野[①]

树立创新实践意识是确立创新实践观的重要内容，我们不仅要反映其辩证本性的客观要求，具有代价意识，而且还要立足时代，面向未来，形成创新意识、全球意识、人类意识和未来意识。

一、意识与创新意识

1. 意识与创新意识

为了更好地理解和把握"创新意识"这一概念，有必要先对与之相关的"意识"与"思维"这两个概念作一简要的说明：人们通常对"思维"作广义与狭义两种理解，广义的思维包括形象思维和抽象思维；而狭义的思维则专指抽象思维。抽象思维是人类反映控制机能的核心，构成了作为人类的反映形式与动物的反映形式之间质的区别。意识是物质的一种客观反映，构成人的主观世界和心理品质。意识一经形成，它便会在主体的全部活动中不同程度地以不同的方式发挥其作用。意识与思维密不可分。意识不仅构成了思维的内容本身，而且还是思维的一个较深层次。

创新意识是意识的子集，但它不同于一般意识，它是在客观需要的激发下而产生的强烈的不安于现状，执意于创造、创新的一种自觉的心理活动。创新意识具有开拓性、独创性、联想性等特征。具有创新意识的人，能够不为传统习惯势力和世俗偏见所左右，敢于标新立异，独辟蹊径，想常人不敢想的问题，提出超常规的独到见解，善于联想，从而开辟新的思维境界。创新意识的内容主要包括问题意识、发现意识，怀疑意识，捕捉机遇和灵感的意识，抗挫折的风险意识，独立意识、自主意识、合作意识等。[②] 创新意识从纵向看又分为若干层次。有研究者把它概括为六个层次：第一层次为创新需要的意识，即"问题意识"。它是创新的最初动因和原动力，也是形成创新动机的基础。第二层次以创新为动机，是根据问题意识产生的。创新动机是形成和推动创新行为的内驱力，是产生创新行为的前提。第三层次为创新兴趣，它源于创新需要，是创新需要的表现形式，是创新动机的进一步发展。第四层次为创新理想，这是主体对创新实践的奋斗目标持久的向往和追求，是创新意识的理性层次。第五层次为创新信念，这是"知、情、意"高度统一的创新意识，是创

---

① 周甄武. 创新实践意识确立的当代视野［J］. 晋中学院学报，2014（2）：24-26.
② 陈钧. 素质教育论丛［M］. 长沙：湖南师范大学出版社，2000：28.

新理想得以实现的支撑力量。第六层次为创新世界观，它是由一系列创新信息组成的逻辑系统，是创新意识的最高层次。① 要言之，创新意识是一个内容庞大的体系，各种形式的创新意识之间存在层层递进的关系。尽管每一个层次的创新意识都能指导人们去创新，但其表现的力量和自觉程度不同。因此，在培养创新意识过程中既要以确立创新实践观为最高目标，又要坚持循序渐进的原则。

2. 创新意识是创新实践的前导

没有创新意识，就不可能有创新实践。树立创新意识，对中国而言尤其紧迫和重要。长期以来，由于受文化和教育等多方面因素的影响，国民的创新实践意识还很缺乏。21 世纪是知识经济的时代，知识经济的本质是创新。许多国家纷纷制定创新战略，建立国家创新体系，把创新型国家作为未来发展的目标，以便能在这种激烈的竞争中立于不败之地。创新是一个民族进步的灵魂，是国家兴旺发达的不竭动力。建设创新型国家已然成为发展中国家的不二选择，我国政府提出在 2020 年把我国建设成为创新型国家，时间紧迫，任务重大。唯有大力培养国人的创新实践意识，发挥全民族的创造能力，方能实现这一宏伟目标。而当今之要，则应该从更宏阔的视野来确立创新实践意识。

二、树立创新实践的全球意识

1. 创新实践全球意识的产生

首先，全球化是创新实践全球意识产生的现实基础。尽管到目前人们对"全球化"认识还存在分歧，但基本上认同全球化是世界历史发展的现代表现，从本质上讲是对世界整体联系的深刻发展的抽象；全球化是全方位的，除了经济全球化外，还有政治全球化、文化全球化以及彼此间相互交融渗透；全球化既是不同社会文明的对抗，也是不同社会文明的交融。② 全球意识正是对世界发展的整体化、一体化趋势反映的结果。其次，全球性问题的凸现是创新实践全球意识产生的直接动因。"全球性问题"，是罗马俱乐部于 1972 年在其著名的报告《增长的极限》中率先提出并展开研究的。包括诸如人口问题、工业化的资金问题、粮食问题、不可再生的资源问题、环境污染问题（生态平衡问题）等。在当今时代，全球问题更加凸显，不仅有上述提到的问题，而且还有战争与和平、南北关系、国际新秩序、国际人权、民族主义、难民、国际恐怖主义威胁、毒品的泛滥、艾滋病的流行等诸多问题。这些问题超越意

---

① 彭宗祥，井兰柱. 论创新意识的层次性及其培养［J］. 煤炭高等教育，2000（3）：38-39.
② 任新民，刘亚建. 全球化进程中的社会主义［M］. 昆明：云南大学出版社，2003：13.

识形态、相互关联、波及全球，对人类生存与发展提出了严峻挑战。① 全球性问题的上述特点表明，对其解决，单纯地依靠某一国家或地区的力量是无法胜任的，"全球性问题"的解决需要人们转变自己的价值观念和发展观念，形成全球意识，实现全球治理。

2. 全球意识的内涵和特征

所谓全球意识，是指在承认国际社会存在共同利益、人类文化现象具有共同性的基础上，超越社会制度和意识形态的分歧，克服民族国家和集团利益的限制，以全球的视野去考察、认识社会生活和历史现象的一种思维方式。② 全球意识具有以下特征：一是共同性。它超越民族意识界限，以全人类的根本利益为价值取向，代表着人类的共同愿望和要求。二是整体关联性。它所反映的不是经济、政治、生态、文化等某一方面问题意识，而是对它们的叠加和复合、交融和渗透等系统的总体反映。三是能动创造性。它是人类对全球性问题及其如何解决问题在观念上的把握，这种把握包含着创造性意识。

3. 坚持创新实践的全球意识与民族意识的辩证统一

确立创新实践的全球意识，有助于人类恪守一种共同利益观、秉持一种整体性思维来认识、分析、处理当代世界的关系与问题。但我们主张树立全球意识，并不是取代民族意识，而是坚持人类共同性和具体民族性的辩证统一。当前在全球意识问题上必须反对两种极端的观点：一是全球主义意识形态。这种意识在承认国际社会存在共同利益、人类文化具有共同性的基础上，超越现有的社会制度和意识形态的分歧，主张全人类的利益高于一切，要求民族国家从"全人类的利益"出发，放弃或让渡自己的主权，最终走上全球西化的道路，这使得发展中国家的传统主权受到侵蚀，发展空间受到经济霸权的挤压，民族文化受到了文化霸权的威胁，而他们却在极力维护自己国家的利益，并极力把发展中国家纳入自己的体系中。③ 二是极端的民族主义意识。极端的民族主义意识是对传统的民族意识偏执和极端化的结果。传统的国家民族意识主要指前工业社会和工业社会时代的国家民族意识，前者带有强烈的地域性、民族性特色，后者除此外，还有浓厚的阶级性和意识形态色彩。全球性关联的增强，全球性问题的出现，要求多极化，多元化的民族国家必须超越传统国家民族意识的局限，以应对全球化的挑战。而一些民族国家，出于对在全球化中，自己的文化可能被同化、主权可能被丧失等的担心，而拒绝参与国际合作、将自己融

① 蔡拓. 全球问题与当代国际关系［M］. 天津：天津人民出版社，2002：8.
② 蔡拓. 全球问题与当代国际关系［M］. 天津：天津人民出版社，2002：292.
③ 田科瑞. 全球主义意识形态批判［J］. 贵州师范大学学报（社会科学版），2005（1）：32-33.

入全球化大潮之中，从而陷入封闭、孤立无援状态。上述两种极端的观点和做法都是我们在树立创新实践全球意识时所应摒弃的。

三、树立创新实践的人类意识

创新实践的全球意识与人类意识是相通的，都与全球化、全球问题相关，都是对它们的概括反映，但是侧重点不同，前者侧重于客体——全球化、全球问题的规模来言说的，后者侧重于从主体——整个人类或类来言说的。

1. 马克思的"类"概念

准确把握"类意识"，必须对"类"的概念有一个正确的理解。所谓类，就是指同类事物的综合性，人的类就是人的共同性，而人的共同存在性主要是指人的本质。马克思所说的"类本性"即人的本质是指存在于一定社会历史发展阶段和社会形成中的个人的现实的本质，它是人的实践的社会历史发展的产物。马克思指出："可以根据意识、宗教或随便别的什么来区别人和动物，一当人们自己开始生产他们所必需的生活资料的时候，他们就开始把自己和动物区别开来。"① 在马克思看来，人作为类存在物，不是既成性的，而是生成性的，是通过自己的实践活动来发展和完善自己的"类本性"，而且这是一个长期的发展过程，只有到了未来的共产主义社会，人才真正能实现自己的自由的自觉的类本质。由此可见，马克思的类概念并不是指那种抹杀人的阶级性、社会性的无差别的个体，也不是单个人的简单集合体，而是有着特定的社会关系体系和结构形式的人类共同体。这个共同体存在的现实基础就是劳动，即社会实践。

2. "类主体"与"类意识"的产生

"类意识"是"类主体"的意识。作为主体的人可分为三个层次，即个体主体、群体主体和人类主体。后者并不是前两者的简单相加，真正的类主体的产生是要经历一个长期的孕育过程。马克思在《资本论》中，从人的发展角度把社会划分为三大社会形态，即"人的依赖关系""以物的依赖为基础的人的独立性"和"建立在个人全面发展和他们共同生产力成为他们的社会财富这一基础上的自由个性"②。与此相对应，人的主体发展状况分别呈现为"以集体为本位""以个体为本位"和"以类为本位"的三个阶段。

主体发展状况所呈现的阶段性特征也必然在主体的意识方面体现出来。在第一种社会形态里，人的意识发展主要表现为群体本位意识，这一点在中国古代社会有着较充分的体现。一方面，群体本位意识压抑人的个性、限制个人的

---

① 马克思恩格斯选集（第 1 卷）［M］. 北京：人民出版社，1995：67.

② 马克思恩格斯全集（第 46 卷上）［M］. 北京：人民出版社，1979：104.

发展；另一方面，又促使个人将自己直接融于家国之中，从家国关系上去思索、理解生活的意义，选择自己的行为，具有强烈的整体意识和价值取向。①

在第二种社会形态里，人的意识发展主要表现为个体本位意识。其本质是物的关系决定着人的关系，等价交换原则要求双方地位平等和行为自由，体现人人在社会价值中获得的正义性和社会公民关系的权利平等性，每个公民充分享受自由和正当的权利并承诺相应的社会义务。由于个体意识把目光聚焦在个人身上，在充分肯定个人自身存在价值的同时，容易走向极端，诱发个人主义。②

按照马克思的理解，人类意识在经过上述两个阶段的片面发展后，到了第三种社会形态即共产主义社会里，才扬弃了此前各个阶段意识的片面性，真正发展成为类意识。人们才能普遍意识到自己既是一种个体存在物，同时又是一种类存在物。

当前，随着全球化进程的加快和全球问题的凸现，"类"被赋予了新的内涵，其核心就是全人类的共同利益。从人类共同利益的角度研究全球问题的解决，这就要树立创新实践的人类意识。

3. 在对立统一中把握类意识与民族意识

类意识萌发于对人类共同利益的关注，产生于人类寻求解决全球问题的创新实践。它的内容主要体现为人与自然关系方面的类意识（资源、环境等方面）和人与人关系上的类意识（恐怖主义、核扩散、人口、贫困等方面）。在当代，强调树立创新实践的人类意识，并不是无视民族意识。我们应在对立统一中把握两者关系，既要强化民族意识，致力于解决中国社会发展现实中的实践问题和理论问题，又要强化世界意识、类意识，解决世界一体化过程中的全球问题、人类历史发展中的人学问题。

四、树立创新实践的未来意识

创新总是面向未来而开放的。树立创新实践的未来意识是确立创新实践观的应有之义。

1. 未来意识的内涵及特征

何谓未来意识？未来意识是主体对作为客观存在的未来的一种反映，是关于一定主体的未来发展状况及其需要的意识。③ 根据主体情况不同，未来意识可分为三种类型：个体未来意识、集体未来意识和人类未来意识，可将后两者

① 杨秀香.世代相承的伦理思想［M］.沈阳：辽宁古籍出版社，1995：43-44.
② 王岗峰.可持续发展与类意识的觉醒［J］.福建论坛，1997（10）：57.
③ 赵洪海.论未来意识及其结构、特点和表现［J］.未来与发展，1993（6）：35.

合称为社会未来意识。这里的"未来"主要是指主体未来发展状况和社会需要。所以，社会未来意识既包含了对社会某一领域、某些领域或整个社会在未来某一特定时期的发展状况的认识，同时也包含了对于社会在未来的各种可能发展对相应主体现实努力需要的认识，以及主体立志实现一定社会未来发展目标的愿望和持续的行动表现。① 未来意识除具有意识的一般特点外，还有其独到的特点：一是现实参照性，这是未来意识的基本特点。未来意识是主体关于"未来"的意识，但是，未来总是以当下、现实为参照和依据的，人们对于未来的思考都要受现实条件因素的制约；二是创造性，这是未来意识最突出的特点，未来是人还未经历的境况、前景展开想象，而作出预测，这是主体能动性充分发挥的过程；三是开放性，未来是向着尚未实现的时段展开的目标，它是不断向后移动的；四是导向性，未来意识是面向未来开放的，它一旦形成，就会对主体施以影响，引导着主体朝着未来理想的目标去努力。②

2. 树立创新实践未来意识的原因

树立创新实践的未来意识，首先，是适应社会急剧变化、加速发展的需要。在当今的信息社会中，新的传播技术发明的周期越来越短，几十年的成就胜过以往几百年甚至数千年；信息生产量巨大增加，以往（1844 年电报发明时）每秒可传递 10 个符号，而现代的波导每秒可传递 10 亿个符号；"信息爆炸"使得社会变化急速而复杂，一个企业可以瞬间倒闭，一个国家可以顷刻瓦解，银行汇率骤然变动，显赫政要昙花一现。③ 社会变迁之快，变化之多，越来越让人应接不暇，没有足够的时间做出反应。在这种情况下，人们对社会预测的需求不仅由弱到强，而且越来越强，未来意识的产生不可避免。其次，可持续发展观的提出，增强了人类的未来意识。人们在追求工业文明过程中，已经带来了环境污染、资源浪费、生态平衡破坏等严重问题，危及人类的生存，对于未来社会发展及人类前景有了两种截然相反的预测：一是悲观的理论；二是乐观的理论。这两种理论都具有下列特点：第一，时间视野是跨世纪、跨代际的；第二，空间的视野是全球性的，是整个人类生存的空间，超越阶级、民族、国家的利益，把全人类利益放在首位。④ 1987 年，世界环境与发展委员会颁布了题为《我们共同的未来》的报告，提出可持续发展战略；1992 年，联合国在巴西召开的各国首脑会议，通过《21 世纪议程》决议，不仅把可持续发展作为全世界的共识，而且在世界范围内从理论走向实践，可持

---

① 赵洪海. 论未来意识及其结构、特点和表现 [J]. 未来与发展，1993（6）：35.
② 赵洪海. 论未来意识及其结构、特点和表现 [J]. 未来与发展，1993（6）：38.
③ 阎耀军. 美国教育的未来意识对我国继续教育的启示 [J]. 继续教育，2006（4）：30-32.
④ 王岗峰. 可持续发展与类意识的觉醒 [J]. 福建论坛，1997（10）：56.

续发展观的提出，是世界未来学研究的重大成果，它不仅突出体现了人类的未来意识，而且还极大地增强了人类的未来意识。① 第三，未来学悄然兴起，是人们未来意识增强的集中体现。"未来学"一词最早是由德国学者费莱希姆在20 世纪40 年代提出来的，到了 70 年代，罗马俱乐部发表了《增长的极限》，由此引发了未来学的高潮，一时间，未来学著作成为全球最畅销的书，如托夫勒陆续推出的《未来的冲击》《第三次浪潮》《大未来》（又译《权力的转移》），哈尔林斯的《地球末日》，奈斯比特陆续推出的《大趋势》《2000 年大趋势》《亚洲大趋势》《高科技·高思维》等风靡全球；与此同时，各国预测未来的研究机构如雨后春笋，有的国家甚至还实行了"社会经济预测立法"，所有这一切都充分说明人们对社会预测的意识和需求在日益增强。②

　　总之，创新意识构成创新实践的前导和必要环节，树立科学的创新实践观，首先要培养创新意识，而在当代社会，不仅要具有全球意识，而且还要有人类意识和未来意识，实现三者的有机统一，创新实践才能真正发挥其功能，体现其价值。

① 赵洪海. 论未来意识及其结构、特点和表现 ［J］. 未来与发展，1993（6）：39.
② 阎耀军. 美国教育的未来意识对我国继续教育的启示 ［J］. 继续教育，2006（4）：31-32.

第五章　创新实践视域的马克思主义哲学①

　　实践的观点是马克思主义哲学首要的基本的观点，虽然马克思主义哲学的"实践"，并非仅限于"常规实践"，也涵指了"创新实践"，但总的来说是被统摄在实践视域之下，而仅从实践的视域来理解马克思主义哲学，不能解答我们今天在创新已成为新的时代精神，创新实践已成为社会实践主导形式下所遭遇到的理论问题。把实践的观点提升为创新实践的观点，确立创新实践观，这既反映了时代精神的客观要求，也体现了马克思主义哲学与时俱进的内在品质。创新实践观的确立，有助于我们循着马克思主义哲学理论的内在逻辑，着眼于前人未涉及的领域或层面，将其内在的可能性加以展开或彰显出来，从而深化马克思主义哲学，推动马克思主义哲学由实践唯物主义走向创新实践唯物主义。

第一节　创新实践视域的自然观

一、自然观的演变

1. 自然的概念

　　对自然观的探讨，离不开对"自然"概念的正确把握。何谓自然？这是一个十分宽泛的概念，有着不同的含义。《现代汉语词典》对其有三种不同的解释：一是指"自然界"，如大自然；二是指"自由发展，不经人力干预"；三是表示"理所当然"。在古希腊，亚里士多德较早对"自然"做了比较系统全面的阐释，其中之一就是把它理解为"生成、诞生"，这也是人们对自然最早、最原始的解释。罗宾·柯林伍德认为："自然"一词严格说来，它的准确意义是事物的本性，即本质上属于这一事物、使得它像它所表现的那种行为的某种东西。②"自然"概念在马克思那里的意思也有多重：一是指作为"人的

---

　　①　周甄武. 创新实践的哲学意蕴 [J]. 淮南师范学院学报，2014（4）：1-6.
　　②　[英] 罗宾·柯林伍德. 自然的观念 [M]. 北京：华夏出版社，1999：86-87.

无机身体"的自然环境；二是指包括人与社会在内的一切存在物即物质世界本身；三是指区别于人类并与人类处于对象性关系之中的自然物体。综合分析上述思想，本书认为，对"自然"概念的理解有这样两点需要强调：一是相对于"人类社会"而言的自然即"自然界"，二是相对于"人为"（劳动或实践）而言的自然即"天然"。本来是"天然"的混沌未分的世界，由于"人为"因素的介入，便一分为二为"人化自然"和"自在自然"。人化自然是指被人的实践改造并打上人的目的和意志烙印的自然，即人的周围世界，是进入人的生活、作为人的生活体系的要素起作用的自然；"自在自然"是未进入实践、生活领域的原始自然，包括时间上的史前自然和空间上与人类并存的一部分自然，它为实践的扩展、自然的人化提供了可能性。①

2．自然观的演变

自然观是人们对自然界形成的总体看法和基本观点。由于受社会历史条件的影响，人们在不同的时代形成了对自然的不同的认识，因而形成了不同的自然观。

（1）古代神化自然观

人来自自然，又须臾离不开自然。远古时期，由于人的认识能力低下，对自然界的风雨雷电等各种自然现象，不能作出科学的解释，于是产生了神话和原始宗教，试图借用超人间的力量来改变自己在自然界中的地位，用神话来解释自己面对的世界。例如在古希腊神话中有太阳神阿波罗、智慧神雅典娜、酒神迪奥尼索斯等。在古代中国，也流传着"女娲补天""夸父逐日""精卫填海"等神话传说。这些神灵，都有着自己一种独特的神力，成为威震一方的神物。先民们认为，对它们顶礼膜拜，就能祛病禳灾，求得平安。远古神话和原始宗教，尽管形形色色，但都有一个显著的共同点，即各种神话中的神氏都是人格化的神或神化的人。因此，在古代，人类对自然的解释，带有明显的神话思维痕迹和物活倾向，是一种神话自然观。这种自然观抹杀了人的主体性和能动性。

（2）近代机械自然观

近代自然观的确立，深受近代科学革命的影响。近代科学革命是以哥白尼的《天体运行论》的出版和牛顿的《自然哲学的数学原理》的发表为标志的，其中数学力学发展得较为完备，人们试图用力学数学理论和术语来描述自然界的一切现象，揭示自然界的本质，这种做法虽然获得了对自然比较正确的看法，但也不可避免地打上机械论的烙印。机械论对自然的解释有两个较为显著

① 陶志刚．人的自然观与人化自然理论［J］．哈尔滨工业大学学报（社会科学版），2002（3）：4-5.

的特征：一是立足于不变的物质的实体"要素"和机械"力"来解释非生命系统的各种现象以及社会现象和本质；二是用数学语言来解释世界的本质和一切现象，认为自然界本身具有数学结构，而对世界的认识是可以通过发现这种数学结构而实现的。

相对于古代神话自然观，机械论的自然观把人格化的神或神化的人从对自然的解释中驱除出去，使得对自然的解释真正成为具有科学性的解释，但这种仅从量的方面来规定自然（物质）的做法，容易把人这个实践和认识主体与主体所改造和认识的客体截然分开，从而造成了人与自然的僵硬对立，形成了抽象的自然（物质）观。

机械论自然观把人与自然对立起来，认为自然是没有生命，也不能发展的机械物质，人是自然界的主人，强调人对自然的控制、支配和征服。这种抽象的自然观不仅具有明显的形而上学和征服论倾向，导致了人与自然关系的不断对立和恶化，而且与唯心主义可以说是殊途同归，"由于未理解自然界的人的本质，自然科学有着抽象唯物的，或者毋宁说，抽象唯心的方向。"①

（3）黑格尔精神外化自然观

黑格尔不满意于机械唯物论那种仅用数学和力学的方法来解释自然，认为"那种仅从量的规定里去寻求事物的一切区别和一切性质的办法，乃是一种最有害的成见"，是"极端的数学观点"②。在此基础上提出一种人化自然的思想。

黑格尔所关注的是经过中介的自然，即人化自然，这个中介就是劳动，"活动和劳动，这是主观性和客观性的中介"③。主体通过中介劳动或实践对外界自然进行加工改造，改变了事物的原有形式，创造出新的形式，从而实现自己的目的，使自然打上人的意志的烙印，使经过改造的事物转化为对人有用的东西，从而克服了主体与客体的那种僵硬对立和外界自然的异己性，建立起人与自然的真正联系。地理环境决定论者由于不能理解劳动——人的创造性活动的意义，因而也就不会产生像黑格尔那样的生动的人化自然的思想，致使其自然观不可避免地带有形而上学、机械论色彩。与机械的自然观相比，黑格尔的人化自然思想蕴含着极为丰富的辩证法思想。但他的这种人化自然的思想是笼罩在思辨的唯心主义形式之下的。自然只不过是绝对精神外化的结果，以及最终实现自身的一个必要环节而已。

检视在马克思主义自然观形成以前不同历史时期的自然观，虽然观点各异，但都存在着根本性的缺陷。一是它们言说的自然，主要是人类出现以前的

---

① 马克思. 1844 年经济学哲学手稿 [M]. 北京：人民出版社，1985：85.
② ［德］黑格尔. 小逻辑 [M]. 北京：商务印书馆，1980：219—221.
③ ［德］黑格尔. 法哲学原理 [M]. 北京：商务印书馆，1979：204.

自然界，不同人发生作用的自然界。承认天然自然的先在性，对于确立先有物质、后有意识的唯物主义世界观，批判唯心主义无疑具有重要意义。但是，如果仅仅把自然限于天然自然，把自然看成是与人类无关的纯粹自然，这只能是一种抽象的自然观，就失去了哲学的实践的意义、创造的意义。二是未能很好地处理人与自然的关系。在古代，自然是人类敬畏、顺从的对象；在近代，自然又成为人类征服、主宰的对象，人与自然处于紧张和尖锐对立状态。三是忽视了自然与社会的联系。传统自然观主要指向天然自然，即与人类社会实践活动无涉的自然界。这种自然观（曾大量出现在我们的哲学教科书中）与历史观之间是彼此脱节的。把自然与社会割裂开来的观点，不符合社会发生的事实，因而是抽象的自然观。

　　总之，马克思之前的各种自然观由于忽视了人对自然的能动作用，脱离了人的实践和创造活动，因此不能正确把握人与自然之间的关系，或造成两者之间尖锐的对立或以直观的方式实现两者的统一。

二、马克思主义实践人化自然观

　　马克思主义的自然观是在对上述自然观尤其是在对黑格尔的唯心主义哲学（包括自然观）和费尔巴哈的机械唯物主义哲学（包括自然观）的批判过程中建立起来的。马克思首先肯定了黑格尔自然观的合理之处，即从人与自然界的有机统一和相互作用的角度来理解人与自然界，把人类历史理解为通过自然界的改造而自我创造的过程，从而克服了那种静态的自然观；但同时又指出，这个过程在黑格尔那里是把人与自然界精神化、神秘化之后才达到的，充满了唯心主义气息，必须把黑格尔所颠倒的关系再把它颠倒过来。"抽象思维本身是无，绝对观念本身是无，只有自然界才是某物"①。

　　马克思也展开了对费尔巴哈自然观的批判。在《关于费尔巴哈的提纲》中，他指出："从前的一切唯物主义（包括费尔巴哈的唯物主义）的主要缺点是：对对象、现实、感性，只是从客体的或者直观的形式去理解，而不是把它们当作感性的人的活动，当作实践去理解，不是从主体方面去理解。"② 费尔巴哈由于不是从实践的观点、不是从主体的观点去理解自然界的事物和现实，而是脱离人、脱离人的实践活动和人的历史发展，仅仅从客体的、直观的意义，去理解纯粹自在的自然界，所以，他的自然观只是一种抽象的自然观。在《德意志意识形态》中，马克思、恩格斯又进一步批判了旧唯物主义者把历史与自然割裂开来的错误观点，指出自然史与人类史是不可分割的，撇开二者的

---

①　马克思恩格斯全集（第42卷）［M］. 北京：人民出版社，1979：177.

②　马克思恩格斯选集（第1卷）［M］. 北京：人民出版社，1995：54.

联系，孤立地研究自然史是错误的。"历史可以从两个方面来考察，可以把它划分为自然史和人类史。但这两方面是密切相联的；只要有人存在，自然史和人类史就彼此相互制约。"① 费尔巴哈自然观的根本缺陷就在于与历史观的分离，因此，他看不到人类的实践、人类的历史对于自然界的影响以及自然界属人的变化。正如马克思、恩格斯指出的："他没有看到，他周围的感性世界决不是某种开天辟地以来就已存在的、始终如一的东西，而是工业和社会状况的产物，是历史的产物，是世世代代活动的结果。"②

当然，马克思、恩格斯在批评费尔巴哈自然观的同时，也肯定了费尔巴哈对于自然观的唯物主义的坚持，即肯定了外部自然界对于人的优先地位。

马克思、恩格斯通过对黑格尔的唯心主义自然观（人与自然在理念中的统一）和包括费尔巴哈在内的机械唯物主义自然观（直观地把自然界看作人和自然统一基础）的批判，以现实的人与感性的自然界的对象性关系为基础创立了人化自然观。他们则从实践的视野来看待人与自然，把人与自然的关系理解为以实践为基础的辩证统一关系。认为"整个所谓世界历史不外是人通过人的劳动而诞生的过程，是自然界对人说来的生成过程"③。"劳动首先是人与自然之间的过程，是人以自身的活动来引起、调整和控制人与自然之间的物质变换过程。"④ 在马克思看来，劳动（实践）不仅创造了人，导致人与自然的分化、对立，而且又把人与自然联系、统一起来；通过实践活动，人摆脱了受制于自然的被动局面，而且还能使自然人化，彰显人的本质力量。所以，马克思主义自然观本质上是实践人化自然观。

有学者曾指出对马克思自然观的把握，既不能像过去那样把它单义地归结为物质本体论，也不能像"西方马克思主义"解释者那样把它归结为一种非本体论的实践辩证法，而需要从马克思对自然概念阐发的多重意义上去理解，从而可获得对自然的哲学把握多重维度即本体论的维度、认识论的维度、价值论的维度和历史论的维度，因此，相应地就有了"物质的自然""人化的自然""生态的自然"和"历史的自然"的称谓。⑤ 但马克思主义自然观称谓的不同并不表示存在着上述具体不同的自然界，而是马克思从上述不同的哲学维度出发，对我们人类生活于其中的这个唯一的物质的自然界的普遍本质所作的几种相应的哲学概括。马克思主义自然观是由上述几个具体不同的哲学维度所

---

① 马克思恩格斯全集（第3卷）[M]．北京：人民出版社，1960：20.
② 马克思恩格斯全集（第3卷）[M]．北京：人民出版社，1960：48.
③ 马克思恩格斯全集（第42卷）[M]．北京：人民出版社，1979：131.
④ 马克思恩格斯全集（第23卷）[M]．北京：人民出版社，1972：201.
⑤ 肖中舟．论马克思的自然观 [J]．武汉大学学报（哲学社会科学版），1997（1）：29-35.

相应地阐发的"物质自然观""人化自然观""生态自然观""社会自然观"所构成的完整的理论体系，我们不能将之归结为上述具体自然观中的任何一个或两个，否则就陷入对马克思主义自然观理解上的片面性。

三、创新实践深化了马克思主义自然观

创新实践视域的自然观是对旧唯物主义自然观的超越和对马克思主义实践人化自然观的深化。旧唯物主义自然观虽然强调了自然界的先在性，坚持了唯物主义，但由于其脱离实践，避开社会历史，孤立地看待自然，因而就无法解释自然是如何分化、人与自然处于何种关系。马克思主义自然观首次把自然纳入实践视域来解释，在肯定外部自然界对于人的优先地位的前提下，突出了实践的作用和意义，认为实践是造成人与自然分化、既对立又统一的现实基础，也正是实践才导致原先统一的自然界分化为自在自然与人化自然两部分，并不断地促成自在自然向人化自然转化。然而，实践唯物主义虽然能很好地阐明人与自然、自在自然与人化自然的关系，但对既有世界与创生世界的关系、人化自然与创生世界的关系却缺乏足够的解释力。这是因为在实践唯物主义中的实践，它是对常规实践与创新实践的总括，而创生世界则是由创新实践生成的，只有通过创新实践来说明。

"人化自然"是通过人的本质力量对象化而形成的，相对于自在自然而言，它是打上人类意志烙印的自然界，虽然它主要是经由人类实践改造过的对象组成，但还不能等同于"创生世界"。人化世界可以通过常规实践重复地进行而不断地从自在自然转化而来，也可通过感觉、思维和直观等"理论途径"来实现。人化世界通过上述方式一经"人化"便作为"既存世界"成为已然的事实，而相对于它的"创生世界"，则是无法通过常规实践或感觉、思维和直观等方式生成，创生世界只属于创新实践。创生世界无疑也属于人化世界，但是它是人化世界的集中体现和主要组成部分，创生世界一经创生出来，也可作为"既存世界"，创新实践以此为基础，又开始了走上创生世界的征程，如此不断地进行，也不断地扩大了人化世界的疆域，丰富着既存世界的内涵。由此，我们可通过创新实践获得对既存世界与创新世界关系的完整理解。

第二节　创新实践视域的辩证法

马克思主义唯物辩证法是实践辩证法。由实践推进到创新实践，从创新实践的视域审视马克思的辩证法，就是要结合时代的创新精神，使蕴含在其中的一些隐而未彰的理论得到澄明和阐发，从而在坚持马克思主义唯物辩证法的基

础上，深化和推进马克思主义辩证法。

一、"辩证法"的历史形态

我们今天谈论的"辩证法"概念是与"形而上学"相对的，它们构成哲学理论中的一对基本范畴。然而，当今"辩证法"之含义则是经过漫长演变而来的。在西方，人们一般把爱利亚派的芝诺、智者派以及苏格拉底当作辩证法的先驱。① 具体地说，辩证法在芝诺那里主要指一种反证法；在智者派那里，是诡辩术；在苏格拉底那里，是一种特有的问答法；在柏拉图那里，是对本质进行分析的科学；在亚里士多德那里，是或然性推理；在斯多葛学派那里，是逻辑学的主要部分。从柏拉图、亚里士多德直至中世纪，它一直是指逻辑论证的方法；从亚里士多德到斯多葛派乃至康德以前，辩证法在含义上常与形式逻辑相混。导致辩证法含义发生根本转折的关键人物是康德、黑格尔。康德使辩证法一词与思维发展的先天法则联系起来；黑格尔将它用之于直接指"纯粹思维"按照正、反、合方式发展的逻辑规则；再加上恩格斯《自然辩证法》《反杜林论》和列宁《唯物主义与经验批判主义》等书的出版，辩证法才成为"最完整深刻而无片面性弊病的关于发展的学说"②。

作为"最完整深刻而无片面性弊病的关于发展的学说"的辩证法，其完整性和深刻性并不是一开始就具有的，而是在其历史演变中经历了一个否定之否定的过程，不断地克服其片面性，才最终获得的。这个演变过程是从古代朴素辩证法开始的。

1. 古代朴素辩证法

古代朴素辩证法是辩证法出现的最早的形态。它虽然表述了实质上是正确的世界观，把世界描述为"一切都存在，同时又不存在，因为一切都在流动，都在不断地变化，不断地生成和消失……"③ 但这只是"把握了现象总画面的一般性质，却不足以说明构成这幅总画面的各个细节；而我们要是不知道这些细节，就看不清总画面"④。这种对世界的笼统的、感性的理解虽然在总体和大方向上是正确的，但由于缺乏具体的实证基础，因而又包含着极大的抽象性和猜测性，从而成为一种片面性学说，因此，克服这种片面性弊病，深化对事物细节的具体认识就成为辩证法发展的新走向。⑤

---

① 方朝晖."辩证法"一词考［J］.哲学研究，2002（1）：35-36.
② 列宁选集（第2卷）［M］.北京：人民出版社，1960：442.
③ 马克思恩格斯全集（第20卷）［M］.北京：人民出版社，1971：23.
④ 马克思恩格斯选集（第3卷）［M］.北京：人民出版社，1995：358.
⑤ 张奎良.从矛盾辩证法到和谐辩证法——辩证法的历史变迁［J］.现代哲学，2005（2）：16.

2. 黑格尔唯心主义辩证法

从古代朴素辩证法走向黑格尔唯心主义辩证法，其间经过一次形而上学的否定，而这则是从近代自然科学兴起开始的。恩格斯在《反杜林论》中详尽地描述了这个转变过程，他说："把自然界分解为各个部分，把各种自然过程和自然对象分成一定的门类，对有机体的内部按其多种多样的解剖形态进行研究，这是最近 400 年来在认识自然界方面获得巨大进展的基本条件。但是这种做法也给我们留下了一种习惯：把自然界中的各种事物和各种过程孤立起来，撇开宏大的总的联系去进行考察，……这种考察方法被培根和洛克从自然科学中移植到哲学中以后，就造成了最近几个世纪所特有的局限性，即形而上学的思维方式。"①

形而上学的方法侧重于对事物分门别类的研究，但忘却了事物之间的联系，结果是只见树木，不见森林，又构成了另一种片面性。为了克服这种片面性，则需要回复到事物的总体，对形而上学进行否定，但这种否定不是简单地回归到原初，而是融合了形而上学的细节知识，有了具体的实证基础，是一种否定之否定。在哲学史上，黑格尔的唯心主义辩证法可以说是完成这种否定之否定的典型代表。按照经典作家的说法，黑格尔"最大的功绩，就是恢复了辩证法这一最高的思维形式"②，"把整个自然的、历史的和精神的世界描写为一个过程，即把它描写为处在不断地运动、变化、转变和发展中，并企图揭示这种运动和发展的内在联系。"③ 同时，他又是一个"百科全书式的学识渊博的人物"④，深刻把握科学发展的最新成果，熟知一切领域的知识细节。正是这两方面的完美结合就使黑格尔能够克服以往哲学的形上性和缺乏实证知识的片面性弊病，建立起空前宏伟的辩证法的体系。因此，"黑格尔的辩证法是一切辩证法的基本形式"，是"他第一个全面地有意识地叙述了辩证法的一般运动形式"⑤。

黑格尔的唯心主义辩证法代表着在马克思主义哲学诞生之前辩证法的最高成就，他"把整个自然的、历史的和精神的世界描写为一个过程，即把它描写为处在不断地运动、变化、转变和发展中，并企图揭示这种运动和发展的内在联系"⑥。黑格尔辩证法是否定性的辩证法，否定性是事物的推动原则和发展的动力，但他又把绝对精神视作否定性运动的最终根源，认为是绝对理念最

---

① 马克思恩格斯全集（第 25 卷）[M]．北京：人民出版社，2001：387．
② 马克思恩格斯全集（第 25 卷）[M]．北京：人民出版社，2001：386．
③ 马克思恩格斯选集（第 3 卷）[M]．北京：人民出版社，1995：362．
④ 马克思恩格斯选集（第 4 卷）[M]．北京：人民出版社，1995：219．
⑤ 马克思恩格斯选集（第 2 卷）[M]．北京：人民出版社，1995：112．
⑥ 马克思恩格斯选集（第 3 卷）[M]．北京：人民出版社，1995：362．

终地推动了世界的变化和发展。这样一来，黑格尔的否定辩证法则又成了"神秘的""头足倒置的"唯心主义辩证法，其中的革命性、批判性、创造性最终也被他那庞大的唯心主义体系所窒息。因此，批判和改造黑格尔的辩证法是时代提出的重大课题，而完成这一重大历史课题的则是马克思。

二、马克思主义辩证法是实践辩证法

众所周知，马克思主义唯物辩证法是马克思和恩格斯通过批判地改造黑格尔的唯心辩证法，剥除了它的唯心论外壳，拯救了它的合理内核，把辩证法建立在唯物论的基础上而创立的。马克思的辩证法与黑格尔的辩证法有本质的不同，正如马克思曾多次声明的那样："我的辩证方法，从根本上来说，不仅和黑格尔的辩证方法不同，而且和它截然相反"①，"因为我是唯物主义者，黑格尔是唯心主义者"②。"在黑格尔看来，思维过程，即他称为观念而甚至把它转化为独立主体的思维规程，是现实事物的创造主，而现实事物只是思维过程的外部表现。我的看法则相反，观念的东西不外是移入人的头脑并在人的头脑中改造过的物质的东西而已。"③ 在马克思主义辩证法中，辩证运动的主体既不是纯粹的自然界，"被抽象理解的，自为的，被确定为与人分隔开来的自然界，对人来说也是无"④，也不是脱离了自然的人和社会，"人不是抽象地蛰居于世界之外的存在物，人就是人的世界，就是国家、社会"⑤，而是统一于实践基础上的人与自然整体。因此从本质上看马克思主义辩证法是实践辩证法。

对于马克思主义唯物辩证法的诞生，学界普遍认为这是辩证法发展史上的一场革命。但对马克思辩证法作如何理解时还有不同的看法，有人将其归纳为三种范式即"自然主义范式""认识论范式"和"实践论范式"，三种范式依次过渡，新近的为"实践论范式"⑥。我们认为，对马克思主义辩证法作实践范式的解读，同前两种范式相比，表现出更大的解释力，具有更大的优越性。同时，把实践作为辩证法的理论基础，把马克思的辩证法视为实践辩证法是比较符合马克思本意的，也集中体现出马克思辩证法批判的、革命的、创造的精神。从上面的论述可以看出，马克思主义辩证法实质上属于实践辩证法，它在马克思全部哲学思想中占有核心地位。从马克思的实践的唯物主义与其实践辩证法的关系看，一方面，前者构成后者赖以确立的基本理论前提；另一方面，

---

① 马克思恩格斯选集（第2卷）［M］．北京：人民出版社，1995：111–112.
② 马克思恩格斯选集（第4卷）［M］．北京：人民出版社，1995：578–579.
③ 马克思恩格斯选集（第2卷）［M］．北京：人民出版社，1995：112.
④ 马克思．1844年经济学哲学手稿［M］．北京：人民出版社，2000：116.
⑤ 马克思恩格斯选集（第1卷）［M］．北京：人民出版社，1995：1.
⑥ 贺来，陈君华．对辩证法三种研究范式的批判性反思［J］．学术研究，2002（7）：36.

后者又是前者赖以建立的基础。从内容上说，两者其实是同一个东西，它们不仅构成了马克思的历史唯物主义的基础，而且还内在地包含对人类意识或精神之谜的解答，从而也就构成马克思的意识论或认识论的基础。

三、创新实践深化了马克思主义辩证法

创新实践的辩证法是对马克思主义实践辩证法的深化。在马克思的实践辩证法视域中，虽然肯定了感性自然界的辩证运动，但更重要的是，它把自然界的这种辩证运动同人的生成直接联系起来，而不能只强调这个运动过程和客观规律同人无关，所以，当我们讲事物的联系、事物的发展时，总是与人及其实践活动相联系在一起，这是马克思主义辩证法的独到之处。但由于马克思未对作为其辩证法理论基础的实践，做进一步的区分，致使对事物如何发生联系及其发展的内在机制缺乏进一步的说明。只有深化马克思的实践观，把实践推进到创新实践，从创新实践的视域来审视，事物如何发生联系及其发展的内在机制问题才能得到说明。

实践既包括常规实践也包括创新实践，它们对事物的联系和发展所产生的影响是不同的。从事物的联系方面看，常规实践只能囿于原有的认识界限和活动范围，巩固、维持业已构成的联系，无法形成新的联系；而创新实践则是力求打破常规实践业已形成的认识界限和活动范围，与新的认识对象和实践结果构成新的联系，从而不断拓宽联系的范围和加深联系的内容。

从人的联系（关系）来看，创新实践丰富了人的社会关系的内容。兹举作为创新实践的一种重要形式——虚拟实践来加以说明。第一，虚拟实践促成了人类交往方式上的革命。人类交往离不开交通工具和信息传输工具。然而在过去，由于这些都很落后，人们的交往范围、交往内容等都受到了限制。"海内存知己，天涯若比邻"，这曾经是多少渴望友谊、渴望沟通、渴望交流的人的梦想。而今，在虚拟实践时代，这些梦想已成真。如果把舟船车马、电脑看成是人的肢体和大脑的延伸，那么，信息网络技术就不仅仅是人的各种器官的延伸，而且更为重要的是它是人的社会关系的延伸。我们不仅可以用网络更广泛、更全面地与现实世界相连接，而且可以把现实中的社会关系移植到网络空间中，使人在虚拟的世界中更自由地交往着、互动着。第二，虚拟实践拓宽了人们的交往活动的范围，使交往关系普遍化。在现实交往中，人们习惯于面对面（Face to Face）地同他人交往和沟通，交往活动常依赖于物理时间和空间，范围比较狭窄。虚拟实践使得人的交往空间日益扩大化。网络把整个地球联结成了一个村落，真正实现了"朋友遍天下"。第三，虚拟实践促成了新的交往关系——网缘关系的产生。网络交往的特点之一就是具有很强的人际互动性。在网络社会里，主体间既可进行着一对多的互动交流，更可进行多对多的互动

交流。网络交往的另一个特点是其平等性。网络提供了人和社会沟通的平台，让每个人都能地位平等地参与公众生活，彼此之间是一种平等的伙伴关系。这种交往，有助于建立更为和谐、民主和平等的社会关系，也有助于人的进一步发展。网络交往的特点表明，网络交往关系已成为一种完全不同于以往的"血缘、地缘、业缘"三大关系类型的新型的关系——"网缘关系"。这就是说，网上交往既可以不必有血缘关联，也可以不必有地缘和业缘关联，交往双方的职业性质、社会地位、经济状况、文化背景、政治态度、居住地域等差异，已不再成为构成交往的先决条件。马克思认为，人的本质，在其现实性上，是一切社会关系的总和。因此，社会关系如何，直接决定着人的本质如何。这里的关系主要是指在交往活动中产生的各种社会关系，它同人的本质和人的自由全面发展密切相关。按照决定着人的自由全面发展的程度如何，正是在这个意义上，马克思指出："个人的全面性不是想象的或设想的全面性，而是他的现实关系和观念关系的全面性"①。这表明，人的关系的自由而全面发展是人的自由而全面发展的重要内容。虚拟实践使人的社会关系日益丰富，从而不断促进人朝着自由而全面的方向发展。

从事物发展方面看，由于常规实践只是在原有的基础上重复进行，故而只能实现事物量的重复累加，不可能促发事物发生质变；而创新实践则是在原有实践基础上的突破，具有突发性和间断性特点，从而才能引发或推动事物发生质变。两者之差异如同数量再多的驿路马车和邮车相加，也决不能与得到一条铁路相提并论。不仅如此，常规实践与创新实践二者的辩证关系本身还充分体现了联系和发展的辩证性。②

由此可见，引入创新实践，用创新实践的观点来审视辩证法，不仅使得辩证法的一些基本理论问题（如事物联系、发展的内在机制等）得到很好的说明，而且既切合马克思对实践的理解，又集中地反映了时代精神，从而深化和推进了马克思主义的实践辩证法。

第三节 创新实践视域的认识论

实践的观点是认识论的首要的基本的观点。由实践推进到创新实践，从创新实践视域来审视马克思主义认识论，就是要结合时代的创新精神，使蕴含其中的一些隐而未彰理论得到澄明和阐发，从而在坚持马克思主义认识论的基础

---

① 马克思恩格斯全集（第46卷下）[M]．北京：人民出版社，1980：36．
② 周甄武．论创新实践的辩证本性[J]．晋中学院学报，2015（2）：22-25．

上，深化和推进马克思主义认识论。

一、认识论的历史分野

认识论是关于认识的本质及其发展规律的学说。其中，在认识本质问题上一直存在着唯心主义与唯物主义的分野和斗争。一切唯物主义认识论都是反映论。在西方认识论史上，从德谟克里特的"影像说"、亚里士多德的"蜡块说"一直到近代洛克的"白板说"、费尔巴哈的"直观感性论"，尽管其理论形态各不相同，但它们都承认认识的客观来源，肯定认识是对客观世界的反映，而这正是唯物主义反映论的核心内容。唯心主义认识论和不可知论则与此相反，要么认为人的认识是主观自生的，头脑中先天固有的，人们对世界或"存在"的认识是对自己感觉和观念的认识及其组合；要么把客观精神视作现实世界的创造主，自然界的各种事物以及人类本身都只是客观精神的"外化"形式，或不真实、不完善的"摹本"；因而对世界的认识不过是客观精神自己认识自己，要么用一种怀疑的眼光去看待世界的客观存在和人类正确认识世界的能力，否定科学认识的客观可靠性。①

马克思主义产生以前的唯物主义者（旧唯物主义者）坚持从世界本身认识世界的反映论立场，在方向上是完全正确的，也曾在历史上起过积极作用，但由于没有科学的实践观点，离开人的社会性、离开人的历史发展来考察人的认识问题，只看到客体（认识对象）对主体（人）的作用，而抹杀了主体在认识活动中的能动性，致使陷入一种消极、被动的直观反映论，因而未能真正解决认识的本质问题，也没有真正驳倒唯心主义，反而给它留下许多攻击和诘难的借口。而真正对唯心主义认识论进行科学的分析和深入彻底的批判，并指出如何克服其根本错误的，则是马克思主义的认识论。

二、马克思主义认识论的本质

马克思主义认识论即实践唯物主义认识论，首先肯定了认识是人脑对客观世界的反映，明确地坚持了唯物主义反映论的立场，但又没有仅停留在一般反映论水平上，而是扬弃了其机械性、直观性，把科学的实践观点引入了认识论，把辩证法应用于反映过程，创立了以实践为基础的能动的反映论。

马克思主义认识论认为实践是主体与客体赖以产生、导致对立、实现统一的基础。在主体与客体的关系中，首先是实践关系，其次才有认识关系、价值

---

① 肖前．马克思主义哲学原理（下册）［M］．北京：中国人民大学出版社，1994：502.

关系。实践的主体是指有头脑、能思维，生活在一定历史条件下、处于一定社会关系中的现实的人。实践的主体同时也是认识的主体、价值的主体，所谓认识，就是主体在实践的基础上对客体的能动反映，其本质是主体在价值目标的推动下，按照内在的尺度和美的规律，在实践的基础上对客体的能动反映。这种能动的反映活动具有两个基本特点：一是反映的摹写性，它表明反映必然要以客观事物为原型，具有客观性，然而这种摹写绝不是直观的描摹或像照镜子式的映现，它需要一定的中介手段才能实现。这是一个主体选择客体并在观念中重构和再造客体的过程，是一个具有阶段性和等级性的过程，即由事物的一级本质向二级本质以至无穷本质逐渐深化和不断前进的过程。二是反映的创造性，它表现在人的思维通过对感性材料的加工制作，能够在揭示事物本质和规律的基础上，预见事物发展趋势，并能够综合事物的个别方面和属性提出反映整类事物共同本质和一般规律的科学假说，建立科学理论；还表现在人能够根据自身的需要和事物的客观规律在思维中建构起理想的观念对象，这种对象是在正确反映现实基础上所形成的关于未来实践成果的超前反映。① 创造性从根本上把人的反映与动物的感觉心理区别开来，它是反映的主体性、能动性的基本标志。因此，对马克思主义认识论的反映必须从其摹写性和创造性两个方面来把握。看不到前者，就会陷入否定认识客观性的唯心主义；忽视了后者，就与旧唯物主义认识论划不清界限。在人对客观世界的反映中，摹写总是创造性的摹写，而非镜面式的反映；创造总是以摹写为基础的，而非主观臆造。反映总是摹写与创造的统一。

以实践为基础的主体对客体的能动反映，生动地体现在认识的辩证过程当中。列宁说："从生动的直观到抽象的思维，并从抽象的思维到实践，这就是认识真理，认识客观实在的辩证途径。"② 而这整个过程便构成了人类认识发展的总规律，正如毛泽东所概括的："实践、认识、再实践、再认识，这种形式，循环往复以至无穷，而实践和认识之每一循环的内容，都比较地进到了高一级的程度。这就是辩证唯物论的全部认识论。"③

总之，马克思主义认识论，即实践唯物主义认识论的产生，实现了唯物主义反映论发展过程中的一个革命性的变革，扬弃了机械反映论的机械性、直观性，把科学的实践观点引入了认识论，把辩证法应用于反映过程，创立了以实践为基础的能动的反映论。

---

① 肖前. 马克思主义哲学原理（下册）[M]. 北京：中国人民大学出版社，1994：500.
② 列宁全集（第55卷）[M]. 北京：人民出版社，1990：142.
③ 毛泽东选集（第1卷）[M]. 北京：人民出版社，1991：296.

三、创新实践深化了马克思主义认识论

马克思主义认识论或实践唯物主义认识论，在本质上是以实践为基础的能动的反映论。它的产生是人类认识论史上的一场革命。但随着实践的发展，创新成为新的时代精神的情况下，需要从创新实践视域对其重新审视，使得蕴含其中的一些隐而未彰的理论得到澄明和阐发。

1. 只有创新实践才是认识产生的真正源泉

马克思主义认识论指出，认识起于实践的需求，然而常规实践的重复性特征决定了它不可能产生新的实践需求，也不能为认识的进一步发展提供新工具、新方法和新途径，因而也就无法从根本上推动认识向前发展，只有创新实践的创造性特征，才不断产生认识和改造世界的新要求，并不断创造认识和改造世界的新工具、新方法和新途径，从而推动认识过程的不断深入；人类认识的目的绝不止于对原有常规实践的认识和促进，其直接目的是促进创新实践的产生，并最终促使这种创新实践成为新的主导性的常规实践，从而达到人类最有成效地认识和改造世界的目的。

2. 只有创新实践才是对新认识进行真理性检验的标准

真理的发展和检验离不开创新实践。人类正是通过创新实践才促使真理产生不断得到检验，从而获得发展。一般说来，重复性实践只能按照既定的行为方式和规范变革客观事物，因而其结果是预先确定的，不能产生新的认识。由于获得的只是重复性认识而非新知，它当然无需再接受实践的检验，但对真理而言，也并未增添什么新的内容，因而也就谈不上什么推动真理的发展了；而创新实践则不同，它是以需求为起点，以探索为动力，以创新为核心，以不断满足人们日益增长的物质、文化和精神生活的需要为目标的活动。在创新实践中，人类所面对的客观世界和所采用的主观手段是不确定的，因而人们在创新实践中就会产生许多新的认识，而这些认识是真理与否，又都要以能否达到创新实践的目标进行衡量。因此创新实践的发展过程，实质上就是不断在实践中发现新特点、探索新规律、形成新认识、找到新答案的过程。在创新实践产生的创新认识，通过常规实践无法检验的，因而只能通过创新实践来检验。在这里，一方面，创新实践担负起充当检验创新认识是否具有真理性的标准的角色；另一方面，又被置于创新判断的评价对象的地位，需要对它进行判定，是否体现了创新，是否属于"自主"的创新。对于这种判定，常规的重复性实践是无法胜任的，因为它是以过去的尺度作依据；创新实践的判定依据是生成的，是未来的尺度。创新实践是面向未来开放的，是在自身的创造活动中展现自身的价值。

无论是创新实践检验创新认识还是创新实践自身接受检验，都体现了真理

的发展过程，即在创新实践中发现问题、认识问题、解决问题，再回到创新实践、指导创新实践的过程。

3. 只有创新实践才是推动真理发展的真正动力

真理的发展是一个不断地由相对真理趋向绝对真理的过程，同时也是一个不断地由真理向实践转化的过程。无论是对客观世界认识的新突破，还是对事物发展规律的新揭示，如果仅仅停留在思想观念层面还不能算真理的完成，只有回到实践中去，才能成为改造世界的强大力量。创新实践在其发展过程中，通过真理的指导，转变成改造世界的强大力量，并在这一改造过程中深化对真理的认识，从而推动真理的发展。真理的发展过程与创新实践的过程既有一致性，又有矛盾性，这种两重性决定了真理发展与创新实践的发展过程既矛盾又统一：创新实践通过真理而发展，而同时又促进了真理的发展。

由上可知，在马克思主义认识论领域，引入创新实践，将实践作常规实践与创新实践的区分，弄清二者在认识过程中的地位和作用以及相互之间的辩证关系，认识的完整过程就清晰地展现出来：即在常规实践的基础上，人们不断发挥自身特有的能动性和创造性进行创新实践，通过从感性认识上升到理性认识的认识深化过程，实现认识的创新，新认识在指导新的创新实践中受到检验，真理性的认识推动创新实践的主导化和普遍化，即向新的常规实践的转化，然后再进行新的创新实践，再形成新认识指导新实践……由此螺旋式上升，不断推动人类认识和实践向前发展。

4. 虚拟实践开辟了新的认识空间、创造出新的认识对象

虚拟实践是以数字化网络技术为支撑的一种新的实践形式。它的崛起，为人类创造了新认知环境、认识对象和认知方式。首先，虚拟实践，突破现实认识的疆域，使人类在现实世界的基础上又创造出一个虚拟世界，从而为人类提供了一个新的认知环境。虚拟世界是一个具有虚拟性、开放性、交互性等特点的空间。在虚拟空间里，人们能够最大限度地摆脱现实性的限制，精神可以纵横驰骋，思维可以作无限制的遨游，可以使那些在现实中可能的或不可能的认识或理解的事物都能在这个空间内得以展现，变得可以被认识、被理解了。其次，虚拟实践创造出"虚拟实在"，成为新的认识对象。在虚拟空间呈现出来的东西被称为虚拟实在，它不同物理空间的客观实在，是思维借助数字化手段外化的结果，是一种看得见的思维，具有同物理实在一样的性质和功能，因此，它可以替代物理世界的真实客体充当认识的对象。有了这种虚拟实在，人类可以不必介入那些高温、寒冷、有毒等恶劣环境，仍然能获得对客观对象的真实认识。再次，虚拟实践，大大减少了认识的代价，提高了认识效率。现实世界的认识需要真实的要素相结合，需要消耗认识要素的资源和能量，需付出必要的有形的物质代价。而通过虚拟实践进行认识，则可以大大降低物质耗费

成本、减免代价的发生。例如，通过虚拟实践提供信息服务，可以减少许多不必要的纸张消费以及对办公室、楼房、运输等物质设备的需求。另外，虚拟实践又是一种快速的数字化技术平台，凭借它可以大大提高信息分析传输的速度，从而大大提高人的认识效率，增强人类的判断问题和解决问题的能力。最后，虚拟实践建构的虚拟空间的出现，在认识方式上，打破了单一或分离的"主体→客体"的认知结构。以往人类认识的方式均是由人或人的工具的延长来完成的。认识方式主要表现为"主体→客体"两极架构。虚拟空间的出现改变了这一切，确立了主客体互通反馈式的主体际认识架构，从而使过去单一的"主体→客体"认知关系变为多层次多维度的认知关系。

总之，虚拟实践不仅使人类获得了一种认识世界的新工具，而且使人类认识的客体场域得到极大的拓展，使主体能动性和主体势得到了充分发挥；它不仅使人的超前认识和创造性思维能力得到极大发挥，而且正在改变着人类思维方式。

第四节　创新实践视域的历史观

唯物史观是马克思主义哲学诞生的标志性理论创新，它最集中地体现了马克思主义哲学的全面性和彻底性。由实践推进到创新实践，从创新实践的视域审视马克思主义历史观，就是要结合时代创新精神，使蕴含其中的一些隐而未彰的理论问题得到澄明和阐发，从而在坚持马克思唯物史观的基础上，深化和推进马克思的历史唯物主义。

一、社会生活的实践本质

传统的马克思主义哲学将唯物史观依附于辩证唯物主义，认为它是一般唯物主义原理在社会历史领域的推广或运用，这是一种简单化的理解，并没有把握住马克思主义哲学的真正本质即实践的世界观意义。历史上的旧唯物主义者一般在自然领域都能坚持唯物主义，但一旦进入历史领域，就毫无例外地滑入唯心主义，所以他们只能是"半截子唯物主义"。造成这种状况的原因固然是历史不同于自然，历史呈现在人们面前的是无数纷繁复杂的事件和人物的迭起与沉浮，单纯的直观经验只能把人引向精神意志或英雄人物决定历史的唯心史观的歧路上去①，但最根本的原因还是在于他们不理解实践活动及其意义，不

---

① 张奎良，宁丽娜. 马克思的新唯物主义哲学新在哪里？[J] 学习与探索，1998（3）：63.

理解社会生活的实践本质。

马克思则从实践出发去理解社会以及社会与自然的关系，认为："社会生活在本质上是实践的。凡是把理论导致神秘主义方面去的神秘东西，都能在人的实践中以及对这个实践的理解中得到合理的解决。"① 社会生活本质上是实践的，这是说实践是人类社会的存在方式。社会生活具有实践性，这种实践性体现在：首先，实践是社会关系形成的基础；其次，实践形成了社会生活的基本领域（经济领域、政治领域与精神领域）；再次，实践构成了社会发展的动力（生产力与生产关系、经济基础与上层建筑构成社会的基本矛盾，而它们之间的矛盾运动则构成了人类历史演进的机制、动力和规律）。正是社会实践给人类社会灌注以生命的活力，成为社会生活诸方面、诸领域以及它们相互联结的纽带，使社会有机体这一复杂、庞大的活的机器得以正常运转；没有实践，就没有人类社会；离开社会实践，社会生活及其发展的奥秘也就成为不可理解的东西。②

二、唯物史观的实践基础

在马克思看来，既然社会生活本质上是实践的，那么，也就合乎逻辑地把实践观点作为其历史观的理论基础，以此解释社会历史及其发展，从而揭开了"社会历史之谜"。

马克思指出："历史观和唯心主义历史观不同，它不是在每个时代中寻找某种范畴，而是始终站在现实历史的基础上，不是从观念出发来解释实践，而是从物质实践出发来解释观念的形成，由此还可得出下述结论：意识的一切形式和产物不是可以通过精神的批判来消灭的……只有通过实际地推翻这一切唯心主义谬论所由产生的现实的社会关系，才能把它们消灭；历史的动力以及宗教、哲学和任何其他理论的动力是革命，而不是批判。"③ 在这里，马克思不仅用实践解释意识的形式、观念的东西，而且又用实践解释社会历史的动力和过程。

社会存在和社会意识的关系问题，是社会历史观的基本问题。对于这一历史观的基本问题，马克思主义以前的社会历史理论始终未能做出正确的解答，而马克思把科学的实践观引入社会历史理论，用实践的观点去揭示社会存在、社会生活的物质性，指出不是社会意识决定社会存在，而是社会存在决定社会意识，从而正确地解答了历史观的基本问题。在马克思看来，人类社会虽然与自然界在物质性上是同一的，但是，人类社会在本质上又不同于自然界，这种

---

① 马克思恩格斯选集（第1卷）[M]．北京：人民出版社，1995：56.
② 肖前．马克思主义哲学原理（下册）[M]．北京：中国人民大学出版社，1994：377–388.
③ 马克思恩格斯选集（第1卷）[M]．北京：人民出版社，1995：92.

本质差异就在于在社会中有实践着的人或人的实践。正是通过现实的人及其从事着的实践，才形成人类社会的物质生活和精神生活、物质过程和精神过程，从而构成人类社会历史的全部内容。很显然，没有人的物质生活、物质过程（可概括为社会存在），也就不可能有精神生活和精神过程（可概括为社会意识）。马克思还透过纷繁复杂的社会现象，对人类社会进行一定的抽象，把生产力、生产关系（经济基础）和上层建筑看成是构成其结构的三大基本部分。

人民群众不仅是实践的主体，而且也是认识的主体。承认社会实践是人类社会的存在方式、活动方式，是唯物史观的真正起点，就必须承认人民群众是推动历史发展的决定力量，是社会历史的真正主人。列宁曾指出，包括形而上学唯物主义在内的旧的社会历史理论，存在着两个根本缺陷，其中之一就是不懂得社会实践在历史发展中的作用，看不到人民群众创造世界历史的伟大力量。可见，只有用实践的观点去解释社会历史，才会在社会历史理论下有人民群众的地位，没有马克思主义的科学实践观，也就没有历史唯物主义的群众史观。

马克思把科学的实践观引入社会历史领域，还深刻地揭示了社会历史发展的客观性和辩证性，为人们了解人类社会发展的"自然历史过程"，为人们说明人类社会这一特殊的物质运动形态，提供了思想钥匙。实践的客观性和辩证性，以及它的自然历史过程，正是人类社会的客观性和辩证性，以及它的"自然历史的过程"的具体体现。毋庸置疑，自然界与人类实践都具有客观性，自然界的客观性是通过自然界的自发力量、盲目必然性的运动体现出来的，而人类社会发展的客观性则不是这样，它只有通过有生命、有思想的人及其自觉活动，才能体现出来。实践的客观性，决定了社会发展的客观性，实践的"自然历史过程"决定了社会形态的"自然历史的过程"同实践的客观性和辩证性、实践的"自然历史过程"。人类社会发展的辩证性也是由实践的辩证性决定的。解开人类社会辩证发展之谜的，仍然是马克思的实践观。首先，实践是人类社会产生的基础，是人类社会发展的推动力量。实践创造着社会的物质财富和精神财富，推动着社会文明的发展。以劳动为基础的实践创造了人与社会、自然相互之间及其内部之间各种复杂的关系，并使之随自身由低级到高级、由简单到复杂的发展而相应地发展起来。正如恩格斯所说的"在劳动发展史中找到了理解全部社会史的锁钥"①。其次，实践的矛盾运动是社会发展的生动性和丰富性的源泉。实践的基本矛盾是主体和客体的矛盾，因此，社会实践的过程，就是实践的主体和客体的相互作用的过程，同时也是主观和客

---

①　马克思恩格斯选集（第4卷）［M］．北京：人民出版社，1995：258．

观的相互作用的过程，呈现出主观和客观的矛盾运动，既表现着人的思想的能动性，又表现为把思想变为客观现实的能动性。由此可见，社会实践的矛盾及其辩证运动，其中的主体和客体的相互作用，以及与此相联系的主观与客观的相互作用，正是人类社会的蓬勃生活，它是丰富性、生动性和生命力的源泉。

由上不难看出，科学的实践观之所以构成历史唯物主义的理论基础，就在于它既体现着历史的唯物论，又体现着历史的辩证法，是历史唯物论和历史辩证法的统一。只有用科学的实践观这把钥匙，才能真正解答"历史之谜"。

三、创新实践深化了马克思主义历史观

实践是马克思主义的历史观建构原则和理论基础，随着实践的发展，尤其在当今创新已成为新的时代精神、创新实践已成为当代社会实践主导形式的情况下，有必要深化对马克思实践观的认识，把实践推进到创新实践，从创新实践的视域来对马克思主义历史观进行重新审视，创新实践视域的历史观是对马克思唯物史观的深化。

首先，创新实践深化了社会发展的根本动力理论。唯物史观认为，社会基本矛盾构成社会发展的根本动力，但对其内在运行机制还没有进行深入揭示，认为物质生活的生产方式制约着整个社会生活、政治生活和精神生活的过程，但对"又是什么制约着生产方式的变化"没有进一步回答。从创新实践的视域来看，人类一切历史活动的起点是物质创新实践，其中技术创新直接产生新技术，引起技术革新或技术革命，实现了生产力发展中的质的飞跃，致使原有的生产关系和上层建筑与新的生产力不再相适应，成为阻碍生产力发展的制度性因素，于是为了解放生产力、发展生产力，就必须进行制度创新，制度创新改变了不适应生产力发展要求的旧有的生产关系和上层建筑，建立了适应生产力发展要求的新的生产关系和上层建筑，从而推动着社会发展。可见，技术创新是社会发展的原动力，制度创新是促进社会发展的直接动力，而知识创新又为技术创新和制度创新提供着智力支持和理论指导。由三大创新实践相互依存、相互促进而有机地构成的社会历史合力系统是推动社会发展的真正动力，三大创新所形成的成果就相应地构成了人类社会的物质文明、制度文明和精神文明。

其次，创新实践深化了"人民群众是历史的创造者"的群众史观。唯物史观则认为人民群众是历史的创造者，"人民，只有人民，才是创造世界历史的动力"[①]。但对人民群众是如何创造历史的未做出进一步说明。从创新实践的视域看，人民群众正是通过各种具体的创新实践形式（技术创新、制度创

---

① 毛泽东选集（第3卷）［M］．北京：人民出版社，1991：1031．

新、知识创新）不断形成新的先进的生产力来实现的。在历史的长河中，人民群众的创新程度、频率与历史发展进程的快慢有关。重视创新、敢于创新，历史发展的速度就快一些；反之，就慢一些，甚至停滞不前。

再次，创新实践能够弥补社会发展的"直接动力"理论的不足。"直接动力"理论即把阶级斗争看作是阶级社会发展的直接动力。这个理论值得推敲，因为它只对阶级社会作出这样的断定，而对无阶级社会是否有"直接动力"问题没有给予明确回答；同时，它对作为完整的阶级已经被消灭，阶级斗争不再是主要矛盾，但还在一定范围内存在的社会主义社会还缺乏足够的解释力。为了弥补这种缺陷，人们又提出改革是社会主义社会发展的直接动力。然而这个论断仍是对特定阶段的人类社会（有阶级的社会）发展动力问题的概括，不是对整个人类社会发展动力问题的概括。从创新实践视域看，改革从本质上来讲，属于制度创新，而制度创新属于创新实践的一种表现形式，所以，用创新实践来概括社会发展的直接动力在理论上具有更广泛的解释力，也能较好地弥补以上的不足。

由上可知，只有把握时代的创新精神，与时俱进，将实践推进到创新实践，从创新实践的视域来深化对马克思主义历史观的认识，才能真正坚持和发展马克思主义唯物史观。

第五节　创新实践视域的自由观

马克思主义自由观是实践自由观。由实践推进到创新实践，从创新实践的视域审视马克思主义自由观，就是要结合时代创新精神，使蕴含其中的一些隐而未彰的理论问题得到澄明和阐发，从而在坚持马克思主义自由观的基础上，深化和推进马克思主义自由观。

一、自由之谜的历史解答

自由不仅是人类孜孜以求的价值目标，同时也是思想家们苦苦求解的千古之谜。西方对自由的探寻有着悠久的传统。近代以来，从被马克思称作"自由思想的始祖"的洛克开始沿着两个路向展开：一个为哲学路向，即由英国经验论中经法国哲学、德国古典哲学再延展到现代西方哲学；另一个为政治学路向，即由古典自由主义（洛克）中经现代自由主义（密尔）再发展到新自由主义（罗尔斯）。他们在构筑自己的理论体系时或多或少地论及自由问题，并按照自己的理解，诠释着自由理念，丰富着自由思想。思想家们对自由的理解遵循着两种不同的思维方式和路径：一种是强调主体服从客体，即主体通过对客体的顺从而摆脱外在限制，获得自由。这种对其只作了空洞的否定性规定，而没有任何新的或积极肯定的内容的自由通常被称为消极的自由；另一种是赋予主体精神以无限的能动性即自我决定，自我实现，自己立法，自己遵守，不受外在的强制的束缚而获得自由，这种自由通常被称作积极的自由。前一种是旧唯物论哲学的自由观，后一种则是唯心论哲学的自由观。它们都具有片面性，根本之点在于他们没有从实践去理解。

二、马克思主义自由观的实践本质

马克思主义自由观在本质上是以实践为基础的科学自由观。它的确立，一方面是马克思和恩格斯对自然、社会和人类自身发展客观规律的深刻认识基础上的结果；另一方面，也是他们对前人自由观批判地继承的结果。马克思用实践的观点来阐明人的自由的本质。在他看来，自由是一个主体性范畴，是人的主体性的最充分的体现。"人不是由于有逃避某种事物的消极力量，而是由于有表现本身的真正个性的积极力量才得到自由"①。而表现真正个性的积极力量则是人的自由自觉的活动即劳动或实践。人不可避免地要受到外在的限制，但又能够运用自己的实践力量去打破外在的限制，这才是人的自由之所在。在马克思那里，劳动实践是自由的核心，自由既体现在各个实践活动过程当中，也体现为一个个实践联系衔接起来的整个长过程中。一部人类实践史就是一部人类自由发展史。"文化上的每一个进步，都是迈向自由的一步"②，都是自由发展过程中不可缺少的一个阶段、一个部分。马克思从来不抽象地谈自由，他认为自由总是具体的、历史的，而且其实现还需要一定的条件。

总之，马克思从现实的人出发，把社会实践引入自由领域，认为自由实际上是通过主体的创新实践活动而实现的主体与客体、人与社会的统一。这就不仅唯物辩证地解决了自由的前提、性质和内在结构，而且也科学地解决了自由和必然关系这一重大时代课题，从而表明马克思科学的实践自由观的正式确立。

三、创新实践深化了马克思主义自由观

马克思主义经典作家们虽然从各个不同角度论述过了自由，确立了科学的实践自由观，为我们进一步揭示自由、理解自由提供了基本的立场和方法，但同时我们也应看到，他们的这些对自由的论述都是散见于不同的著作里，而非集中的、系统的、专门的论述和阐明。特别是在当代，创新已成为新的时代精

---

① 马克思恩格斯全集（第2卷）[M]. 北京：人民出版社，1957：167.
② 马克思恩格斯选集（第3卷）[M]. 北京：人民出版社，1995：456.

神，创新实践已成为实践的主导形式的情况下，有必要立足于创新实践，对马克思的自由观中一些隐而未彰的理论进行澄清和阐发，以此来深化马克思主义自由观。

首先，只有创新实践才是自由的源泉。实践的观点是马克思自由观的基本观点，自由问题本质上是一个实践问题。常规实践是从创新实践转化而来的，所以任何实践从其产生的源头来看，都是创新实践。因此从创新实践视域看，马克思的自由观是创新实践自由观，创新实践才是自由的源泉。

其次，创新实践是自由拓展的平台和提升的阶梯。常规实践只能维持原有自由的水平、巩固原有自由的范围，只有创新实践才是自由的发展的真正动力。自由总是在人的一定的社会关系中呈现出来的。而这种社会关系无论是人与自然的关系，还是人与人（社会）的关系以及彼此间的关系，不仅是在创新实践中生成的，而且也是随着人们的创新实践的发展而不断发展的。与此相对应，自由也就表现出不断地向前发展：一方面，是人的自由范围在不断地扩大；另一方面，是人们的自由和解放程度也在不断提升。马克思也正是基于对人类劳动（创新实践）的考察，把人类历史进程划分为三阶段①：在以"人的依赖关系"为特征的社会形态中，由于创新实践能力水平低下，人与世界的对象性关系几乎局限在自然界，与社会几乎不具有对象性关系，个人是不占有自己类本质的。在这一阶段中，个人没有独立性，直接依附于一定的社会共同体，因而人是没有独立的自由个性的。在以"物的依赖性"为特征的社会形态中，人类文明进步出现了二律背反。一方面，人的存在方式的中心开始从群体本位转向了个体本位。群体走向单个人的分化，使原来只有大写着的"人"，从人身依附与等级从属的依赖关系中解放出来，成为具有独立人格的人，并获得了一定程度的自由。另一方面，人的劳动成果反而成为剥削自己的工具（资本），人所创造的对象即体现人的类本质的"人的世界"反而成为一种异己力量，对象化变成了异化，人成了与自己的类本质相分裂、相矛盾的存在物。处于这个社会中的劳动者是不自由的。所以，在此社会中，个性比较高度的发展是以牺牲个人的历史过程为代价的，因而这种以牺牲大多数人的自由为代价的自由，并不是人类的真正自由。只有到了以"自由个性"为特征的社会形态，才是真正的人的历史的开始。因为此时，人类通过创新实践，为人的发展提供了充裕的物质条件（高度发达的生产力）和精神条件（自由时间的增多），人的类本质已经充分地展开和实现，每一个人都全面地占有了自己的类本质，即"人的本质的自我复归"，实现了存在与本质、个体与整体的

---

① 马克思恩格斯全集（第30卷）［M］．北京：人民出版社，1995：107-108.

统一。

再次，创新实践是确证自由水平的标尺。如果说实践是人的本质力量的确证，那么，创新实践更是人的自由的充分体现和现实水平的确证。马克思坚决拒斥认为劳动（实践）只是一种为了维持人们肉体生存所必需的，而与人的本质力量的彰显和高尚旨趣无关的被迫性活动的观点。因为这种观点将人的需要等同于动物的生物学意义上的需要，将人的活动方式降低为动物为维持生存觅取食物的生物性活动方式，否定了人的活动的目的性、能动性和社会性。马克思所言及的实践，是从整体上讲的，既包括创新实践也包括常规实践。虽然常规实践也体现了人的能动性和创造性，但相比较而言，创新实践则更集中体现了人的能动性和创造性，因而是对人类追求自由与发展的更好的确证。第四，作为创新实践的一种典型形式——虚拟实践，大大提高了人的选择自由度。虚拟实践为人类认识事物存在和发展的多种可能性打开了探索的空间。虚拟实践不仅指向现实世界，可以将其仿真地模拟出来，而且更主要指向各种可能的世界和不可能的世界，使人们的活动突破现实性的限制，拓展了人的选择空间，提高了人们的自由度。

第六章　创新实践视域的
当代马克思主义哲学中国化

　　创新实践不仅极大地深化了马克思主义哲学的时代蕴涵，而且也极大地推动了马克思主义哲学中国化的发展。当代马克思主义哲学中国化就是把马克思主义哲学与当代中国特色社会主义建设这一伟大创新实践紧密结合起来，对其中出现的重大理论和现实问题作出时代的回答，不断结晶为中国化的马克思主义哲学的过程。

第一节　马克思主义哲学中国化概述

一、马克思主义哲学中国化的含义

　　"马克思主义哲学中国化"这一命题，最早是由艾思奇提出。① 自从这一命题提出以来，学界围绕其展开了广泛而深入的探讨。首先，是这一命题的前提性问题，即马克思主义哲学中国化这一提法的科学性、合理性。对于这一问题，除少数持怀疑或否定看法外，大多数则持肯定态度。其次，是对这一命题含义的理解，即"何谓马克思主义哲学中国化？"对此，一般理解为"马克思主义哲学与中国实际相结合"。不过这种回答过于笼统，令人不解。进一步追问"何谓中国实际"，则是见仁见智，见解各异。那么，到底如何来理解这个"中国实际"呢？这就需要我们摒弃单一的思维视角，而用多维的整体的视角来理解。

　　"中国实际"外延宽泛，内涵丰富。有研究者把它看成是包含在特定时代

---

　　① 艾思奇在1938年4月写的《哲学的现状和任务》中明确提出："现在需要一个哲学研究的中国化、现实化的运动。过去的哲学只是做了一个通俗化的运动，把高深的哲学用通俗的词句加以解释，这在打破从来哲学的神秘观点上，在使哲学和人们的日常生活接近，在使日常生活中的人们也知道注意哲学思想的修养上，是有极大意义的，而且这也就是中国化现实化的初步。"艾思奇文集（第一卷）[M].北京：人民出版社，1981：387.

中的中国的历史、现实和未来发展趋势的总和，是对特定时代中国社会的政治、经济、文化等的发展状况及其影响因素的总概括。① 在我们看来，"中国实际"是指中国人所从事的物质生活和精神生活的实践在特定时空中的延展。体现为三重向度：时间向度、空间向度和主体向度。从时间向度看，中国实际立足于当下，但又承接着过去，蕴含着未来。从这一向度来把握马克思主义哲学中国化，进而来理解马克思主义哲学与中国实际相结合，实际上内蕴三个方面的相结合：一是马克思主义哲学与当下的中国现实相结合，即既要坚持运用马克思主义哲学的基本立场、观点和方法创造性地研究中国社会现实或当前实践中的问题，又要通过这种创造性的研究来丰富和发展马克思主义哲学。二是马克思主义哲学与中国的历史文化传统相结合，即既要运用马克思主义哲学来审视和反思中华民族的历史文化传统及其当代价值，以便更深刻、更准确地研究中国社会现实或当前实践中的各种问题，又要从中华民族的历史文化传统中吸取智慧来强化马克思主义哲学的民族特色，使马克思主义哲学具有为中国人所喜闻乐见的形式。② 三是马克思主义哲学与时代特征相结合。中国实际既是静态的也是动态的。时代特征就是中国实际的动态展现，故决定了马克思主义哲学与中国实际相结合就必须与时俱进，从而不断地与时代特征相结合。马克思主义哲学与时代特征相结合意味着，要运用马克思主义哲学去研究和反思中国现代社会生活所面临的各种时代条件，即整个人类文明的最新发展态势特别是人类实践科学和哲学最新发展的成果，以及其中出现的各种问题。并通过对人类文明最新发展成果和人类文明最新发展中出现的各种问题的哲学提升、哲学解答来丰富和发展马克思主义哲学本身，从而不断开拓马克思主义哲学发展的新境界，永葆马克思主义哲学的当代性。③

从空间向度上看，作为一种空间性存在的中国实际，主要是指当下的中国现实及其延展的外部世界。这是因为在当今全球化背景下的中国与世界已经处于一种相互依存、相互促进又相互制约的命运共同体当中。中国的发展离不开世界，世界是作为自己存在和发展的外部环境；世界的发展也离不开中国，中国是当前世界的一个不可分割的主要组成部分。因此，马克思主义哲学与中国实际相结合，实际上也意味着我们以宽阔的视野，既要关注当下的中国，也要关注当下中国的外部世界。④

从主体向度上看，中国实际的实践主体是人民大众，因此，马克思主义哲

---

① 汪信砚. 马克思主义哲学中国化传统与创新［M］. 北京师范大学出版社，2017：146.
② 汪信砚. 马克思主义哲学中国化传统与创新［M］. 北京师范大学出版社，2017：147.
③ 汪信砚. 马克思主义哲学中国化传统与创新［M］. 北京师范大学出版社，2017：148.
④ 汪信砚. 马克思主义哲学中国化传统与创新［M］. 北京师范大学出版社，2017：146-147.

学与中国实际相结合，就是要用中国化、时代化了的马克思主义哲学来武装人民群众，使其成为当代人民大众实践的鲜活存在。因此，从这个角度上看，所谓的马克思主义哲学中国化实际上就是马克思主义哲学的大众化。①

理解"马克思主义哲学中国化"的含义，对"中国实际"做多向度的理解是关键，但还必须看到，在马克思主义哲学中国化过程中，马克思主义哲学与中国的具体实际之间是一种积极的、建设性的互动关系。② 这意味着马克思主义哲学中国化不单是指用马克思主义哲学"化"中国，而且还是指用中国来"化"马克思主义哲学。在这个过程中，马克思主义哲学变成了中国文化本身的一部分，而中国社会的实际发展也变成了马克思主义哲学的实现过程。这种"互化"不是两个孤立过程，而是同一过程的两个方面，是一种双向互化的过程。这个过程也是一个双向建构过程。首先，它体现在马克思主义哲学与中国现实实践相结合的过程中。一方面是运用马克思主义哲学的基本精神、基本方法对当今社会、经济、科技、文化以及人类实践活动的新发展、新特点，做出哲学层面的回应，构建中国风格、中国形式的马克思主义哲学，实现马克思主义哲学的创新；另一方面，又通过对当代中国社会主义现代化建设与发展的实践创造出来的中国的马克思主义哲学运用于马克思主义中国化的实践当中，能动地改造中国社会，发挥理论指导实践的作用。其次，它体现在马克思主义哲学与中国传统哲学与文化相结合的过程中。一方面，是运用马克思主义哲学来批判、扬弃和提升中国传统哲学与文化，把其中的精华吸纳到马克思主义哲学中来，借以实现马克思主义哲学中国化；另一方面，是中国本土的哲学与文化通过全面应对来自西方近现代哲学与文化以及中国社会现代化的双重挑战，实现中国哲学与文化对西方哲学与文化的吸收与融合、传统哲学与文化在当代社会中的更新与延续，完成中国传统哲学与文化走向现代化。③

二、马克思主义哲学中国化与马克思主义中国化

对于"马克思主义哲学中国化"与"马克思主义中国化"这两个命题之间的关系，学界有不同的理解。一是等同论，有意或无意将这两者不加说明地等同使用。二是"蕴含论"。这种观点认为，既然马克思主义是由马克思主义哲学、马克思主义政治经济学和科学社会主义等构成的有机整体，那么，马克

① 王南湜. 马克思主义哲学中国化的历程及其规律研究 [M]. 北京：北京师范大学出版社，2012：1.

② 谢地坤，李俊文. 马克思主义哲学中国化的实践反思 [M]. 北京：中国社会科学出版社，2014：91.

③ 谢地坤，李俊文. 马克思主义哲学中国化的实践反思 [M]. 北京：中国社会科学出版社，2014：85.

思主义中国化就必然逻辑蕴含着马克思主义哲学中国化，从而马克思主义哲学中国化便构成了马克思主义中国化的重要内容。三是"实质一致论"，这种观点认为，尽管马克思主义中国化和马克思主义哲学中国化是两个不同的概念，但从本质上来看，二者是一致的，都是与中国的具体特点相结合，并使之在中国具体化，具有中国的特性的历史过程。①

上述观点除等同论具有明显的错误外，其他均具有一定的合理性，但不够全面。我们认为，马克思主义哲学中国化与马克思主义中国化这两个命题之间既有区别，又有联系。它们的区别体现在以下方面：一是两者外延上的大小之别。马克思主义中国化包括马克思主义哲学中国化，前者为整体，后者为部分，整体大于部分。二是两者地位关系之别。在构成马克思主义整体的三个主要组成部分中，马克思主义哲学是其理论基础，马克思主义中国化必须以马克思主义哲学中国化作为基础。三是两者"中国化"的难易之别。由于哲学本身的思辨性，马克思主义哲学中国化较之于马克思主义中国化，在理论上其抽象化、普遍化要求更高；同时，在具体化、民族化方面，要创造出在内容、形式上具有中国特色的马克思主义哲学范畴和理论，把马克思主义哲学化为在话语系统、致思趋向、体系架构、逻辑起点、重点说明、价值目标和哲学范畴等方面都具有中国哲学文化特色、又为多数人能接受的马克思主义哲学的基本精神和体系，是较马克思主义中国化更艰难的任务。②四是两者"中国化"的成果呈现不同。马克思主义中国化在其百年历程中实现了多次飞跃：毛泽东思想的创立，实现了马克思主义中国化的第一次历史性飞跃；包括邓小平理论、"三个代表"重要思想、科学发展观在内的中国特色社会主义理论体系的形成是马克思主义中国化新的飞跃；习近平新时代中国特色社会主义思想的创立，是马克思主义中国化新的飞跃。③但马克思主义哲学中国化的理论成果并不完全与上述飞跃同步。它们同时实现了第一次历史飞跃，因为毛泽东思想包含毛泽东哲学思想，但实现新的飞跃即马克思主义中国化的第二个理论形态——中国特色社会主义理论体系，第三个理论形态——习近平新时代中国特色社会主义思想，并不意味着马克思主义哲学中国化的第二个理论、第三个理论形态也相应地形成了。对此，目前国内哲学界其说法不一，有认为还在建构当中。

① 谢地坤，李俊文.马克思主义哲学中国化的实践反思［M］.北京：中国社会科学出版社，2014：85.

② 余品华.论"马克思主义中国化"与"马克思主义哲学中国化"［J］.湖南科技大学学报（社会科学版），2010（1）：44-46.

③ 中国共产党第十九届中央委员会第六次全体会议公报［M］.北京：人民出版社，2021：10.

马克思主义哲学中国化与马克思主义中国化这两个命题之间又有联系，体现在以下方面：首先，从两者最初提出看，马克思主义哲学中国化这一命题早于马克思主义中国化这一命题。20世纪30年代初出现了马克思主义传播的新高潮，特别是马克思主义哲学传播的新高潮。其间，陈唯实、艾思奇、陈伯达等人率先提出"新哲学"（辩证唯物论）的中国化、现实化和通俗化，然后才促发了毛泽东提出整个马克思主义的中国化。其次，从两者地位看，一方面，由于马克思主义哲学是马克思主义理论体系的重要组成部分，马克思主义中国化自然也包含着马克思主义哲学中国化。如果把马克思主义中国化看作是"母题"，那么马克思主义哲学中国化则是从这一"母题"中引申出来的"子题"；另一方面，马克思主义哲学，尤其是其立场、观点、方法，构成为整个马克思主义的理论基础，是马克思主义理论的精髓，是马克思主义与各国实际相结合的关键所在，而马克思主义的政治经济学和科学社会主义则是马克思主义哲学在经济领域和社会历史领域运用的结果。正是马克思主义哲学这种特点及其在马克思主义中的地位，决定了它在马克思主义中国化中得到彰显，并被单独提出来，从这个意义上讲，马克思主义中国化首先且主要是马克思主义哲学中国化。再次，从两者进程看，尤其在实现第一次飞跃期间，马克思主义中国化和马克思主义哲学中国化相互交织重叠同时进行、理论成果同步产生。毛泽东思想的开端和毛泽东哲学思想的开端，相互交织，构成同一个过程。作为马克思主义中国化的理论成果的毛泽东思想与作为马克思主义哲学中国化的理论成果的毛泽东哲学思想相伴而产生。[1]

三、马克思主义哲学中国化与马克思主义哲学创新

理论创新就是人们在社会实践的基础上，通过积极思索和理性总结，冲破旧的思想观念和理论体系的束缚，创立新的理论概念和学说体系。[2] 与时俱进，不断地进行理论创新是马克思主义哲学的重要品质。马克思主义哲学无论是其产生还是其发展都是通过理论创新实现的，从而才不断地保持着生机和活力。马克思主义哲学中国化，既是中国社会发展的客观要求，也是马克思主义哲学创新的根本途径。20世纪以来，正是通过马克思主义哲学的中国化，中国化的马克思主义哲学才得以形成和出现，马克思主义哲学在中国这块土地上

---

[1] 余品华. 论"马克思主义中国化"与"马克思主义哲学中国化"[J]. 湖南科技大学学报社会科学版，2010（1）：44-48.

[2] 谢地坤，李俊文. 马克思主义哲学中国化的实践反思[M]. 北京：中国社会科学出版社，2014：93.

才得以不断地实现着理论上的创新和时代性的发展。① 马克思主义哲学中国化的实现过程也就是创新出中国化的马克思主义哲学的过程。这是一个双向建构的过程。首先，它体现在马克思主义哲学与中国现实实践相结合中。一方面是运用马克思主义哲学的基本精神、基本方法对当今社会、经济、科技、文化以及人类实践活动的新发展、新特点，做出哲学层面的回应，构建中国风格、中国形式的马克思主义哲学，实现马克思主义哲学的创新；另一方面，又通过对当代中国社会主义现代化建设与发展的实践创造出来的中国的马克思主义哲学运用于马克思主义中国化的实践之中，能动地改造中国社会，发挥理论指导实践的作用。其次，它体现在马克思主义哲学与中国传统哲学与文化相结合的过程中。一方面是运用马克思主义哲学来批判、扬弃和提升中国传统哲学与文化，把其中的精华吸纳到马克思主义哲学中来，借以实现马克思主义哲学的中国化；另一方面又是中国本土的哲学与文化通过全面应对来自西方近现代哲学与文化以及中国社会现代化的双重挑战，实现中国哲学与文化对西方哲学与文化的吸收与融合、传统哲学与文化在当代社会中的更新与延续，完成中国传统哲学与文化走向现代化。②

马克思主义哲学中国化是一个历史的动态发展过程，已有的中国化的马克思主义哲学并没有结束马克思主义哲学中国化的进程，中国化的马克思主义哲学是马克思主义哲学中国化的必然结果，反过来又会促进和继续推动马克思主义哲学中国化的历史进程，两者是同一过程相互联系的两个方面。首先，实践创新是理论创新的根本途径和最终目的。要实现中国化的马克思主义哲学的理论创新，必须不断地与中国现实实践相结合，通过创新实践实现理论创新。其次，通过创新的理论来指导创新的实践。实践创新不是不要理论指导，而是要用经过实践检验的正确的、发展着的创新理论来指导实践。再次，实践创新是马克思主义理论创新的根本目的。马克思主义理论创新要发挥对实践的指导作用，必须转化为实践创新，只有在指导和推动实践创新的过程中，才能真正转变成为改造世界的强大物质力量，体现出马克思主义中国化的理论价值和社会价值。③

总之，马克思主义哲学中国化不会一劳永逸、一次完成，而是一个永不停止、与时俱进的不断发展的过程，这是一个不断实现理论创新和实践创新辩证统一的过程。

---

① 汪信砚. 马克思主义哲学中国化传统与创新［M］. 北京师范大学出版社，2017：105.

② 谢地坤，李俊文. 马克思主义哲学中国化的实践反思［M］. 北京：中国社会科学出版社，2014：85.

③ 谢地坤，李俊文. 马克思主义哲学中国化的实践反思［M］. 北京：中国社会科学出版社，2014：95-96.

第二节　当代马克思主义哲学中国化的理论逻辑

当代的马克思主义哲学中国化是从 20 世纪 70 年代末开始的。伴随着改革开放和社会主义现代化建设大幕的开启，马克思主义哲学中国化迎来了一个新的发展历史时期。实践的逻辑决定着理论的逻辑。探寻当代马克思主义哲学中国化理论成果也即中国化的马克思主义哲学的逻辑起点是从全国关于真理标准问题的大讨论开始的。

一、逻辑起点：真理标准问题的大讨论

1. 真理标准问题大讨论的历史背景

从 1949 年新中国成立至 1976 年，是马克思主义哲学中国化的曲折阶段。这一时期，马克思主义包括马克思主义哲学在意识形态上的主导地位已经确立，为确保其地位，我国在广泛深入地开展马克思主义哲学的学习和宣传的同时，还在思想文化领域展开了对封建传统文化和西方资产阶级哲学的研究和批判。毋庸置疑，这些批判在当时是十分必要的。它在一定程度上统一了人们的思想，促进了马克思主义哲学的普及化和中国化。但矫枉过正，在批判中，那些捍卫马克思主义哲学的理论工作者都不自觉地陷入主观主义、形而上学的思维方式当中，把具有丰富内涵的马克思主义哲学仅仅归纳为唯物主义与唯心主义之争，并用这个标准去衡量马克思主义哲学以外的一切，把本应属于学术范围内的正常讨论，最后都无一例外地演变成政治斗争或政治事件，从而偏离了马克思主义哲学的本质，把本应是开放的马克思主义哲学体系逐渐演化成一个故步自封的僵化体系。在这一阶段，由于政治上的"左"倾错误，马克思主义哲学已经开始教条化、政治化，沦为政治的附庸哲学；反过来，这种哲学又进一步助长了政治上的"左"倾错误。"在这种情况下，马克思主义已经不是科学的马克思主义，而是变成了愚昧、落后、倒退、教条以及假的马克思主义"[①]。

十年动乱结束后，党开始拨乱反正，消除反映保守、僵化的政治立场和体现思想上的教条主义的"两个凡是"的影响，并意识到要彻底澄清思想混乱，纠正十年动乱中的错误，开拓新局面，就必须解决"判定真理的标准到底是什么"这一根本问题。

[①]　郭庆堂，等. 20 世纪中国哲学导论［M］. 徐州：中国矿业大学出版社，2002：235.

2. 真理标准问题的大讨论

1978 年 5 月 11 日《光明日报》发表特约评论员的《实践是检验真理的唯一标准》的文章，意味着全国关于真理标准问题大讨论的帷幕正式拉开。该文明确指出：检验真理的标准只能是社会实践；在实践基础上确立理论与实践统一的原则；马克思主义要不断接受实践的检验；科学无禁区，应该用科学态度来对待马克思主义理论。该文发表的当天新华社就发了通稿。次日起，《人民日报》《解放军报》《解放日报》以及多家省报相继进行转载。与此同时，哲学理论工作者也迅速跟进，纷纷发表关于实践方面的文章，讨论热烈。随后，《哲学研究》等期刊编辑部举办多次学术研讨会，又进一步推动了真理标准问题的讨论、研究和宣传。从 1978 年 7 月底开始，各省、自治区、直辖市和中央的一些部门，以及军队领域的主要负责人相继发表讲话或文章，公开表明支持实践是检验真理的唯一标准的立场，推动这场讨论的开展。据不完全统计，截至 1978 年年底，中央及省级报刊登载关于实践是检验真理的唯一标准的文章达 650 多篇，理论界召开的关于真理标准问题的座谈会、讨论会就有 70 余次，形成了以理论界为主、新闻界积极推动、社会各界广泛参与的理论问题大讨论。这次真理标准问题大讨论所涉及的哲学理论问题主要有：检验真理的标准是什么、实践是不是检验真理的唯一标准、如何理解实践标准及实践如何检验真理、逻辑证明与实践标准的关系，以及如何理解实践概念、实践的特点、实践系统的结构，等等。①

3. 真理标准问题大讨论的意义

首先，真理标准问题的大讨论具有重要的历史意义。真理标准问题的大讨论，冲破了"两个凡是"和个人崇拜的禁锢，极大地解放了中国共产党和全国人民的思想，重新确立了实践第一的观点和实事求是的思想路线，为党和国家工作重心的转移和开创现代化建设新局面，奠定了思想理论基础，提供了精神文化条件，特别是为尔后不久召开的中共十一届三中全会，作了思想理论方面的准备。

其次，真理标准问题的大讨论具有重要的学术价值。通过真理标准问题的大讨论，对高度政治化或单纯意识形态化的哲学进行了反省和清算，开启了哲学、人文社会科学从中充当意识形态宣传工具走向真正的学术研究的先河。真理标准问题讨论促发了许多哲学理论问题被提出或重新提出并展开讨论。这些问题的讨论，一方面体现了哲学研究中的自我反省和自我扬弃，另一方面也体现了一种新的、开放的视野。许多研究者不仅注意对正、反两方面经验的总结

① 金邦秋.马克思主义哲学中国化的历程［M］.上海：复旦大学出版社，2017：405-407.

和反省，而且引进和吸取外国哲学和文化中的积极成果；不仅注意对原有哲学问题和哲学概念的梳理、诠释，而且吸取自然科学、方法科学如系统论、信息论、控制论等的最新成果，并给予哲学理论方面的概括和提升，从而拓展了哲学研究的视野，推进了哲学研究方法的更新和转换，为哲学学科的发展注入了活力。①

二、突破口：对传统教科书体系的反思与改革

真理标准问题的讨论促发了人们对实践展开广泛而深入的讨论。随着人们对实践认识的深化，特别是对其在马克思主义哲学中地位认识的深入，又引发了人们对马克思主义哲学逻辑体系的进一步思考和对流行的教科书体系的反省。

1. 对传统哲学教科书的批判

20 世纪 80 年代以来，学界对我国长期使用的马克思主义哲学教科书提出了一定程度的批评。他们指出，我国的马克思主义哲学教科书基本上是苏联哲学的翻版和模仿，而苏联哲学教科书则基本上是沿袭斯大林在《联共（布）党史简明教程》中的"辩证唯物主义和历史唯物主义"等"小册子"的基本思想、观点和体系。在他们看来，这个思想体系不仅不符合马克思主义创始人的哲学思想的精神实质，而且也严重脱离现实。其根本局限表现在：坚持抽象的物质观，轻视实践在马克思主义哲学中首要的基本的观点，是"见物不见人"，无法满足人的自由个性发展的需要，等等。② 正因为这样，所以对进行批判就变得十分必要。有学者指出，"'教科书批判'是当代中国马克思主义哲学发展的应有之义"③，只有进行教科书批判，改革马克思主义哲学教科书体系，才能推进马克思主义哲学的当代发展，才能推进马克思主义哲学中国化的研究。

对传统教科书的批判和改革固然十分有必要，但是我们也不能完全否认它在我国宣传、普及马克思主义哲学，走向大众化方面的历史地位和价值。再者，我们不能笼统地对哲学教科书进行批判。因为马克思主义哲学教科书有广义狭义之分，狭义的教科书仅指我国高校中使用的马克思主义哲学原理教科书；广义的马克思主义哲学教科书还包括我国马克思主义史学家所撰写的、供广大群众所使用的哲学著作。前者当然存在着学界所批评的问题，但历史事实

---

① 金邦秋. 马克思主义哲学中国化的历程［M］. 上海：复旦大学出版社，2017：410-411.
② 刘国胜. 马克思主义哲学中国化的研究进路［C］//马克思主义哲学中国化与当代中国哲学建设. 孙麾，汪信砚. 北京：社会科学文献出版社，2011：82.
③ 白刚. 如何推进我国的马克思主义哲学研究［J］. 哲学研究，2006（3）：11-12.

表明，广义的马克思主义哲学教科书正是马克思主义哲学中国化的理论结晶，作为马克思主义哲学代表作的《实践论》和《矛盾论》，正是毛泽东《辩证唯物论提纲》讲义的核心内容，它们既是我国马克思主义哲学教科书的"范例"，也是马克思主义哲学中国化的"范例"。①

2. 传统哲学教科书改革的方向

对传统哲学教科书的批判，主要集中在它低估实践在马克思主义哲学中的地位，未反映出马克思主义创始人哲学的本真精神方面，并明确把建构实践唯物主义作为其改革的路向。

"实践唯物主义"又称为"实践的唯物主义"，是马克思、恩格斯对其有别于旧唯物主义的、以实践为基础、以共产主义为目标的新唯物主义哲学的称谓。它初成于《1844 年经济学哲学手稿》，发展于《神圣家族》和《关于费尔巴哈的提纲》，正式提出于《德意志意识形态》。②

我国对马克思主义哲学作实践唯物主义的理解和研究是有其思想背景和现实基础的。从思想背景看，真理标准问题的大讨论不仅促成了中国马克思主义哲学的拨乱反正，而且也引起了人们对实践问题、人的主动主体性问题以及价值问题的关注。而 1979 年马克思《1844 年经济学哲学手稿》（以下简称《手稿》）中文全译本的出版，引起了中国哲学界的极大关注。《手稿》中许多关于实践的论述，不仅为哲学界研究马克思主义实践观提供了丰富的理论资源，而且也为实践唯物主义以实践统摄马克思主义哲学提供了确凿的理论依据。《手稿》的研究，还在我国哲学界引发了一场关于人道主义和异化问题的大讨论。这场讨论极大地改变了人们对马克思主义哲学的理解，开始认识到人道主义和人的主体性是马克思主义哲学的核心内容。③ 此外，西方国家的马克思主义学者如葛兰西、柯辛、赛迪尔等对马克思主义哲学与实践关系重新研究，也为教科书哲学改革方向提供了启示。从现实基础看，中国的改革开放对人的主体性的高扬，社会主义市场经济建设对市场主体的呼唤，这些因素也使得中国哲学家开始从主体出发，从主体和人的活动出发观察世界。由此，实践唯物主义研究得以兴起。

实践唯物主义研究的发展是从 1988 年开始的。该年 1 月，在天津南开大学召开了全国性的哲学体系改革讨论会，会议达成了共识，即实践唯物主义是中国马克思主义体系改革的方向。同年 9 月，"全国实践唯物主义讨论会"在

---

① 汪信砚. 当前我国的马克思主义哲学研究的三个误区［J］. 马克思主义哲学研究，2005（4）：58-59.
② 杜学礼. 马克思主义哲学中国化实践研究［M］. 北京：中国水利水电出版社，2015：7.
③ 杜学礼. 马克思主义哲学中国化实践研究［M］. 北京：中国水利水电出版社，2015：7.

北京召开，与会专家就实践唯物主义的基本内容、体系特点以及国外马克思主义对实践的研究等问题，展开了热烈的讨论。由于这两次会议与会专家多为中国马克思主义哲学界的权威人物，因此会议提出的实践唯物主义的改革方向引起了广泛的反响，此后实践唯物主义逐渐成为马克思主义哲学在中国创新的主流思想和发展方向。[①]

实践唯物主义是对马克思主义哲学的继承与发展，是新时期马克思主义哲学中国化的新形态。它的兴起，无论是对马克思主义哲学乃至在整个哲学的研究，还是对现实的社会建设实践都具有重要的理论意义。首先，实践唯物主义冲破了教条主义和本本主义的束缚，解放了人们的思想。实践唯物主义从实践的角度解读马克思主义哲学，强调物质和精神、主体与客体在实践基础上相互沟通、相互作用，在强调对立统一规律的同时，主张整体的系统的观点，把人们从形而上学的思维方式中解放出来，开辟了马克思主义哲学在中国的发展道路，推动了马克思主义哲学在中国的发展。其次，实践唯物主义根据马克思主义的经典文本，结合党的现实需要，重新阐释了实践及其在马克思主义哲学中的地位和作用，使马克思主义哲学重新回到了理论与实践相统一、认识世界与改造世界相结合的发展道路上来。再次，实践唯物主义区分了作为体系的和作为思想的马克思主义哲学。实践唯物主义认为，马克思主义哲学既是一种体系，又是一种思想。介绍、传播和研究马克思主义哲学思想，固然需要有一定的理论体系作支撑，但马克思主义哲学思想不能囿于任何既定的体系，从而束缚其发展。实践唯物主义主张思想与体系的共建，主张开放思想与开放体系的互动。最后，实践唯物主义促进了马克思主义的全面、深入的研究。

三、增长点：直面中国特色社会主义建设中的系列重大问题

把马克思主义哲学理解为实践唯物主义，其根本之点在于实践的观点是其首要的基本的观点。哲学是思想中所把握的时代，而问题就是时代的声音。马克思主义哲学要保持其作为时代精神的精华的地位，就必须始终紧随时代，关注现实实践的发展，注重从现实实践中提出具有普遍性的哲学问题并对其作出创造性的回答，从而不断丰富和发展马克思主义哲学。

马克思主义哲学中国化也必须是将马克思主义哲学与中国的改革开放和现代化建设的实际结合起来，与中国人民的伟大实践活动结合起来，注重从当代中国特色社会主义建设这一伟大实践中提出的重大问题作出哲学性的回答，形成中国化的马克思主义哲学理论成果，不断地促进马克思主义哲学中国化的深

---

① 杜学礼．马克思主义哲学中国化实践研究［M］．北京：中国水利水电出版社，2015：9.

入发展。

"理论在一个国家实现的程度总是决定于理论满足这个国家的需要的程度。"① 这意味着马克思主义哲学中国化不仅要立足于中国实践、结合中国实际，但更要以问题为中心，要以哲学的方式来解答当代中国实际中提出的重大问题为旨要。由于不同的历史阶段有不同的历史任务，而这个任务则是由该阶段要解决的主要矛盾所提出的问题。当代马克思主义哲学中国化以问题为中心，就是要以哲学的方式来着力回答当代中国特色社会主义建设中提出的重大问题。这里的重大问题究竟指哪些，学者有不同看法。王南湜认为，当代中国马克思主义在实践中的发展主要集中在社会主义的本质问题，特别是社会主义历史发展中的理想性与现实性问题，人的全面发展问题和社会发展方式问题。② 倪志安认为这些重大问题包括如何看待资本的全球化和当代资本主义危机的问题，如何看待中国社会主义市场经济体制对资本的利用问题，如何看待社会主义市场经济体制中的资本与财富的关系问题，如何看待社会主义和谐社会建设中经济建设、政治建设、文化建设、社会建设和生态文明建设的关系问题，如何看待中国社会现实中的地区之间发展差距和人与人之间贫富差距的问题，如何处理中国社会现实中的资本与劳动、公平与效率、民主与自由、物与人的关系问题等。③

第三节　当代马克思主义哲学中国化的理论结晶

马克思主义哲学中国化与马克思主义中国化在理论成果体现上既有进程上的同步性和内容的一致性，又有进程上的不同步性和内容上的不一致性。从新民主主义革命时期到社会主义革命和建设时期，马克思主义中国化实现了第一次历史性飞跃，形成了毛泽东思想，与此同步，马克思主义哲学中国化实现了第一次历史性飞跃，形成了毛泽东哲学思想。毛泽东哲学思想不仅是毛泽东思想的主要组成部分，也是其理论基础，具有思想内容上的一致性。在改革开放和社会主义现代化建设新时期，马克思主义中国化又实现了新飞跃，形成了包括邓小平理论、"三个代表"重要思想、科学发展观和习近平新时代中国特色

---

①　马克思恩格斯选集（第 1 卷）［M］．北京：人民出版社，1995：11.

②　王南湜．马克思主义哲学中国化的历程及其规律研究［M］．北京：北京师范大学出版社，2012：145.

③　倪志安，等．马克思主义哲学中国化的方法论问题研究［M］．北京：人民出版社，2015：113.

社会主义思想在内的中国特色社会主义理论体系。但是目前无论是在官方还是在学界都没有见到说马克思主义哲学中国化也与此同步实现了新飞跃,形成了相应的理论成果。尽管如此,但是,我们还是十分肯定地认为中国特色社会主义理论体系的形成与发展是以马克思主义哲学为理论基础的,蕴含着丰富的辩证唯物主义和历史唯物主义世界观和方法论的内容。它们既是对马克思主义哲学、毛泽东哲学思想的继承、运用和发展,又是马克思主义哲学中国化在改革开放和社会主义现代化建设新时期的理论结晶。

一、邓小平理论的哲学意蕴

以党的十一届三中全会决定把党和国家工作中心转移到经济建设上来为标志,中国迈入了改革开放和社会主义现代化建设新时期。以邓小平同志为主要代表的中国共产党人,团结带领全党全国各族人民,深刻总结新中国成立以来正反两方面经验,围绕什么是社会主义、怎样建设社会主义这一根本问题,借鉴世界社会主义历史经验,创立了邓小平理论,成为马克思主义中国化实现新飞跃的本源之作、奠基之作,其中蕴含着丰富的马克思主义哲学意蕴,主要体现在以下方面。

1. 坚持马克思主义唯物论,创造性地提出"解放思想、实事求是",丰富了党的思想路线的内涵

世界观和方法论是统一的,有什么样的世界观就必然有什么样的方法论。作为马克思主义哲学大厦的基石的世界物质统一性原理,体现在方法论上必然是要按实事求是的原则行事。实事求是是马克思主义哲学中国化的光辉典范。它不仅是马克思列宁主义的精髓,也是毛泽东思想的精髓、邓小平理论的精髓,并成为我们党思想路线的核心。但这一思想路线在我党历史上并没有得到很好的遵循,甚至一度出现了严重的背离倾向。20世纪70年代末,邓小平复出后首要任务便是推动我党重新确立马克思主义的实事求是的思想路线。针对党内出现的"两个凡是"的错误,他一针见血地指出:"'两个凡是'不符合马克思主义。"① 随后,他在为党的十一届三中全会做准备的中央工作会议上发表的《解放思想,实事求是,团结一致向前看》的重要讲话中指出:"思想路线问题是个政治问题,是个关系到党和国家的前途和命运的问题","过去我们搞革命所取得的一切胜利,是靠实事求是;现在我们要实现四个现代化,同样要靠实事求是。"② 邓小平不仅力推恢复党的"实事求是"的思想路线,而且针对当时盛行的个人崇拜、迷信、实用主义、弄虚作假以及愈发严重的本

---

① 邓小平文选(第2卷)[M].北京:人民出版社,1994:38.
② 邓小平文选(第2卷)[M].北京:人民出版社,1994:143.

本主义、教条主义倾向等，将解放思想摆到了全党的指导思想高度，创造性地用"解放思想，实事求是"来概括党的思想路线。邓小平强调："我们讲解放思想，是指在马克思主义指导下打破习惯势力和主观偏见的束缚，研究新情况，解决新问题。"他认为，"解放思想，就是使思想和实际相符合，使主观和客观相符合，就是实事求是。"①邓小平不仅阐述了"解放思想"的内涵，而且还阐述了它与实事求是之间是辩证统一关系，从而丰富和发展党的思想路线的内容，成为其理论的精髓和核心。

2. 坚持并创造性地运用马克思主义辩证法，形成了中国特色社会主义建设与发展的方法论体系

邓小平继承和发展了马克思主义的辩证法思想，始终把联系和发展的观点落实到治国安邦的战略设计之中，体现了一位马克思主义者的哲学修养。邓小平不是从哲学概念出发，而是适应时代和中国发展的客观需要，把他精通掌握的唯物主义辩证法创造性地运用到中国改革开放和社会主义现代化建设的伟大实践中，"要照辩证法办事"。

邓小平开创的中国特色社会主义理论与实践处处闪耀着唯物辩证法的光芒。从矛盾的普遍性和特殊性相统一的辩证思维出发，邓小平努力把马克思主义的普遍真理与中国革命和建设的具体情况相结合，从而走出了一条中国特色社会主义道路，构成了马克思主义中国化的哲学基础。他在对香港、澳门、台湾问题处理时所提出的"一国两制"的构想，就包含了一般与特殊、变与不变的辩证法；他不仅指出"发展是硬道理"，而且还指出"改革是第二次革命""稳定是压倒一切的中心任务"，体现了要将改革、发展与稳定三者统筹协调的辩证法。他提出新时期党的基本路线即"一个中心、两个基本点"，要求我们坚持党的基本路线一百年不动摇；针对当时一手软一手硬，只注重经济建设、物质文明建设，忽视精神文明建设、法治建设等现象，邓小平强调"搞四个现代化一定要有两手，只有一手是不行的。所谓两手，即一手抓建设，一手抓法制"②。要"两手抓、两手都要硬"，不能一手软一手硬。这些阐述体现了坚持"两点论"与"重点论"相统一的辩证法。邓小平提出"社会主义要赢得与资本主义相比较的优势，就必须大胆吸收和借鉴人类社会创造的一切文明成果，吸收和借鉴当今世界各国包括资本主义发达国家的一切反映现代社会化生产规律的先进经营方式、管理方法"③；"计划经济不等于社会主义，资本主义也有计划；市场经济不等于资本主义，社会主义也有市场。计划

① 邓小平文选（第2卷）［M］．北京：人民出版社，1994：364.
② 邓小平文选（第3卷）［M］．北京：人民出版社，1993：154.
③ 邓小平文选（第3卷）［M］．北京：人民出版社，1993：373.

和市场都是经济手段。"① 这些论述体现了坚持从矛盾的同一性与斗争性相统一的辩证法出发，正确处理了社会主义与资本主义的关系、社会主义与市场经济关系。

3. 坚持实践基础上的真理与价值的统一，丰富和发展了马克思主义真理观和价值论

实践的观点是马克思主义哲学首要的基本的观点，也是其认识论的首要的基本的观点。实践不仅是认识的来源、动力和归宿，而且也是判定认识真理性的唯一标准。针对党内存在"两个凡是"的错误观念，邓小平支持并推动展开了轰轰烈烈的全国性的关于真理标准问题的大讨论。这场讨论不仅使实践作为检验认识真理性的唯一标准在人们脑海中牢固确立，而且还使人们的思想获得了解放，为改革开放奠定了思想基础。

邓小平重新确立并坚持把实践作为检验认识真理性的唯一标准，突出其认识功能，而且进一步突出了其价值功能，把实践标准运用于社会历史领域，提出了判断社会发展的"三个有利于"标准。20 世纪 80 年代末，邓小平针对党内和国内不少人在改革开放问题上迈不开步子，不敢闯，以及理论界对改革开放性质的争论，邓小平在南方发表了重要谈话，指出："改革开放迈不开步子，不敢闯，说来说去就是怕资本主义的东西多了，走了资本主义道路。要害是姓'资'还是姓'社'的问题。判断的标准，应该主要看是否有利于发展社会主义社会的生产力，是否有利于增强社会主义国家的综合国力，是否有利于提高人民的生活水平。"② 这便是有名的三个"有利于"标准。从此，三个"有利于"成为人们衡量一切工作是非得失的判断标准。邓小平从坚持实践的标准到提出"三个有利于"的标准，实际上是把真理的尺度与价值的尺度统一起来，作为判断我国改革开放和社会主义现代化建设成败得失的标准，不仅坚持了马克思主义的真理观和认识论，而且也丰富发展了马克思主义的价值论。

4. 坚持历史唯物主义原理，丰富和发展了社会生产力理论

生产力是唯物史观的实质和核心，马克思、恩格斯第一次揭示了生产力在社会存在和发展中的地位、作用，指出"历史过程中的决定性因素归根到底是现实生活的生产和再生产"③，由此得出生产力是人类社会发展进程中的最终决定力量的结论。

什么是社会主义、如何建设社会主义是邓小平理论的主题。邓小平继承了

---

① 邓小平文选（第 3 卷）［M］. 北京：人民出版社，1993：373.
② 邓小平文选（第 3 卷）［M］. 北京：人民出版社，1993：372.
③ 马克思恩格斯文集（第 10 卷）［M］. 北京：人民出版社，2009：591.

马克思唯物史观，坚持把生产力标准看成是衡量社会进步的根本标准，并且将之运用于对社会主义本质的再认识，指出贫穷不是社会主义，两极分化也不是社会主义，社会主义的本质是解放生产力，发展生产力，消灭剥削，消除两极分化，最终达到共同富裕。邓小平对社会主义本质的揭示，由此也就明确了社会主义的根本任务就是解放生产力，发展生产力。如何来解放生产力、发展生产力呢？邓小平进一步指出必须走改革之路。邓小平特别强调改革对于解放和发展生产力所起的作用，他说："社会主义基本制度确立以后，还要从根本上改变束缚生产力发展的经济体制，建立起充满生机和活力的社会主义经济体制，促进生产力的发展，这是改革，所以改革也是解放生产力。"① 他还把这种改革称作"中国的第二次革命"，以区别于夺取政权、废除生产资料私有制的第一次革命。②

邓小平不仅注重通过改革开放来解放生产力、发展生产力，而且在继承马克思主义的科学技术对生产力的发展起着重要作用思想的基础上，与时俱进，从时代出发，进一步提出了科学技术是第一生产力的思想，从而丰富了马克思主义生产力理论的内涵。

二、"三个代表"重要思想的哲学意蕴

继邓小平之后，以江泽民为主要代表的中国共产党人，团结带领全党全国各族人民，坚持马克思列宁主义、毛泽东思想和邓小平理论，又与时俱进，准确把握时代特征，科学判断我们党所处的历史方位，围绕"建设一个什么样的党、如何建设党"这一根本问题，集中全党的智慧，继续推进马克思主义中国化，逐步形成了"三个代表"重要思想这一系统的科学理论。"三个代表"重要思想既同马克思列宁主义、毛泽东思想、邓小平理论一脉相承，又是马克思主义中国化发展到新阶段的理论结晶，其中蕴含着丰富的马克思主义哲学意蕴，学界对此也做了较为广泛深入的探讨，本书在这里只是就其对马克思主义哲学丰富与发展的方面略陈几点。

1. 坚持在解放思想、实事求是的基础上，又创造性地提出"与时俱进"的要求，不仅深刻揭示了马克思主义理论品质，而且又进一步丰富了党的思想路线的内涵

马克思主义哲学强调：实践是认识的基础，实践的发展必然推动认识不断地发展深化。真理既是绝对的，又是相对的。马克思主义不是教条，而是行动的指南；不是包治百病的灵丹妙药，而是认识问题和解决问题的科学方法。本

---

① 邓小平文选（第3卷）[M]．北京：人民出版社，1993：370.
② 袁伟民．邓小平对马克思主义哲学的创造性发展 [J]．东岳论丛，2011（7）：70-74.

本主义、教条主义封闭真理的大门，从而窒息了真理。真理的发展是通过不断的理论创新实现的。"创新是一个民族进步的灵魂，是国家兴旺发达的不竭动力"①；理论创新是实践创新的先导。要实现理论创新，不仅要解放思想，还要实事求是，而且还要与时俱进。首先，要思想解放，自觉地把思想认识从那些不合时宜的观念、做法和体制中解放出来，从对马克思主义的错误的和教条式的理解中解放出来，从主观主义和形而上学的桎梏中解放出来。其次，要从实际出发，即要从时代特征、国际局势、国内形势和党的任务出发，最根本的是要从社会主义初级阶段这个最大的实际出发。再次，就是要研究现实中的重大问题。全党要以我国改革开放和现代化建设的实际问题、以我们正在做的事情为中心，着眼于马克思主义的运用，着眼于对实际问题的理论思考，着眼于新的实践和新的发展，共同研究和回答关系我们党和国家发展全局的新的重大战略问题，"不断深化对共产党执政的规律、对社会主义建设的规律、对人类社会发展的规律的认识"②。概言之，"坚持党的思想路线，解放思想、实事求是、与时俱进，是我们党坚持先进性和增强创造力的决定性因素。与时俱进，就是党的全部理论和工作要体现时代性，把握规律性，富于创造性。"③ 江泽民这一重要论断，不仅丰富了党的思想路线的内涵，而且也为我们促进真理发展、实现理论创新指明了方向。

江泽民不仅把创新同理论联系起来，而且还把它同实践联系起来，强调实践的创新性。他要求全党"继续抓住社会主义本质这个根本问题，大胆探索、实践和创造"；"在理论与实践的结合中勇于创新"④。这些讲话实际上表明了一种不同于传统实践的创新性实践理念开始提出。江泽民在坚持马克思主义科学实践观的基础上，又汲取改革创新作为时代精神的精华，对实践性质作重复与创新上的区分，重视创新实践的作用，丰富了马克思主义实践观的内涵，深化了我们对马克思主义实践观的认识，凸显了马克思主义哲学与时俱进的理论品格。

2. 对生产力作质的区分，强调先进的生产力，丰富和发展了马克思主义生产力理论，指明了中国特色社会主义的根本任务

生产力是人类在生产实践中形成的改造和影响自然以使其适合社会需要

---

① 中共中央文献研究室. 江泽民·论科学技术［M］. 北京：中央文献出版社，2001：138.

② 中共中央文献研究室. 十五大以来重要文献选编（下）［M］. 北京：人民出版社，2003：1915.

③ 江泽民. 全面建设小康社会开创中国特色社会主义事业新局面［M］. 北京：人民出版社，2002：12.

④ 中共中央文献研究室. 江泽民论加强和改进执政党建设（专题摘编）［M］. 北京：中央文献出版社，2004：161.

的物质力量。① 生产力理论是马克思唯物史观的核心。马克思唯物史观认为，推动社会发展的根本动力来自其内部的基本矛盾即生产力与生产关系、经济基础与上层建筑之间相互作用。在这两对矛盾中，生产力与生产关系的矛盾又更为根本一些。生产力与生产关系构成一个整体便是社会的生产方式。在生产方式中，生产力起决定性作用，它决定着生产关系的性质、形式及其发展状况。在生产方式这个统一体中，生产力是最活跃、最革命的因素，经常处于不断变化发展之中，它的变化或迟或早必将引起生产关系和上层建筑的变化。

"三个代表"重要思想中提出的先进生产力观，充分体现了以江泽民为主要代表的中国共产党人在坚持马克思唯物史观生产力理论基础上，又创造性地对生产力作性质上的区分，强调生产力的先进性，从而深化了生产力概念的内涵。"先进"是一个相对性的概念。判断一种生产力是否先进必须坚持具体历史标准和动态标准的统一。一般而言，它应体现这样一些基本特征：一是先导性，表现为带动和代表整个社会生产力的发展趋势和前进方向；二是科技创新性，表现为先进的科学技术转化运用于生产，成为第一生产力；三是高效性，表现为先进生产力大幅度提高了生产效率和经济效益；四是革命性，表现为先进生产力的发展对社会生产方式和整个社会关系引起革命性变化。②

"先进生产力"的提出，使人们不再模糊不清地对待具有不同内涵的生产，不再不加区别地去追求与发展具有不同内涵的生产力。同时，也表明"三个代表"重要思想的历史观的基本内容是以先进生产力为中心的先进生产力论，是将先进生产力视为一切社会发展的最终决定力量的新的生产力论，从而使马克思主义生产力论在新的历史条件下有了新的发展。③

3. 对文化作质的区分，强调先进文化，丰富和发展了马克思主义意识形态理论

文化有广义、狭义之分。广义的文化是指人们在物质活动和精神活动中所创造的一切，既包括物质文化，也包括精神文化以及社会的风土人情、习俗、风尚等一切"人化"的事物；狭义的文化则是指与经济、政治相对应的观念形态的文化。④ 文化作为社会意识总是对特定社会存在的反映，是建

---

① 马克思主义基本原理［M］．北京：高等教育出版社，2021：120-121．

② 李校利．先进生产力理论研究的深化［J］．生产力研究，2008（19）：51-53．

③ 吴元梁，李涛，徐素华，等．马克思主义哲学中国化的历史形态与借鉴［M］．北京：中国社会科学出版社，2019：200．

④ 李秀林．辩证唯物主义和历史唯物主原理（第5版）［M］．北京：中国人民大学出版社，2004：114．

立在经济基础之上的观念上层建筑即意识形态，包括由哲学、政治法律思想、道德观念、宗教观念、艺术等构成的文化结构。一定的文化结构虽然由经济基础决定，但其自身具有相对独立性，并对社会存在具有反作用。正如毛泽东所说的："一定的文化（当作观念形态的文化）是一定社会的政治和经济的反映，又给予伟大影响和作用于一定的社会的政治和经济。"① 这种反作用体现在质上，就是它对社会发展是起促进作用还是起阻碍作用；体现在量上，就是其作用的程度深浅、范围大小和时间长短。一定的文化能否对社会发展起促进作用取决于它是否具有先进性。先进文化一旦形成，就成为一种潜在力量，它通过知识体系、价值观念、思想信仰和行为模式，来规范人们的行为，制约社会发展的特色和方向，从而成为社会发展的内在灵魂和动力。②

何谓先进文化？一般而言，先进文化是与"落后文化""腐朽文化"相对而言的。判断一种文化是否先进，主要看它：是否符合社会生产力发展的客观要求，是否符合人类文明演进的客观规律，是否符合社会发展趋势的必然要求，是否体现了文化自身价值，是否符合最广大人民的根本利益。③ 概言之，一切先进文化，都必然是站在时代前列、合乎历史潮流、符合客观真理、有利于生产力发展、代表最广大人民群众利益的文化。④

当然，任何一种"先进文化"都是具体历史条件下的先进文化，不存在抽象的、恒久的先进文化。当代中国的先进文化，是先进文化本质要求在当代中国社会主义建设实践中的生动展开，它与中国特色社会主义文化、社会主义精神文明本质上是一致的。正如江泽民同志在《在庆祝中国共产党成立八十周年大会上的讲话》中指出的："在当代中国，发展先进文化，就是发展有中国特色社会主义文化，就是建设社会主义精神文明。"⑤ 而"建设有中国特色社会主义的文化，就是以马克思主义为指导，以培养有理想、有道德、有文化、有纪律的公民为目标，发展面向现代化、面向世界、面向未来的，民族的科学的大众的社会主义文化"⑥。

当代中国的先进文化既是我国先进生产力的反映，又是其进一步发展的客观要求。它不仅为我国改革开放和现代化建设提供强大的精神动力和智力支持，而且还不断丰富人们的精神世界，增强人们的精神力量，从而满足最

① 毛泽东选集（第2卷）[M]．北京：人民出版社，1991：663-664．
② 张宝琪．"三个代表"思想的马克思主义哲学意蕴 [J]．济宁师范专科学校学报，2005（5）：14．
③ 刘建军．论先进文化的衡量标准 [J]．社会主义研究，2002（6）：48-49．
④ 沈壮海．先进文化论 [M]．北京：高等教育出版社，2003：87．
⑤ 江泽民文选（第3卷）[M]．北京：人民出版社，2006：276．
⑥ 中共中央文献研究室．十五大以来重要文献选编（上）[M]．北京：人民出版社，2000：19．

广大人民群众日益增长的文化生活需要，已成为我国综合国力的有机组成部分。

"三个代表"重要思想中提出的先进文化观，充分体现了以江泽民为主要代表的中国共产党人在坚持马克思唯物史观关于社会存在与社会意识、经济基础与上层建筑辩证统一的基础上，又创造性地对作为社会意识、上层建筑的文化作性质上区分，强调文化的先进性，不仅指明了中国特色社会主义文化的发展方向，而且还丰富和发展了马克思主义意识形态理论的内容。

4. 对利益作了性质上的区分，重视最广大人民群众的根本利益，丰富和发展了马克思主义群众史观和利益理论

群众史观和利益理论是马克思唯物史观的基本观点，也是马克思主义全部学说的价值旨归。马克思唯物史观认为，社会基本矛盾是社会发展的根本动力，生产力是社会基本矛盾运动中起着最决定性的因素。人民群众是历史的创造者，不仅是物质财富的创造者，而且也是精神财富的创造者，更是推动社会变革的决定力量。讲生产力是推动社会发展最终决定性力量与讲人民群众是历史的创造者实质上是一致的。因为人民群众在任何时候都是作为生产实践的主体，生产力的提高、社会的进步，正是人民群众作为主体力量发挥的结果。然而，人民群众创造历史的积极性和主动性——主体力量的发挥，不能忽视这样一个基本事实，这就是要满足他们生存和发展的需要，也就是要保障他们根本利益得以实现。马克思和恩格斯指出："我们首先应当确定一切人类生存的第一个前提，也就是一切历史的第一个前提，这个前提是：人们为了能够'创造历史'，必须能够生活，但是为了生活，首先就需要吃喝住穿以及其他一些东西。"① 利益是人的需要的满足及其实现程度。需要是"指为了满足人的生存和发展对物质和文化资料的占有欲求"②。需要生成利益，利益驱动人们进行行动。"人们奋斗所争取的一切，都同他们的利益有关。"③

人民群众的根本利益是驱使其创造历史的力量发挥的初始动因。从这个意义上讲，最广大人民群众的根本利益与社会发展是一致的，符合这种利益就能推动社会发展。从而也表明，人民群众不仅是历史创造的主体，而且也是价值创造与享用的主体。

共产党人毫不避讳利益问题，但从不为自己谋取私利，而是把为大多数人

① 马克思恩格斯选集（第1卷）[M]．北京：人民出版社，1995：78-79.
② 陶德麟，石云霞．马克思主义基本原理概论（第2版）[M]．武汉：武汉大学出版社，2013：43.
③ 马克思恩格斯全集（第1卷）[M]．北京：人民出版社，1956：82.

谋利益公开地写在自己的旗帜上。马克思和恩格斯指出："过去的一切运动都是少数人的或者为少数人谋利益的运动。无产阶级的运动是绝大多数人的、为绝大多数人谋利益的独立的运动。"① "共产党人……没有任何同整个无产阶级的利益不同的利益。"② 中国共产党是中国工人阶级的先锋队，同时也是中国人民和中华民族的先锋队。作为无产阶级性质的政党决定了它没有任何自己的私利，它是中国各族广大人民群众根本利益的忠实代表，决定了它必须为实现最广大人民群众的根本利益而奋斗。"我们党始终坚持人民的利益高于一切。党除了最广大人民的利益，没有自己特殊的利益。党的一切工作，必须以最广大人民的根本利益为最高标准。"③

"三个代表"中"始终代表中国最广大人民的根本利益"的表述，在利益前面加了两层限定：一是"中国最广大人民"。这是从质和量上对利益主体作限定。"中国最广大"是对利益主体量的方面限定，为少数人还是为多数人谋利益是鉴别一个政党性质的主要标志；"人民"是对利益主体质的限定，人民相当于历史唯物主义"人民群众"范畴，这是一个历史范畴，不同的历史时期有着不同的内涵。当代"中国最广大人民"是指包括一切赞成、拥护和参加社会主义事业的建设者、一切拥护祖国统一和热爱社会主义祖国的公民。二是"根本"利益。

人的利益既有多种多样的形式构成复杂的结构体系又是一个动态的发展过程。根本利益则是指在一个利益结构体系中及其变化发展过程中处于支配地位、起决定作用的那个部分。"根本利益"不是抽象的，是具体而丰富的。它是个体利益与群体利益、局部利益与全局利益、眼前利益与长远利益的辩证统一。这些利益根据社会的不同领域和主体的不同需求，又分为经济利益、政治利益和文化利益这三个方面，构成了人民群众根本利益的统一整体。其中，经济利益是基础，政治利益是核心，文化利益是经济利益和政治利益的一种反映或表现，只有充分享有文化利益，才能实现人的全面发展，人民群众才能更加自觉、更加有效地追求和实现经济利益和政治利益。④

中国最广大人民的根本利益，就是指与人民群众生存发展密切相关的共同利益。具体体现在三个方面：一是在政治上，人民群众真正履行当家作主的权利；二是在经济上，不断解放和发展生产力，改善人民群众的物质生活，最终

---

① 马克思恩格斯选集（第1卷）[M]. 北京：人民出版社，1995：283.
② 马克思恩格斯选集（第1卷）[M]. 北京：人民出版社，1995：285.
③ 江泽民文选（第3卷）[M]. 北京：人民出版社，2006：280.
④ 张宝琪. "三个代表"思想的马克思主义哲学意蕴 [J]. 济宁师范专科学校学报，2005（5）：15.

达到共同富裕；三是在文化上，不断提高人民群众的科学文化水平和思想道德素质，满足人民群众日益增长的精神文化生活的需要。①

江泽民指出："我们党要始终代表中国最广大人民的根本利益，就是党的理论、路线、纲领、方针、政策和各项工作，必须坚持把人民的根本利益作为出发点和归宿，充分发挥人民群众的积极性主动性创造性，在社会不断发展进步的基础上，使人民群众不断获得切实的经济、政治、文化利益。"② 这不仅表明只有作为无产阶级政党的中国共产党是中国最广大人民根本利益的忠实代表者，而且也表明中国共产党是基于人民群众是历史创造者这一基本原理而确立的群众观点和群众路线的忠实践行者。

总之，作为一个有机统一的整体的"三个代表"重要思想其蕴含的哲学思想既是对马克思主义辩证唯物主义和历史唯物主义世界观和方法论坚持和运用，又是对其进一步的丰富和发展，尤其是对历史唯物主义基本原理的丰富和发展。正如胡锦涛在"三个代表"重要思想理论研讨会上的讲话中指出的："'三个代表'重要思想所具有的基本点，马克思主义经典作家都有论述，但把发展先进生产力和先进文化、实现最广大人民的根本利益同坚持党的先进性联系在一起，上升到党的性质和宗旨的高度，上升到党的指导思想的高度，构成一个完整的体系，这是当代中国共产党人对辩证唯物主义和历史唯物主义的创造性运用和发展。"③

三、科学发展观的哲学意蕴

党的十六大以来，以胡锦涛为主要代表的中国共产党人，团结带领全党全国各族人民，坚持马克思列宁主义、毛泽东思想、邓小平理论和"三个代表"重要思想，又与时俱进，准确把握时代特征和中国国情，总结实践经验，围绕"实现什么样的发展、如何实现发展"这一根本问题，集中全党的智慧，继续推进马克思主义中国化，形成了科学发展观。

科学发展观有狭义和广义之分。④ 狭义的科学发展观第一要义是发展，核心是以人为本，基本要求是全面协调可持续，根本方法是统筹兼顾；广义的科学发展观，是指党的十六大以来以胡锦涛为领导核心的党中央所提出的以科学发展观为核心的一系列重大战略思想，其中包括构建社会主义和谐社会、建设

---

① 赵振华."三个代表"的哲学底蕴［J］.中共宁波市委党校学报，2000（4）：17.
② 江泽民文选（第3卷）［M］.北京：人民出版社，2006：279.
③ 胡锦涛.在"三个代表"重要思想理论研讨会上的讲话［M］.北京：人民出版社，2003：6-7.
④ 吴元梁，李涛，徐素华，等.马克思主义哲学中国化的历史形态与借鉴［M］.北京：中国社会科学出版社，2019：214.

社会主义新农村、建设创新型国家、加强党的执政能力建设和先进性建设、建设社会主义核心价值体系、建设和谐世界等。

科学发展观既同马克思列宁主义、毛泽东思想、邓小平理论和"三个代表"重要思想一脉相承，又是马克思主义中国化发展到新阶段的理论结晶，具有丰富的马克思主义哲学意蕴，这里主要探讨其对马克思主义哲学丰富与发展的方面。

1. 提出"求真务实"，体现了马克思主义哲学的精髓，丰富了党的思想路线的内涵

实事求是是马克思主义哲学世界物质统一性原理的方法论呈现，不仅是马克思主义的精髓，也是毛泽东思想、邓小平理论、"三个代表"重要思想的精髓，同样也是科学发展观的精髓。实事求是是毛泽东首次用中国式的话语对马克思主义哲学世界物质统一性原理的方法论要求作出的阐释，并把它作为党的思想路线的核心。邓小平在坚持这一原则的基础上，又提出了解放思想，并将之与实事求是统一起来，从而丰富了党的思想路线的内涵。江泽民在坚持解放思想、实事求是的基础上又提出了"与时俱进"，将其与解放思想、实事求是统一起来，进一步丰富了党的思想路线的内涵。胡锦涛在坚持上述的基础上，提出了"求真务实"，并将其与解放思想、实事求是、与时俱进统一起来，从而进一步丰富了党的思想路线的核心内涵。

求真务实是作为科学发展观的精髓——实事求是的集中体现，它首先是一种科学精神。胡锦涛指出："求真务实，是辩证唯物主义和历史唯物主义一以贯之的科学精神，是我们党的思想路线的核心内涵。"[①] 其次，求真务实又是一种精神品格，"是党的优良传统和共产党人应该具备的政治品格。"[②]

如何践行这一作为共产党人的政治品格和优良传统呢？胡锦涛进一步指出："关键是要引导全党不断求我国社会主义初级阶段基本国情之真，务坚持长期艰苦奋斗之实；求社会主义建设规律和人类社会发展规律之真，务抓好发展这个党执政兴国的第一要务之实；求人民群众历史地位和作用之真，务发展最广大人民根本利益之实；求共产党执政规律之真，务全面加强和改进党的建设之实。"[③]

2. 提出科学发展，回答了中国发展的时代之问，开辟了马克思主义发展哲学的新境界

马克思主义哲学认为，发展是新事物的产生、旧事物的灭亡，是事物前进

---

① 胡锦涛文选（第2卷）[M] . 北京：人民出版社，2016：151.

② 胡锦涛文选（第2卷）[M] . 北京：人民出版社，2016：151.

③ 胡锦涛文选（第2卷）[M] . 北京：人民出版社，2016：156.

的上升的运动。整个世界是处于普遍联系和永恒的发展之中的。人类社会的发展是由其基本矛盾决定的，其中生产力成为最终的决定性因素，它决定着社会生活其他领域的进步。衡量社会发展进步标准有多种，其中生产力的发展状况是根本标准，而每个人的全面而自由的发展则成为最高标准。

科学发展观是指导发展的世界观和方法论的集中体现。它继承了马克思主义哲学关于发展的基本观点和历代党中央领导集体关于中国社会主义建设与发展的思想，同时又与时俱进，回答了时代中国发展的一系列重大问题，从而开辟了马克思主义发展哲学的新境界。

发展问题一直是关系到中国兴衰存亡的根本问题，也是历代党的中央领导集体致力于解决的首要问题。新中国成立初期，中国大地上到处都是国民党留下来的烂摊子，满目疮痍，千疮百孔，百业待兴、百废待举，同时还面临着西方资本主义阵营对我们的重重封锁和围堵。以毛泽东为主要代表的中国共产党人，怀着我们不但善于破坏一个旧世界，而且也善于建设一个新世界的热情与豪迈，对新中国的建设与发展进行了可贵的探索，既有成功的经验，也有失败的教训。毛泽东之后，以邓小平为主要代表的中国共产党人吸取了"文化大革命"的经验教训，果断地把工作重心转移到经济建设轨道上来。构成邓小平理论主题的"什么是社会主义，如何建设社会主义"问题，本质上就是如何发展的问题。邓小平不仅强调"发展是硬道理"，而且还指出发展首先必须解放和发展生产力，必须以经济建设为中心，实行对外开放，全面改革，实施三步走的战略方针，最后达到共同富裕。邓小平之后，以江泽民为主要代表的中国共产党人把发展视为"执政兴国的第一要务"，强调要把坚持党的先进性和发挥社会主义制度的优越性，落实到发展先进生产力、发展先进文化、实现最广大人民的根本利益上来，推动社会的全面进步，促进人的全面发展。[①] 十六大以来，以胡锦涛主要代表的中国共产党人，在秉承上述理念的基础上，准确把握世界发展趋势、认真总结我国发展经验以及深入分析我国发展阶段特征，提出了要以人为本，统筹兼顾，实现全面协调可持续的发展，科学回答了"实现什么样的发展、如何实现发展"这一时代之问。

科学发展观的提出，标志着党和人民对中国社会发展的认识达到新的高度。首先，它把发展作为第一要义，彰显了发展之于中国的重要性。这与邓小平强调"发展是硬道理"、江泽民指出"发展是执政兴国的第一要务"的精神具有一致性，故而我们不能离开发展讲发展观，更不能反对发展，"发展极限论""悲观论""停滞论"都具有形而上学的性质，都是应该摒弃的。其次，

---

① 黄枬森．马克思主义哲学体系的当代构建（下）[M]．北京：人民出版社，2011：670.

科学发展观还使我们明确了应该发展什么，如何实现发展，发展的出发点和目的何在，发展的根本动力以及检验发展的标准究竟是什么等一系列问题。

3. 提出"以人为本"理念，丰富和发展了马克思主义关于人的理论

"以人为本"首次见之于公开发表的中国党和政府的文件，是 2003 年党的十六届三中全会公报。公报不仅首提科学发展观，并将"以人为本"作为其核心。"以人为本"这一提法尽管在我国历史文献中曾经有过，但将其作为中国共产党人治国理政的核心理念提出来，这在马克思主义发展史上还是第一次，因而是一种创新。这种创新不在于提法，而在于赋予其全新的内容。何谓"以人为本"？胡锦涛指出："我们提出以人为本的根本含义，就是坚持全心全意为人民服务，立党为公，执政为民，始终把最广大人民的根本利益作为党和国家工作的根本出发点和落脚点，坚持尊重社会发展规律与尊重人民历史主体地位的一致性，坚持为崇高理想奋斗与为最广大人民谋利益的一致性，坚持完成党的各项工作与实现人民利益的一致性，坚持发展为了人民、发展依靠人民、发展成果由人民共享。以人为本，体现了马克思主义历史唯物论的基本原理，体现了我们党全心全意为人民服务的根本宗旨和推动经济社会发展的根本目的。"[1]"以人为本"作为共产党人治国理政核心理念的提出，是对马克思唯物史观人本思想的继承、丰富和发展。首先，体现在对"人"的理解上。"以人为本"的"人"，在质上，非生物学意义上的人，而是现实的人即生活在社会之中，具有各种社会关系、从事着各种实践活动的人；在量上，既指个体、也指群体或整个人类，是由所有个体按一定方式结合而成的、具有复杂结构的、社会有机系统，是个人、群体和类的统一。"以人为本"的"人"其外延比"民"广，包括社会全体成员，但核心和主要部分是占人口绝大多数的人民——最大的人群共同体。[2] 其次，表现在对"本"的理解上。"以人为本"的"本"也有多层意涵：其一是人的生命至上，人的生命最为值得珍视；其二是人的地位最为重要，人民群众是社会历史创造的主体；其三是人的权益应该得到保障和维护，人民群众是社会价值的创造主体和享用主体。最后，表现在对"以人为本"的哲学理解上。在世界观上，"以人为本"在对待人与世界的关系问题上，主张人既是客体又是主体。作为客体，就是作为自然存在物，其生存发展则必须以物质世界先在性为根本前提；作为主体，就是作为能动性的存在物，又能够按照自己的意志通过实践改变外部世界，创造出原始自然所没有的"人化自然""属人的世界"；在认识论上，"以人为本"主张人是认识和实践的主体，在遵循客观规律基础上来充分发挥主观能动性；在社会历史

---

① 胡锦涛文选（第 3 卷）[M]. 北京：人民出版社，2016：4.
② 黄枬森. 马克思主义哲学体系的当代构建（下）[M]. 北京：人民出版社，2011：672.

观上，"以人为本"主张人民群众是社会历史的创造主体，是社会主义社会的建设主体；在价值观上，"以人为本"主张人是价值的主体，人的需要和利益是价值的标准，人民群众的根本利益是价值的最高标准。

总之，"以人为本"理念的提出，超越了中国传统"民本"思想和西方"人本主义"思想，从世界观和方法论的高度，集中展现了马克思主义关于人在世界和社会中的地位和作用的基本观点，以及处理人和自然、人和社会关系的基本原则。这是一次重大的理论创新，是对马克思主义关于人的理论的重大发展。①

4. 提出"和谐社会"理念，丰富和发展了马克思主义社会矛盾学说和社会有机体理论

"和谐社会"是"社会主义和谐社会"的简称。它是由胡锦涛于 2004 年在党的十六届四中全会上作为社会发展的战略目标而提出来的。其后，"和谐"理念便成为中国特色社会主义建设的价值取向，"和谐社会"便成为其应当确立的价值目标。和谐社会有多个层次的意涵，不仅包括人与自身（身与心）的和谐，还包括人与人（社会）的和谐、人与自然的和谐以及这三者的有机统一。

从哲学角度看，"和谐"理念的提出，和谐社会的建构，既是对马克思主义矛盾学说和社会有机体理论的继承，也是对其丰富和发展。首先，"和谐"理念的提出、和谐社会的建构，继承、丰富和发展了马克思主义的矛盾学说。马克思主义哲学认为，矛盾是事物内部或事物之间既对立又统一的关系。矛盾有两种基本属性即同一性和斗争性，前者是指矛盾着的双方相互依存、相互吸引、相互贯通的一种趋势和联系；后者是指矛盾着的对立面之间相互排斥的属性，体现着对立双方相互分离的倾向和趋势。② 矛盾的同一性和斗争性是矛盾所固有的两种相反而又相成的基本属性。一方面，两者是相互对立的。同一性是有条件的、相对的，而斗争性则是无条件的、绝对的；另一方面，两者又是相互依存的，如鸟之双翼、车之双轮，缺一不可。同时，它们又相互包含，对立中有统一，斗争中有和谐。马克思主义哲学还认为，矛盾作为推动事物发展的动力，是通过其内部两种基本属性的作用来实现的。事物的发展是同一性和斗争性共同作用的结果，但它们在推动事物发展过程中所起的作用是不一样的。当同一性占上风的时候，事物发展就处于相对平衡、和谐状态；当斗争性占上风的时候，事物就处于变化发展之中。选择哪一种情况作为我们的追求，

---

① 黄枬森. 马克思主义哲学体系的当代构建（下）[M]. 北京：人民出版社，2011：676.

② 李秀林. 辩证唯物主义和历史唯物主义原理（第 5 版）[M]. 北京：中国人民大学出版社，2004：178.

取决于时代主题与条件。在革命与战争的时代主题的情况下，我们更倾向于充分发挥矛盾斗争性的作用；当时代主题转换为和平与发展的情况下，我们更倾向于充分发挥矛盾同一性的作用。和谐理念的提出，社会主义和谐社会的建构，就是在和平与发展成为当今时代主题的背景下，在我国社会主义初级阶段的社会基本矛盾——生产力和生产关系之间的矛盾、经济基础和上层建筑之间的矛盾——已经不再是对抗性的矛盾，而是非对抗性的矛盾的背景下提出来的。确立和谐理念，构建和谐社会，不是无视矛盾和对立，而是要改变那种你死我活、顾此失彼、水火不容的唯斗争思维，在把握矛盾双方的对立和斗争的前提下，更多地关注矛盾双方的依存、融合，倡导"求同存异""和而不同"的兼容思维方式和解决之道。针对我国基本矛盾的非对抗性，可以通过不断改革和完善社会主义制度与体制来解决；针对那些大量的属于人民内部的矛盾，可以采取和平的、渐进的、非对抗的方法来解决、去协调。

　　其次，"和谐"理念的提出、和谐社会的建构，继承、丰富和发展了马克思主义社会有机体理论。在马克思主义哲学中，社会有机体是囊括全部社会生活及其关系的总体性范畴，指人类社会是以生产方式为基础的各种社会关系同时存在而又相互依存所构成的整体。[①] 马克思主义哲学中的社会有机体是一个有机联系的社会体系。其中，各种因素是按照特定的方式组合起来，表现出一定的秩序，从而使社会成为一个具有内在统一性的整体。这种有机体形成于人的实践与交往活动之中，具有自我意识，进行自组织、自调节，通过物质生产、精神生产和人自身生产等内在机制实现再生和更新。这样的社会有机体，必然是充满活力的、"经常处于变化过程中的"动态发展的整体和谐的有机体。马克思把社会理解为有机体，实质上是强调社会是一个全面和谐的有机整体，强调要建构与实现全体社会成员各尽所能、各得其所而又和谐相处的社会，真正使人类社会成为一个能够健康发展、充满活力的有机整体。

　　构建社会主义和谐社会就是在此理论观照下的具体实践，旨在把中国社会建设成为一个充满活力、运行良好、具有较强免疫力和自主更新能力的整体和谐的有机体。具体说来，就是"按照民主法治、公平正义、诚信友爱、充满活力、安定有序、人与自然和谐相处的总要求，以解决人民群众最关心、最直接、最现实的利益问题为重点，着力发展社会事业，促进社会公平正义、建设和谐文化、完善社会管理、增强社会创造活力，走共同富裕道路，推动社会建

---

　　① 李秀林. 辩证唯物主义和历史唯物主义原理（第 5 版）［M］. 北京：中国人民大学出版社，2004：97.

设与经济建设、政治建设、文化建设协调发展"①。这里所述的六个方面之间以及它们内部各要素之间的有机互动与和谐发展，就是我国当前社会有机体的运行实践，也就是全面构建社会主义和谐社会的运行实践。它集中闪耀着马克思社会有机体整体性理论的思想光辉，是对马克思社会有机体整体性理论的丰富和发展。

四、习近平新时代中国特色社会主义思想的哲学意蕴

党的十八大以来，以习近平同志为核心的党中央，以历史唯物主义和辩证唯物主义为指导，紧紧围绕坚持和发展什么样的中国特色社会主义、怎样坚持和发展中国特色社会主义，建设什么样的社会主义现代化强国、怎样建设社会主义现代化强国，建设什么样的长期执政的马克思主义政党、怎样建设长期执政的马克思主义政党等重大时代课题进行了深邃思考和科学判断，提出一系列原创性的治国理政新理念、新思想、新战略，逐渐形成了习近平新时代中国特色社会主义思想。

习近平新时代中国特色社会主义思想实现了马克思主义中国化的新飞跃，是当代中国马克思主义、21世纪马克思主义，是中华文化和中国精神的时代精华，具有丰富的哲学意蕴，处处闪耀着马克思主义世界观和方法论的光芒，是对马克思主义哲学的继承和发展、是马克思主义哲学中国化的理论结晶。

1. 坚持实事求是，彰显出其坚定的唯物主义立场和与时俱进的理论品格

社会存在决定社会意识、社会生活本质上是实践的，是马克思唯物史观最基本的观点。世界统一于物质是马克思主义哲学关于世界本质问题的根本观点。马克思唯物史观的创立使得马克思主义哲学的世界物质统一性原理得到了彻底的说明和论证，实事求是则是从这一原理引申出来的用中国话语表达的方法论原则。实事求是不仅是马克思主义的根本观点，也是我们党思想路线的核心，还是马克思主义中国化系列理论成果包括其最新成果——习近平新时代中国特色社会主义思想的精髓和灵魂。对此，习近平曾多次强调指出："实事求是，是马克思主义的根本观点，是中国共产党人认识世界、改造世界的根本要求，是我们党的基本思想方法、工作方法、领导方法。"②"要学习掌握世界统一于物质、物质决定意识的原理，坚持从客观实际出发制定政策、推动工作。"③习近平不仅强调要坚持实事求是，而且进一步阐明如何做到实事求是。

---

① 中共中央文献研究室.十六大以来重要文献选编（下）[M].北京：中央文献出版社，2008：700.

② 习近平.习近平谈治国理政[M].北京：外文出版社，2014：25.

③ 习近平总书记系列重要讲话读本（2016年版）[M].北京：学习出版社、人民出版社，2016：279.

第一，要从中国现时代的存在出发。"社会存在决定社会意识。我们党现阶段提出和实施的理论和路线方针政策，之所以正确，就是因为它们都是以我国现时代的社会存在为基础的。党的十八届三中全会对我国全面深化改革作出了总体部署，是从我国现在的社会存在出发的，即从我国现在的社会物质条件的总和出发的，也就是从我国基本国情和发展要求出发的。"① 第二，要辩证地看待中国实际。一方面，"当代中国最大的客观实际，就是对中国最大国情的清醒认识，是我国仍处于并将长期处于社会主义初级阶段，这是我们认识当下、规划未来、制定政策、推进事业的客观基点。"② 我国仍处于并将长期处于社会主义初级阶段，这是中国实际"不变"的方面。另一方面，我国社会主要矛盾已经由原来的"人民群众日益增长的物质文化需要同落后的社会生产力之间的矛盾"转化为"人民群众日益增长的美好生活的需要和不平衡不充分的发展之间的矛盾"，中国特色社会主义进入了新时代。新时代、新特征必然有新要求，这是中国实际"变"的方面，体现出不变中有变。习近平在十九大报告中告诫全党："必须认识到，我国社会主要矛盾的变化，没有改变我们对我国社会主义所处历史阶段的判断，我国仍处于并将长期处于社会主义初级阶段的基本国情没有变。"③ 这是变中的不变。第三，注重调查研究。在习近平看来，"调查研究是谋事之基、成事之道"④。第四，要解放思想。思想解放是实事求是的前提和内在要求。只有解放思想，才能真正做到实事求是；只有实事求是，才是真正解放思想。⑤ 领导干部一定要坚持解放思想，开拓进取，这是坚持实事求是的内在要求。最后，要干在实处、落在实处。习近平指出："空谈误国，实干兴邦""实干才能梦想成真"⑥"一分部署，九分落实"，"落实才能出成绩"⑦。习近平新时代中国特色社会主义思想对实事求是的强调、重视和发挥，体现了马克思主义中国化理论成果精髓的一脉相承，又体现出与时俱进的理论创新品格。

---

① 中共中央文献研究室．习近平关于全面深化改革论述摘编［M］．北京：中央文献出版社，2014：11.

② 习近平总书记系列重要讲话读本（2016年版）［M］．北京：学习出版社、人民出版社，2016：279.

③ 习近平．决胜全面建成小康社会，夺取新时代中国特色社会主义伟大胜利［M］．北京：人民出版社，2017：12.

④ 习近平新时代中国特色社会主义思想学习纲要［M］．北京：学习出版社，2019：279.

⑤ 习近平新时代中国特色社会主义思想学习纲要［M］．北京：学习出版社，2019：244.

⑥ 中共中央文献研究室．习近平关于实现中华民族伟大复兴的中国梦论述摘编［M］．北京：中央文献出版社，2013：75.

⑦ 习近平．之江新语［M］．杭州：浙江人民出版社，2007：88.

2. 灵活运用矛盾分析法，展现出对马克思主义辩证法的创造性发挥

矛盾分析法是马克思主义的基本方法之一，它是由作为辩证法的实质和核心的对立统一规律体现出来的方法论原则，是马克思主义辩证法最根本的方法。矛盾分析法是事物矛盾问题的精髓，历来为党和国家领导人所重视。对此，习近平十分重视，并将其创造性地发挥运用。具体体现在：其一，强调增强问题意识，坚持问题导向，意味着敢于迎难而上，直面矛盾，想方设法化解矛盾，这是对矛盾普遍性原理的坚持和创造性运用。马克思主义唯物辩证法认为，矛盾是普遍存在的，它无处不在，无时不有，世界是由矛盾构成的，没有矛盾就没有世界。矛盾之于问题，如影随形。问题是矛盾的外显，矛盾是问题的内隐。所以，在习近平看来，"我们强调增强问题意识、坚持问题导向，就是承认矛盾的普遍性、客观性，就是要善于把认识和化解矛盾作为打开工作局面的突破口。对待矛盾的正确态度，应该是直面矛盾，并运用矛盾相辅相成的特性，在解决矛盾的过程中推动事物发展。"① 第二，强调要进行具有许多新的历史特点的伟大斗争，这是对矛盾同一性与斗争性辩证关系原理的坚持和创造性运用。马克思主义哲学认为，同一性与斗争性是矛盾的两个基本属性，它们既相互依存、相互包含，又相互斗争，由此共同推动事物发展。中国共产党人熟稔这一辩证关系原理，并以此指导中国革命、改革开放和社会主义现代化实践。如果说胡锦涛提出构建"和谐社会"注重的是发挥矛盾同一性在事物发展过程的作用，那么，在中国特色社会主义进入新时代后，习近平更为注重的是发挥矛盾斗争性在发展中的作用。习近平指出："社会是在矛盾运动中前进的，有矛盾就会有斗争。全党要充分认识这场伟大斗争的长期性、复杂性、艰巨性，发扬斗争精神，提高斗争本领，不断夺取伟大斗争新胜利。"② 党的十八大以来，以习近平同志为核心的党中央带领人民进行"具有许多新的历史特点的伟大斗争"，解决了许多长期想解决而没有解决的难题，办成了许多过去想办而没有办成的大事，推动党和国家事业发生历史性变革。其三，对中国特色社会主义进入新时代的历史方位的判定，这是对矛盾特殊性中的矛盾发展不平衡性原理的坚持和创造性运用。马克思主义辩证法认为，事物的矛盾不仅是普遍存在的，而且矛盾的事物及其每一个侧面、发展阶段又各自有不同的特点。主要矛盾是指在事物的诸多矛盾中，处于支配地位，对事物的发展起主导决定作用的矛盾。事物的性质主要是由其主要矛盾决定的。主要矛盾发生了

---

① 习近平在中共中央政治局第二十次集体学习时强调：坚持运用辩证唯物主义世界观方法论，提高解决我国改革发展基本问题本领 [N]．人民日报，2015-01-25（01）．

② 习近平在中共中央政治局第二十次集体学习时强调：坚持运用辩证唯物主义世界观方法论，提高解决我国改革发展基本问题本领 [N]．人民日报，2015-01-25（01）．

变化，事物的性质也会相应地发生改变。抓住事物的主要矛盾，就抓住了问题的关键，从而有利于带动其他矛盾问题的解决。我们党历来善于根据社会主要矛盾及其变化状况来确定工作重心任务，制定方针政策。习近平指出，抓住重点带动面上工作，是唯物辩证法的要求，也是我们党在革命、建设、改革进程中一贯倡导和坚持的方法。党的十九大报告指出，中国特色社会主义进入了新时代，这一判断的根本依据在于中国社会主要矛盾发生了变化，即由原来的"人民群众日益增长的物质文化需要同落后的社会生产力之间的矛盾"转化为"人民群众日益增长的美好生活的需要和不平衡不充分的发展之间的矛盾"。

习近平重视抓主要矛盾，并非"单打一"，而是在坚持"两点论"基础之上的重点论。他说："面对复杂形势和繁重任务，首先要有全局观，对各种矛盾做到心中有数，同时又要优先解决主要矛盾和矛盾的主要方面，以此带动其他矛盾的解决。"①"我们既要注重总体谋划，又要注重牵住'牛鼻子'。在任何工作中，我们既要讲两点论，又要讲重点论，没有主次，不加区别，眉毛胡子一把抓，是做不好工作的。"② 这些论述充分体现了习近平新时代中国特色社会主义思想，充分体现对矛盾分析法的创造性发挥和灵活性运用。

3. 提出系列思维形式，丰富和深化了马克思主义辩证法和认识论

思维方法是主体观念地把握客体的一种认识工具系统。按起作用的范围，可以将其划分为三个层次：哲学思维方法、一般科学思维方法和具体科学思维方法。③ 哲学思维方法是思维方法中最高层次，具有普遍的方法论意义。一般科学思维方法是适用于各门具体科学的共同方法。具体科学思维方法是仅适用于特定对象在特定领域内起作用的思维方法。三者之间的关系是一般、特殊和个别的关系。

哲学层面的思维方法即方法论，它与辩证法、认识论具有一致性。马克思主义辩证法就是其方法论以及集中呈现，也就是认识论。列宁指出："辩证法也就是（黑格尔和）马克思主义的认识论。"④ 党的十八大以来，以习近平同志为核心的党中央，在中国特色社会主义进入新时代后，面临的治国理政的环境、条件、目标和要求都发生了深刻变化的情况下，敢于突破思维藩篱，不断进行思维创新，创造性地提出了包括辩证思维、历史思维、系统思维、战略思

① 习近平在中共中央政治局第二十次集体学习时强调：坚持运用辩证唯物主义世界观方法论，提高解决我国改革发展基本问题本领 ［N］. 人民日报，2015-01-25（01）.
② 习近平在中共中央政治局第二十次集体学习时强调：坚持运用辩证唯物主义世界观方法论，提高解决我国改革发展基本问题本领 ［N］. 人民日报，2015-01-25（01）.
③ 李秀林. 辩证唯物主义和历史唯物主原理（第5版）［M］. 北京：中国人民大学出版社，2004：280-281.
④ 列宁全集（第36卷）［M］. 北京：人民出版社，1959：369.

维、底线思维、创新思维、法治思维等一系列思维方法，并详细论述了其基本内涵。这些思维方法体现在习近平新时代中国特色社会主义思想理论当中，贯穿于习近平治国理政全领域、全过程的实践当中。

习近平上述一系列思维方法的提出是马克思主义唯物辩证法在当代的科学运用和创新发展。这些思维方法比具体的思维方法要抽象，比唯物辩证法要相对具体，介于思维"一般"与"个别"中间，相当于一般科学思维方法的地位，但在性质上又有别于一般科学思维方法，而是将"理论理性"与"实践理性"结合起来，充当"理论联系实际"的"道路""桥梁"，因而可将它们看成是实践思维方法。可见，习近平上述一系列思维方法的提出不仅丰富了马克思主义辩证法的内容，而且还深化了马克思主义认识论。

4. 提出"知行统一"基础上的创新，丰富和深化了马克思主义的认识论

马克思主义哲学是实践的哲学，实践的观点是马克思主义哲学的首要的基本的观点，不仅社会生活的本质要从实践来理解，而且认识的本质也要从实践来理解。马克思主义认识论本质上是在实践基础上的能动的反映论，认为实践决定认识，认识对实践具有反作用。习近平坚持马克思主义认识论路线，准确地把握了认识与实践的辩证关系。这一点在习近平新时代中国特色社会主义思想中是通过对中国传统哲学概念"知""行"关系的阐释体现出来的。认识与实践的关系，在中国传统哲学中相当于"知"与"行"的关系。不过，由于中国传统文化重人伦道德的特点，"知"主要是指道德认知，"行"主要是指道德修行和道德践履。在中国传统文化中，"知"与"行"的关系有多种理解，其中王阳明主张"知行合一"最具有代表性。对此，习近平曾多次强调，要多了解王阳明的"心学"和知行合一思想。正是基于对马克思主义实践认识论与中华优秀传统文化的深刻理解和认知，在新的历史起点上，习近平对"知"与"行"的关系作出了辩证的阐释。他说："'知'是基础、是前提，'行'是重点、是关键，必须以'知'促'行'、以'行'促'知'，做到知行合一。"①

习近平在坚持实践与认识辩证关系原理的基础上，又把创新理念贯穿到其中，通过不断的实践创新，实现不断的理论创新，从而实现理论创新与实践创新良性互动。

时代是思想之母，实践是理论之源。唯有通过不断的实践创新才能不断实现理论创新。实践创新为理论创新提供了不竭的动力源泉。党的十八大以来，以习近平同志为核心的党中央提出了一系列新举措，推进了一系列重大

---

① 中共中央文献研究室. 习近平关于党的群众路线教育实践活动论述摘编 [M]. 北京：中央文献出版社，2014：39.

工作，各方面建设取得历史性成就，与此相应地也实现了马克思主义中国化的新飞跃，形成了习近平新时代中国特色社会主义思想这一伟大理论创新成果。

实践决定认识，认识对实践具有反作用。正确的认识对实践起促进作用，科学的理论对实践具有正确的指导作用。理论创新为实践创新提供科学的行动指南。作为中国人民和中华民族的先锋队，我们党历来非常重视理论创新，善于用不断创新的理论来指导中国革命、中国特色社会主义建设的实践。习近平新时代中国特色社会主义思想以其科学性、真理性、价值性充分发挥了旗帜和指针的作用。

不断推进实践创新、理论创新，实现两者的良性互动。习近平指出："实践没有止境，理论创新也没有止境。世界每时每刻都在发生变化，中国也每时每刻都在发生变化，我们必须在理论上跟上时代，不断认识规律，不断推进理论创新、实践创新、制度创新、文化创新以及其他各方面创新。"① "要根据时代变化和实践发展，不断深化认识，不断总结经验，不断推进实践基础上的理论创新，坚持理论指导和实践探索辩证统一，实现理论创新和实践创新良性互动，在这种统一和互动中发展21世纪中国的马克思主义。"② 实践创新与理论创新的良性互动是指两者之间互为因果、相互激发、共同促进。习近平新时代中国特色社会主义思想源于实践又指导实践，是中国特色社会主义理论创新与实践创新良性互动的智慧结晶，为新时代坚持和发展中国特色社会主义，推进党和国家事业的发展提供了基本遵循和行动指南。③

5. 提出"以人民为中心"的发展思想，丰富和深化了马克思主义群众观和价值论

马克思唯物史观认为，人民群众是创造历史的主体，不仅是物质财富的创造者、精神财富的创造者，而且是推动社会发展的主要力量。马克思主义群众史观不仅科学揭示了人民群众是社会发展和历史变迁的主体力量，同时还内在规定了无产阶级的实践活动是"绝大多数人的，为绝大多数人谋利益的独立的运动"④，其终极理想目标是致力于实现每个人自由而全面的发展。

中国共产党是用马克思主义武装起来的无产阶级政党，在其百年发展历程中，始终矢志不移地遵循和践行着马克思主义群众史观，同时又根据不同历史

---

① 习近平. 决胜全面建成小康社会夺取新时代中国特色社会主义伟大胜利——在中国共产党第十九次全国代表大会上的报告 [M]. 北京：人民出版社，2017：26.

② 习近平总书记系列讲话重要读本（2016年版）[M]. 北京：中央文献出版社，2016：33-34.

③ 马克思主义基本原理（2021年版）[M]. 北京：高等教育出版社，2021：109.

④ 马克思恩格斯选集（第1卷）[M]. 北京：人民出版社，1995：283.

阶段的条件、主题和任务不断丰富与拓展其内涵和外延。习近平秉持了唯物史观的基本价值取向并结合时代发展的要求赋予其鲜明的中国特色和时代特色，"以人民为中心"正是马克思主义群众史观的中国阐释与时代表达。在习近平新时代中国特色社会主义思想中，以人民为中心的思想居于中枢性位置，贯穿于习近平新时代中国特色社会主义思想的各个方面，展现出丰富的内涵和严密的逻辑。

首先，以人民为中心的意思是指以人民的立场为根本立场。一切为了人民，全心全意为人民服务，从而明确地回答了"为了谁"的问题。"人民立场是中国共产党的根本政治立场，是马克思主义政党区别于其他政党的显著标志。"①

其次，以人民为中心是指以人民的利益为至高无上。要保障改善民生，从人民最关心最直接最现实的利益问题入手，要让改革发展成果更多更公平惠及全体人民，不断促进人民共同富裕、自由而全面发展。从而明确地回答了"为了谁"的问题。第三，以人民为中心是指以人民的力量为主要依靠力量。要尊重人民的主体地位与首创精神，保证人民当家作主。从而明确回答了"依靠谁"的问题。第四，以人民为中心是指以人民为最终的评判者。"时代是出卷人，我们是答卷人，人民是阅卷人。"② 人民是党的工作成效和社会发展水平的最终评判人。从而明确回答了"谁说了算"的问题。

习近平以人民为中心的发展思想既回答了"为了谁、依靠谁、我是谁"问题，又以实际行动深刻地回答了"发展成果由谁共享"问题，不仅承继与延续了马克思人类解放的独特旨趣和历史逻辑，也是实现人的自由而全面发展价值承诺的充分表达，同时还将人的自由而全面发展作为审视中国特色社会主义实践内在品质的价值标准，体现了从"人民本位"向"人民利益本位""人民幸福本位"的创造性转化。③

---

① 中共中央文献研究室. 习近平关于全面从严治党论述摘编［M］. 北京：中央文献出版社，2016：169.

② 人民日报社评论部. 论学习贯彻习近平总书记"1·5"重要讲话［M］. 北京：人民出版社，2018：3.

③ 吕明洋. 新时代精神的精华——习近平新时代中国特色社会主义思想的哲学创新［J］. 江南社会学院学报，2020（3）：22-23.

6. 提出"人类命运共同体"理念，丰富和发展了马克思主义世界历史理论和共同体思想

首先，"人类命运共同体"理念的提出，是对马克思社会"共同体"理论的继承与发展。① 马克思在考察人类社会的发展历程中，提出了"自然形成的共同体——抽象共同体、虚幻共同体——真正共同体"的思想理论。用马克思社会共同体理论来观照习近平人类命运共同体理念，两者在价值追求上体现了一致性。在马克思看来，未来的共产主义社会才是人类的终极价值追求，才是真正的共同体。因为它是这样一个联合体，"在那里，每个人的自由发展是一切人的自由发展的条件。"② 习近平人类命运共同体理念也体现出一种价值追求，它着眼于人类命运和社会发展走向，以和平、发展、公平、正义、民主、自由等共同价值为基础，通过共商与共建，实现共享与共赢的命运共同体为目标。这种契合性表明，习近平人类命运共同体思想是当下人类朝着未来"自由人联合体"方向迈进的阶段性目标，是人类摆脱"虚幻共同体"走向"真正共同体"的过渡环节，是马克思共同体思想的逻辑延续和当代发展。其次，"人类命运共同体"理念的提出，是对马克思"世界历史"理论的继承与发展。③ 马克思的世界历史理论，不仅揭示了世界历史形成的机制即世界历史的发展是由国际分工、商品交换、相互依赖等国际交往的不断加深所推动，而且还揭示了其发展具有与生产力水平相适应的阶段性特征。世界历史发展至今天大体上经历三个阶段：第一个阶段是"世界历史"的开辟和形成时期，即商品全球化阶段；第二个阶段是"世界历史"的快速发展时期，即资本全球化阶段；第三个阶段则是"世界历史"的转型时期，即当今的新经济全球化阶段。④ 此阶段与前两个阶段相比呈现出一些新的特点：一是科学技术的迅猛发展，集中爆发，迅速产业化，不仅极大地促进生产力的发展，而且也极大地提高了人们的现实交往的程度，彼此间相互依存度也大为增加。二是各种全球性的问题相继出现，既有传统安全的威胁，也有非传统安全的威胁，社会风险程度空前增大，全球治理难度加大。上述的直接后果就是把人类的利益、命运牢牢地捆绑在一起，谁也不能独善其身，正所谓一荣俱荣，一损俱损。面对此种情形，我们怎么办，人类又该向何处去？人类命运共同体的提出正是为此提

① 周甄武，李荣荣，朱超君. 习近平人类命运共同体的生成逻辑、思想内涵和理论价值探析 [J]. 合肥工业大学学报社会科学版，2019（2）：38.
② 马克思恩格斯文集（第 10 卷）[M]. 北京：人民出版社，2009：666.
③ 周甄武，李荣荣，朱超君. 习近平人类命运共同体的生成逻辑、思想内涵和理论价值探析 [J]. 合肥工业大学学报社会科学版，2019（2）：38.
④ 桑明旭，郭湛. 人类命运共同体：历史坐标、现实基础与世界意义 [N]. 光明日报. 2018-02-26（15）.

供的解决方案。它的提出不仅彰显了中国在全球治理中的责任担当、智慧贡献，而且契合了世界历史发展到新的阶段——新经济全球化阶段的客观要求，是对马克思世界历史理论的时代化、具体化，从而丰富和发展了马克思关于世界历史的理论。

7. 提出"人与自然生命共同体"理念，是对马克思主义自然观的继承、发展与创新

自然观是指人们关于自然界的总体看法和根本观点。马克思主义自然观是奠定在实践基础上的人化自然观。马克思主义自然观中的自然有多重含义：一是指人类产生之前的自然界即整个宇宙，属于"先天自然"；二是指人类活动尚未深入到的自然，属于"自在自然"；三是指被人的实践改造过并打上人的目的和意志烙印的自然，属于"人化自然"。人类实践活动将先天自然分化为"自在自然"和"人化自然"。一方面，两者是对立的。前者为没有人参与下的自发运动变化的自然，后者是被人的实践活动改造过的自然，体现了人的需要、目的、意志以及审美力。另一方面，两者又是统一的，都具有客观实在性，并相互作用，在人的实践活动下前者作为"自在之物"不断地转化为作为后者的"为我之物"，成为人类生存发展的必要条件。劳动创造财富，要以自然为前提，劳动和自然一起成为财富的源泉。

实践促成人与自然对象性关系，人是活动主体，自然是认识和改造的客体。人与自然的关系本质上是以劳动实践为中介的人与人的关系，人与人的关系制约着人与自然的关系。

中国共产党对党的执政规律、社会主义建设规律和人类社会发展规律的把握，也受制于对自然规律的科学把握、对科学的自然观的正确掌握。党的十八大以来，针对中国严峻的生态环境问题，习近平在不同场合曾多次提及并详细论述了人与自然是生命共同体，强调人类在开发自然、利用自然时必须尊重自然、顺应自然、保护自然。在其提出的人类命运共同体理念中含有这一方面的精神内容。习近平"人与自然生命共同体"理念具有丰富的哲学内涵，它不仅是"生态共同体""生活共同体"，而且也是"经济共同体""文明共同体"。"人与自然生命共同体"理念的提出，既是对西方传统的机械自然观的超越，又是对马克思主义自然观的继承和发展，意味着一种有机自然观的形成。它主张人与自然界是休戚与共的生命共同体，二者是内在统一、和谐共生的关系，但并没有消解人类在自然界面前的主体性；它不是从道德角度构建人与自然的关系，而是强调在尊重和顺应自然规律的同时可以科学合理适度利用自然界，强调从生产方式和社会制度出发去构建人与自然之间的和谐关系。受时代局限，马克思、恩格斯在当时只认识到生态环境问题的重要性，他们在自己的理论体系中更多地论述"生产"而较少论述"生态"；即便论述"生态"

大多也是在"生产""财富"的范式之下进行的，而没有从"生命""共同体"的高度来论述人与自然的关系。习近平提出"人与自然生命共同体"理念是对经典马克思主义自然观的发展和创新，成为当前中国生态文明建设和绿色发展的哲学指导思想。①

8. 提出"六个必须坚持"，集中展现了习近平新时代中国特色社会主义思想中的世界观和方法论方面的创新

习近平在党的二十大报告中提出："继续推进实践基础上的理论创新，首先要把握好新时代中国特色社会主义思想的世界观和方法论，坚持好、运用好贯穿其中的立场观点方法。必须坚持人民至上，坚持自信自立，坚持守正创新，坚持问题导向，坚持系统观念，坚持胸怀天下。"② 这里提到的"六个必须坚持"集中展现了习近平新时代中国特色社会主义思想中的世界观和方法论方面的理论创新。"六个必须坚持"具体地讲，就是必须坚持人民至上，始终站稳立场、为人民服务；必须坚持自信自立，始终坚信真理、勇于斗争；必须坚持守正创新，始终实事求是、与时俱进；必须坚持问题导向，始终直面矛盾、攻坚克难；必须坚持系统观念，始终统筹全局、协调各方；必须坚持胸怀天下，始终心系民族、放眼世界。③ "六个必须坚持"不仅内容丰富，思想精深，而且环环相扣、步步递进、逻辑严密，集中体现了党的理论创新的智慧与经验。其中"坚持人民至上"是党理论创新的根本立场，"坚持自信自立"是党理论创新的鲜明态度，"坚持守正创新"是党理论创新的基本原则，"坚持问题导向"是党理论创新的主要任务，"坚持系统观念"是党理论创新的科学思维，"坚持胸怀天下"是党理论创新的宏伟目标。④ "六个必须坚持"深刻揭示了习近平新时代中国特色社会主义思想根本的政治立场、彻底的理论品格、独有的精神气质和科学的思想方法，是对习近平新时代中国特色社会主义思想的世界观和方法论的高度提炼和科学概括，是新时代中国共产党人对马克思主义的世界观和方法论的坚持和继承、创新和发展，是中国化、时代化的马

①　孙要良. 习近平新时代中国特色社会主义思想的哲学基础 [J]. 理论视野，2020（1）：33-38.

②　习近平. 高举中国特色社会主义伟大旗帜　为全面建设社会主义现代化国家而团结奋斗——在中国共产党第二十次全国代表大会上的报告（2022 年 10 月 16 日）[N]. 人民日报，2022-10-26（1）.

③　晓山. 切实把握习近平新时代中国特色社会主义思想的世界观和方法论 [J]. 中国井冈山干部学院学报，2022（6）：5-8.

④　杨增崒，修政. 学习贯彻党的二十大精神　深刻认识习近平新时代中国特色社会主义思想的世界观和方法论 [J]. 学校党建与思想教育，2023（1）：1-7.

克思主义的精髓和灵魂。①

　　总之，作为马克思主义中国化和中国特色社会主义理论体系的最新成果，习近平新时代中国特色社会主义思想蕴含着坚实的哲学基础和丰富的哲学思想。它们有些是对经典作家哲学思想的直接应用，有些是根据新时代具体历史条件对马克思主义的自然观、认识论、辩证法、实践观、历史观和价值论的发展和创新。

---

　　① 林建华．习近平新时代中国特色社会主义思想的世界观和方法论［J］．思想教育研究，2022（11）9–13.

结　语　走向创新实践唯物主义

　　马克思主义哲学的诞生，是人类哲学史上一场深刻的变革。这场变革实现了哲学主题的根本转换——由解释世界的哲学转换成改造世界的哲学，由此确立了实践在其整个哲学中的基础地位。马克思主义的自然观是实践人化自然观；马克思主义辩证法本质上是实践辩证法；马克思主义认识论是实践基础上的能动的反映论；马克思主义价值论是实践价值论；马克思主义唯物史观是实践唯物主义史观；马克思主义自由观是实践自由观。因此可以说，实践的观点是马克思主义哲学首要的、基本的观点。尽管马克思主义哲学中的实践，并非仅局限于"常规实践"，也包含着"创新实践"，但马克思主义哲学毕竟诞生在距今约一个半世纪前的时代，创新实践在马克思生活的时代还属罕有的现象，因此，马克思还不能从当时的历史条件下，确立"创新实践"观点，只能称自己的哲学为"实践唯物主义"。

　　然而时过境迁，当今时代，在创新已成为世界潮流和新的时代精神，创新实践已成为实践的高级形式和主导形式下，提出"创新实践"概念，以此深化马克思主义哲学的实践概念，既是其理论逻辑的内在必然，也是其反映时代精神的客观要求。

　　由"实践"推进到"创新实践"，体现了一种范式的转换、新的解释原则的确立、新的视域的开启。确立创新实践观，从创新实践视域来审视马克思主义哲学，不仅有助于我们将其内在的可能性加以展开或彰显出来，获得新的阐释（如在第五章笔者所论述的：创新实践合理地阐述自在自然与人化自然的复杂关系，坚持和发展唯物主义的本体论；阐明发展和联系的内在机制，坚持和发展唯物主义的辩证法；深入揭示认识的源泉、动力、目的和检验真理的标准，坚持和发展唯物主义的认识论；深刻阐明社会基本矛盾的内在机制，科学回答当代社会发展的动力问题，坚持和发展唯物主义的历史观），而且也有助于我们从理论上解决当今人类遭遇到的新问题（如在第三章笔者所论述的），从而深化了马克思主义哲学，也丰富了马克思主义哲学，而且也发展了马克思主义哲学（如笔者在第六章所论述的），这种"深化""丰富"和"发展"正是马克思主义哲学由"实践唯物主义"走向"创新实践唯物主义"的具体表现。创新实践唯物主义是我们面对创新的时代，遵循马克思主义哲学的理论创新原则，对时代的新问题进行反思与批判，从而建构出新的解决问题的原则、方法的一种尝试和努力。

如果把"实践唯物主义"看作是马克思主义哲学的原生形态，那么"创新实践唯物主义"则是马克思主义哲学的当代形态。两者之间既体现了一脉相承，又体现了与时俱进。创新实践观的确立，则意味着马克思主义哲学正由实践唯物主义走向创新实践唯物主义。

参 考 文 献

一、著作

1. 马克思恩格斯选集（第1—4卷）［M］. 北京：人民出版社，1995.

2. 马克思恩格斯文集（第1—10卷）［M］. 北京：人民出版社，2009.

3. 列宁选集（第1—2卷）［M］. 北京：人民出版社，1995.

4. 列宁全集（第55卷）［M］. 北京：人民出版社，1990.

5. 斯大林选集（上卷）［M］. 北京：人民出版社，1979.

6. 毛泽东选集（第1—4卷）［M］. 北京：人民出版社，1991.

7. 邓小平文选（第2—3卷）［M］. 北京：人民出版社，1983、1993.

8. 江泽民文选（第1—3卷）［M］. 北京：人民出版社，2006.

9. 江泽民·论科学技术［M］. 北京：中央文献出版社，2001.

10. 胡锦涛文选（第1—3卷）［M］. 北京：人民出版社，2016.

11. 习近平谈治国理政（第1—4卷）［M］. 北京：外文出版社，2018、2017、2020、2022.

12. 习近平总书记系列重要讲话读本（2016年版）［M］. 北京：学习出版社，2016.

13. 习近平关于科技创新论述摘编［M］. 北京：中央文献出版社，2016.

14. 陈晏清. 论自觉的能动性［M］. 上海：上海人民出版社，1983.

15. 宋锦添. 自觉能动性研究［M］. 北京：中国人民大学出版社，1986.

16. 顾乃忠. 主观能动性研究［M］. 南京：江苏人民出版社，1991.

17. 王永昌. 实践活动论［M］. 北京：中国人民大学出版社，1992.

18. 肖前. 实践唯物主义研究［M］. 北京：中国人民大学出版社，1996.

19. 成其谦. 技术创新与竞争力研究［M］. 北京：中国科学技术出版社，2002.

20. 颜晓峰. 创新论［M］. 北京：国防大学出版社，2002.

21. 曹鹏. 技术创新的历史阶段性研究［M］. 沈阳：东北大学出版社，2002.

22. 李兆友. 技术创新论［M］. 沈阳：辽宁人民出版社，2004.

23. 夏保华. 技术创新哲学研究［M］. 北京：中国社会科学出版

社，2004.

24. 黄枬森，王东．邓小平理论与当代中国哲学［M］．北京：北京大学出版社，2005.

25. 彭健伯．创新哲学论［M］．北京：人民出版社，2006.

26. 李景源．马克思主义哲学与现时代［M］．北京：中国社会科学出版社，2018.

27. 黄枬森．马克思主义哲学体系的当代构建（下）［M］．北京：人民出版社，2011.

28. 孙正聿．思想中的时代——当代哲学的理论自觉［M］．北京：北京师范大学出版社，2013.

29. 谢地坤，李俊文．马克思主义哲学中国化的实践反思［M］．北京：中国社会科学出版社，2014.

30. 杜学礼．马克思主义哲学中国化实践研究［M］．北京：中国水利水电出版社，2015.

31. 倪志安．马克思主义哲学中国化的方法论问题研究［M］．北京：人民出版社，2015.

32. 金邦秋．马克思主义哲学中国化的历程［M］．上海：复旦大学出版社，2017.

33. 汪信砚．马克思主义哲学中国化传统与创新［M］．北京：北京师范大学出版社，2017.

34. 吴元梁，李涛，徐素华，等．马克思主义哲学中国化的历史形态与借鉴［M］．北京：中国社会科学出版社，2019.

35. 马俊峰．马克思主义哲学新形态探索［M］．北京：中国人民大学出版社，2019.

36. ［德］黑格尔．精神现象学（上卷）［M］．北京：商务印书馆，1979.

37. ［德］黑格尔．小逻辑［M］．北京：商务印书馆，1989.

38. ［德］费尔巴哈哲学著作选集（上卷）［M］．北京：商务印书馆，1984.

39. ［美］熊彼特．经济发展理论［M］．北京：商务印书馆，1990.

40. ［美］诺思．经济史中的结构与变迁［M］．上海：上海三联书店，1994.

二、论文

1. 严政．创新发展21世纪马克思主义哲学的文本进路［J］．马克思主义哲学，2021（3）：33-37.

2. 王海锋 . "对话"范式与中国马克思主义哲学创新 [J] . 教学与研究，2019（10）：58-68.

3. 孙利天 . 马克思主义哲学在改革实践中的创新性发展 [J] . 中国社会科学，2018（11）：91-103.

4. 任平 . 当代中国马克思主义哲学创新范式图谱 [J] . 中国社会科学，2017（1）：63-82.

5. 董振华 . 创新实践范畴与马克思主义哲学创新 [J] .2015（4）：39-44.

6. 周甄武 . 创新实践意识确立的当代视野 [J] . 晋中学院学报，2014（2）：24-26.

7. 肖中舟 . 论马克思的自然观 [J] . 武汉大学学报哲学社会科学版，1997（1）：29-35.

8. 李祖扬，邢子政 . 从原始文明到生态文明——关于人与自然关系的回顾和反思 [J] . 南开学报（哲学社会科学版），1999（3）：36-43.

9. 赵润琦 . 论创造性实践 [J] . 江汉论坛，2000（12）：50-54.

10. 关士续 . 马克思关于技术创新的一些论述 [J] . 自然辩证法研究，2002（1）：16-18+30.

11. 金民卿 . 国内马克思哲学研究的几种理论范式 [J] . 理论前沿，2000（1）：25-27.

12. 李涛 . 回到马克思：一个可疑的口号 [J] . 哲学研究，2000（4）：37-38.

13. 贺来，陈君华 . 对辩证法三种研究范式的批判性反思 [J] . 学术研究，2000（7）：36-42.

14. 李继武 . 创新及其本体论基础和人本质论根据 [J] . 文史哲，2001（3）：100-106.

15. 庞元正，董振华 . 邓小平创新思想研究 [J] . 新视野，2002（4）：9-11.

16. 林德宏 . 哲学基本问题应包括三个方面 [J] . 南京社会科学，2002（6）：9-11.

17. 王福民 . 实践：马克思主义哲学创新之源 [J] . 教学与研究，2003（3）：19-20.

18. 叶险明 . 马克思的"时代观"与知识经济 [J] . 马克思主义研究，2003（2）：32-40+55.

19. 衡彩霞 . 坚持和发展中国特色的马克思主义哲学 [J] . 哲学研究，

2004（8）：93-94.

20. 韩庆祥. 当代中国马克思主义哲学创新的三种路径及其回应 ［J］. 哲学动态，2004（7）：17-20.

21. 汪信砚. 当前我国马克思主义哲学研究的三个误区 ［J］. 哲学研究，2005（4）：27-29.

22. 刘建新. 实践：马克思主义哲学创新的最深厚根基 ［J］. 社会主义研究，2005（5）：11-14.

23. 陈忠. 在马克思本人那里有几种形态的马克思哲学——对马克思哲学"原生形态"研究的一点思考 ［J］. 河北学刊，2005（5）：12-16.

24. 张奎良. 从矛盾辩证法到和谐辩证法——辩证法的历史变迁 ［J］. 现代哲学，2005（2）：14-24.

25. 庞元正. 从创新理论到创新实践唯物主义 ［J］. 中共中央党校学报，2006（6）：18-23.

26. 刘敬鲁. "合理实践—不合理实践"：马克思实践观的深层框架及其意义 ［J］. 学术月刊，2006（2）：61-68.

27. 陈世珍. 马克思主义哲学的四种形态及其相互关系 ［J］. 淮阴师范学院学报，2006（2）：158-162+279.

28. 周甄武. 虚拟实践：人类新的实践形式 ［J］. 中国人民大学学报，2006（2）：40-46.

29. 王东. 为什么要创建"中国马克思学"？——迎接 21 世纪马克思学的第三次来潮 ［J］. 马克思主义与现实，2007（3）：48-54.

30. 杨学功. 深入开展马克思主义哲学形态研究 ［J］. 理论视野，2008（4）：16-19.

31. 余品华. 论"马克思主义中国化"与"马克思主义哲学中国化"［J］. 湖南科技大学学报（社会科学版），2010（1）：43-48.

32. 周甄武. 论"创新实践"的本质及其提出的依据 ［J］. 淮南师范学院学报，2011（1）：42-46.

33. 周甄武. 创新实践的哲学意蕴 ［J］. 淮南师范学院学报，2014（4）：1-6.

34. 周甄武. 论创新实践的辩证本性 ［J］. 晋中学院学报，2015（2）：22-25+40.

35. 孙要良. 习近平新时代中国特色社会主义思想的哲学基础 ［J］. 理论视野，2020（1）：33-38.

36. 晓山. 切实把握习近平新时代中国特色社会主义思想的世界观和方法论 ［J］. 中国井冈山干部学院学报，2022（6）：5-8.

37. 杨增崇，修政 . 学习贯彻党的二十大精神　深刻认识习近平新时代中国特色社会主义思想的世界观和方法论 [J] . 学校党建与思想教育，2023 (1)：1-7.

38. 林建华 . 习近平新时代中国特色社会主义思想的世界观和方法论 [J] . 思想教育研究，2022 (11)：9-13.

后　记

　　本书是在我的中央党校哲学教研部博士后流动站出站报告《创新实践与马克思主义哲学当代形态建构——创新实践唯物主义引论》基础上经过补充修改而成的。

　　这篇出站报告承载着一段我在中央党校学习、研究、工作的经历（2005年9月至2007年11月），至今回想，记忆犹新。那是2005年7月之初的一个下午，在中国人民大学，我们这届博士研究生毕业典礼大会已经开过，同学们的行李也托运完毕，只等着参加离校前的最后一次会议。行至半路时，我改变了主意，没有去参加会议，转身乘车向中央党校奔去，申请做博士后。很庆幸自己能在离开人大的最后时刻，在党校申请做博士后截止的最后日期，做出这样一个决定，从而使我专门系统的学习研究得以继续。

　　中央党校哲学教研部是一个和谐温暖的大家庭，它不仅是一个团结的集体，而且也是一个奋进的集体。这里拥有一批造诣深厚、在某些研究领域享有盛誉的专家。我尊敬的合作导师庞元正教授便是其中之一。庞老师思维敏捷、视界开阔，记忆过人、理论功底深厚，尤其在发展哲学和创新哲学方面颇有建树，成果迭出。庞老师时任哲学教研部主任，工作繁忙，但每月总抽出一定时间把他的弟子召集起来开展"读书会"并形成制度，每每在一起讨论、交流，庞老师都不失时机地给予点拨或指导，使我们茅塞顿开，深受启发。这篇报告从选题到拟定提纲到写成初稿都凝聚着他的心血，有些观点可以说是直接来自他。哲学部董德刚教授、韩庆祥教授、侯才教授、毛卫平教授、边立新教授、杨信礼教授、孙琰老师、冯桂兰老师等在不同的场合、以不同的方式、从不同的角度对我在流动站学习和研究给予了不少指导和帮助，在此向他们深表谢意。这期间我也曾和赵建军教授、邱耕田教授、郑广勇博士后一道下到学员班中担任调研指导老师，度过了一段令人愉快的时光；也经常和同门辛鸣、董振华、陈力、陈云芝、刘士文、田辉、袁初明等博士在一起交流探讨，从中受益匪浅。胡卫博士、王晓林博士，我们既是同事又是邻居，相处得十分友好。

　　在我出站之际，庞元正教授、钱俊生教授、段培君教授、赵建军教授、冯鹏志教授，参加了我的出站报告答辩。他们认真审阅了我的出站报告，对报告给予了充分肯定，同时也就其中存在的问题提出一些意见和建议。这些意见和建议在本书修改过程中均被吸收进来。

　　该书也部分呈现了我所主持的安徽省哲学社会科学规划项目"创新实践视域的马克思主义哲学研究"（AHSKF09-10D100）的研究成果，它使我原出站报告中未作深究的部分内容得以深化。

　　由于多种原因，该报告未能及时修改成书出版。好在该书研究的主旨契合了我们这个时代的时代精神——改革创新，所以，时至今日，不觉有丝毫过时之感。古语云：苟日新，日日新，又日新。诚哉斯言！创新是人类永恒的主题，永不过时。

　　该书的出版得益于合肥工业大学马克思主义学院的推荐，受到了合肥工业大学图书出版专项基金的资助，出版社郭娟娟编辑为此书也付出了大量辛劳，在此一并致以谢意。

　　该书的出版还要感谢我的妻子刘娅莉女士和女儿周陶然。当初我之所以能只身安心在中央党校做博士后，完成出站报告，这与她们给予的理解、宽容和支持是分不开的。

　　本书在撰写和修改过程中，参考了国内外同行专家、学者的有关论著，借鉴了许多有益的研究成果，特向他们表示深深的敬意。由于本人研究水平有限，书中疏漏和不足在所难免，敬请各位专家、学者以及广大读者给予批评指正。

周甄武

2022 年 5 月 26 日

图书在版编目（CIP）数据

创新实践与当代马克思主义哲学创新/周甄武著．—合肥：合肥工业大学
出版社，2024

ISBN 978－7－5650－6063－2

Ⅰ．①创…　Ⅱ．①周…　Ⅲ．①马克思主义哲学—研究　Ⅳ．①B0－0

中国国家版本馆 CIP 数据核字（2024）第 081164 号

创新实践与当代马克思主义哲学创新

周甄武　著　　　　　　　　　　责任编辑　郭娟娟

出　版	合肥工业大学出版社	版　次	2024 年 6 月第 1 版
地　址	合肥市屯溪路 193 号	印　次	2024 年 6 月第 1 次印刷
邮　编	230009	开　本	710 毫米×1010 毫米　1/16
电　话	人文社科出版中心:0551－62903205	印　张	13.75
	营销与储运管理中心:0551－62903198	字　数	262 千字
网　址	press.hfut.edu.cn	印　刷	安徽联众印刷有限公司
E-mail	hfutpress@163.com	发　行	全国新华书店

ISBN 978－7－5650－6063－2　　　　　　　　　定价：52.00 元

如果有影响阅读的印装质量问题,请与出版社营销与储运管理中心联系调换。